JN155975

戦後映倫関係資料集

第1巻　映画倫理規程審査報告

解説　中村 秀之

クレス出版

戦後映倫関係資料集　第1回　■各巻収録一覧■

第1巻　映画倫理規程審査報告

映画倫理規程審査報告
●日本映画連合会

第1号《昭和24年7月27日》
第2号《昭和24年8月27日》
第3号《昭和24年9月27日》
第4号《昭和24年10月27日》
第5号《昭和24年11月27日》
第6号《昭和24年12月27日》
第7号《昭和25年1月27日》
第8号《昭和25年2月27日》
第9号《昭和25年3月28日》
第10号《昭和25年4月28日》
第11号《昭和25年5月28日》
第12号《昭和25年6月28日》
第13号《昭和25年7月28日》
第14号《昭和25年8月28日》
第15号《昭和25年9月28日》

第2巻　映画倫理規程審査記録（1）

映画倫理規程審査報告
●日本映画連合会

第16号《昭和25年10月27日》
第17号《昭和25年11月28日》
第18号《昭和25年12月28日》
第19号《昭和26年1月26日》

映画倫理規程審査記録
●日本映画連合会

第20号《昭和26年3月1日》
第21号《昭和26年4月5日》
第22号《昭和26年5月5日》
第23号《昭和26年6月5日》
第24号《昭和26年7月5日》
第25号《昭和26年8月5日》

第26号《昭和26年9月5日》

第3巻　映画倫理規程審査記録(2)

映画倫理規程審査記録

●日本映画連合会

第27号《昭和26年10月5日》
第28号《昭和26年11月5日》
第29号《昭和26年12月5日》
第30号《昭和27年1月5日》
第31号《昭和27年2月5日》
第32号《昭和27年3月5日》
第33号《昭和27年4月5日》
第34号《昭和27年5月5日》
第35号《昭和27年6月5日》
第36号《昭和27年7月5日》
第37号《昭和27年8月5日》
第38号《昭和27年9月5日》

※収録した全資料は国立国会図書館の許諾を得て、マイクロデータから復刻したものである。資料の汚損・破損・文字の掠れ・誤字等は原本通りである。

映画倫理規程審査報告

第1号

映画倫理規程

No.1

24.6.15～7.18.

目　次

日本映画連合會

作品番号	社名	題名	受付月日	審査終了日	備考
1	大映	特別捜査隊	六・一八	六・二〇	「大都会の丑満時」と改題
2	松竹	母呼ぶ鳥	六・二一	六・二三	
3	映画芸術協会 新東宝	野良犬	六・二五	六・二八	
	松竹	母呼ぶ鳥	六・三〇	六・三〇	改訂第二稿
4	新東宝	鍋島怪猫傳	七・二	七・四	
5	東横	獄門島 前篇	七・五	七・一一	
6	松竹	父は海の彼方に	七・六	七・八	
	新東宝	鍋島怪猫傳	七・七	七・一〇	改訂第二稿
7	松竹	花の素顔	七・九	七・一一	

◎審査シナリオ……九（内第二稿二）

内訳（松竹　四（内第二稿一）　新東宝　三（内第二稿一）　大映　一　東横　一

◎審査シノプシス数……四

内訳　大映二　東横一　太泉一

審査概要

一、國家及社会

○訂正希望事項

（会話）

（1）松竹「母呼ぶ鳥」（シーン23）

品行のいかがわしい男がホテルのロビイで女と話し合っているのを見た友人が、女の立去った後「又新しい玩具かね」と冷かすセリフがある。

「玩具」という表現は、女性の人権を害う感があるので、訂正を希望。

（2）新東宝「鍋島怪猫傳」（第一稿）（シーン11）

立派な碁盤の来歴を述べるセリフの中に「これは秀吉の『朝鮮征伐』の時に『分ン捕って』来たものだ」という意味の一句があるが、現在、教科書でも「征伐」という言葉は用いていないし「分ン捕る」というのも戦争や暴力を肯定する嫌いがあるので、訂正を希望。

（3）東横「獄門島」（前篇）（シーン37）
「女役者などをよく家に入れましたね」——格式ある旧家の嫁に、女役者が迎えられたことを批評した会話、
発言者が相当教養ありと見られる男だけに封建的差別観の残滓が感ぜられるので「など」の二字を削除されるよう希望。

○注意希望事項

（場面）

（1）新東宝・映藝「野良犬」（シーン97）
劇中に実在の名称を使用したホテルの従業員が、犯罪の手先として登場する場面があるが、関係者に迷惑を及ぼす虞れがあるので、ホテル名の適当な改訂を希望。

※　※　※　※

二

法　律

○訂正希望事項

（会話）(1) 大映「大都会の丑満時」（シーン53）

警官が同僚の金に困っているのを見て、幾何かの援助をしながら「金がなくちゃこの仕事は出来んよ」というセリフは、警察の仕事が唯金銭のみによって左右されているような感を与えるので適当に訂正を希望。

(2) 東横「獄門島」（前篇）（シーン14）

警官が事件発生の後、村の有力者に対して「……私も内聞には出来ぬようになる」というセリフは警官の言葉として穏当を欠くと思はれるので適当に訂正を希望。

（3）

（3）東横「獄門島」（前篇）（シーン22）

村人が村長に向って「誰がおぬしを村長に仕立てたか」と語るセリフは、恰もボスが存在していて、公選に不正が行われるのが容認されているかの如き感じを与えるので、訂正を希望。

（場面）

（1）松竹「母呼ぶ鳥」（シーン64）

検事の取調の言葉として「あなたの行動は正当防衛であって、相手は過失死で命を落したのだ」という意味のセリフがあるが、法律上「正当防衛」による相手の死亡は「過失死」ではない。

又この検事の取調方に些か自白強要の気味があるかに見られるので適当に訂正を希望。

＊　＊　＊　＊

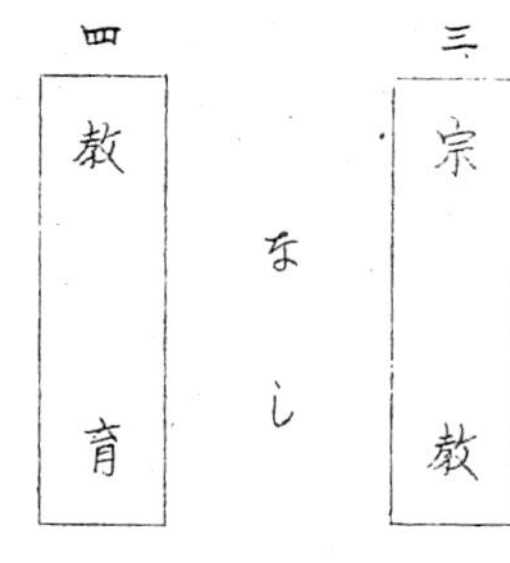

三、宗教

なし

四、教育

○訂正希望事項

（会話）(1)松竹「花の素顔」（シーン53）

男と同棲している女を、子供たちが罵る場面――「バカ野郎……めかけの馬鹿野郎」というセリフの後半は、児童に対する影響上適当でないので「めかけの馬鹿野郎」という一句だけ削除を希望。

○注意希望事項

（場面）（1）松竹「父は海の彼方に」

このシナリオ中で、児童が地蔵尊に対して示す信仰態度が現実の児童の心理状態以上に過度に及んでいる点があり、且「迷信」にも関連を持つので児童教育上、表現に注意されるよう希望。

（2）松竹「父は海の彼方に」（シーン36）

浮浪児が少女を伴って洞窟に潜む場面であるが、一般児童に対する影響上充分注意して処理されるよう希望。

五、風俗

○訂正希望事項

（会話）（1）松竹「花の素顔」（シーン31）

妾が老人の旦那に向って「（あなたはもう）『肉体的にだって』『そんなに』私を必要としないじゃないの」というセリフがあるが、風俗上　些か穏当を欠くと思はれるので『』内の二つの中　いづれか一方を削除されるよう希望。

○注意希望事項

（場面）

（1）新東宝「鍋島怪猫傳」（第二稿）（シーン70）

男が　若い女に戯れて懐中に手を入れる場面、猥褻に亘らざるよう表現に注意を希望、

（2）松竹「花の素顔」（シーン84）

画家が友人の制作（裸体画）を鑑賞する場面であるが、芸術家が心魂を傾けた作品は　この場合当然芸術的に見て立派なものでなくてはならず、然

つて卑猥な感じを与えるものであってはならぬ点表現に注意されるよう希望。

六　性

○再考希望事項

（会話）(1)新東宝「鍋島怪猫傳」（第二稿）（シーン30）

娘が恋人の失踪と悲しみから御殿奉公を決意する場面であるが「……（あの方の）いない私の体　たとへ間違いがあつたとしても大事ありません」というセリフは　再考を希望。

○注意希望事項

（場面）(1)新東宝「鍋島怪猫傳」（第一稿）（シーン11）

男が女を口説く場面、動作その他を誇張すれば卑猥に亘るおそれがあると思はれるので、演出上の注意を希望.

七、残酷醜汚

○訂正希望事項

（会話）(1)松竹「父は海の彼方に」（シーン48）

浮浪児が復員者に対して「手前のような片輪なんか云々」と罵るセリフは不具者への残酷な軽蔑の言葉となるので訂正を希望.

○再考希望事項

（会話）(1)新東宝「鍋島怪猫傳」（第二篇）（シーン1及11）

「猫が赤子を喰べる」というセリフ及び「猫をなぶり殺しにする」という

セリフは残酷な感じを伴うと思われるので再考を希望。

○注意希望事項

（場面）（1）新東宝「鍋島怪猫傳」（第一稿）（シーン36）
猫に紙袋をかぶせてなぶる場面、シナリオはユーモラスに書かれてはいるが、残酷な虐待の感じを出さぬよう、表現に注意を希望

（2）東横「獄門島」（前篇）（シーン74及76）
死体現象（絞殺の索溝その他）の撮影には、残酷な描写をされぬよう注意を希望。

（附記）

○松竹「父は海の彼方に」は脚本提出后全面的に改訂の要あり 提出者側に於て再検討中。

（以上）

（10）

審査集計

○希望事項総数……二一

事項	計	訂正希望 S	訂正希望 D	再考希望 S	再考希望 D	注意希望 S	注意希望 D
國家及社会	4	0	3	0	0	1	0
法律	4	1	3	0	0	0	0
宗教	0	0	0	0	0	0	0
教育	3	0	1	0	0	2	0

事項	計	訂正希望		再考希望		注意希望	
		D	S	D	S	D	S
風俗	3	1	0	0	0	0	2
性	2	0	0	1	0	0	1
残酷醜汚	5	1	0	2	0	0	2
計	21	9	1	3	0	0	8

○註　D＝会話　S＝場面

◎調査に関し特に協力を受けたる官庁

最高検察庁、法務府、文部省初等中等教育局

東京家庭裁判所

[非　売　品]

映画倫理規程審査報告第一号

昭和廿四年七月二十七日

発行責任者　野末駿一

東京都中央区築地三ノ六

日本映画連合会・事務局

電話　築地二八〇二番

映画倫理規程審査報告

第2号

映画倫理規程

審査報告

No.2　24.7.19―8.18

目次

日本映画連合會

審査脚本一覧表

社名	題名	受付月日	審査終了日	備考
大映	透明魔	七・一三	七・一九	「透明人間現はる」と改題
〃	痴人の愛	七・一四	七・二〇	第一稿
松竹	悲しき口笛	七・一五	七・二二	
〃	まぼろし婦人	七・二三	七・二九	
新演伎座	足を洗つた男	八・二	八・三	
東横	無頼漢長兵衛	八・一	八・四	
新東宝	あきれた娘たち	八・二	八・四	
日本映画科学研究所	マドロスの唄	八・三	八・四	
松竹	薔薇はなぜ紅い	八・八	八・九	仮題
C・A・C 新東宝	いつの日君帰る	八・九	八・一二	新東宝提出

東横	新妻と乱入者	八・一〇	八・一二	
大映	痴人の愛	八・一一	八・一三	改訂第二稿
松竹	破れ太鼓	八・一二	八・一三	
大映	愛憎の港	八・一二	八・一六	
〃	愛染草	八・一二	八・一六	
東横	大菩薩峠 第一部 哀しき伊勢	八・一五	八・一七	

◎審査作品……一五

シナリオ数……一六（内第二稿一）

○内訳 松竹 四 大映 五（内第二稿一） 東横 三 新東宝 二

新演伎座 一 日本映画科学研究所 一

◎審査シノプシス……四

◎審査原作……一

審査概要

透明魔　大映

「透明人間現はる」と改題

希望事項なし

痴人の愛　大映

○このシナリオは倫理規程の五「風俗」及び六「性」の條項に抵触する個所があると考えられる。

例へば――

シーン一～三　浴室の裸婦

〃　五　独創的な海水着（意味に多くの含みがあり　全裸よりもかえって煽情的な場合もあるかも知れない）

〃　七　ナオミ（若い女）の太股の肉感的描写

(1)

シーン　一七　独創的なナイトガウン（シーン五と同じ意味に解される）
〃　二〇　独創的な洋装（右に同じ）
〃　二二　スリップと靴下だけの女
〃　二五　ナイトガウンだけの女が男の膝に乗って食事をしている
〃　二六　若い男三人とナオミの雑魚寝とその煽情的な言語
〃　二八　大学生二人とナオミが賭博の勝負によって順次に衣類を脱ぎ
最後にパンツ一つでナオミが尻振りダンスをする
〃　三七～四一　性的交渉の暗示
〃　四九　女が男に足指を噛ませるマゾヒズム描写
〃　一〇七　ナオミが裸体の上にマントを着て海岸に現われ　時々マントを
開く
〃　一一九　男が女の靴下を噛んで女の裸身を想う
〃　一二五　女が男を挑発しようとして　煽情的動作をする
〃　一二八　女が男に腋の下の毛を剃らせる

以上　何れも無邪気な言動に過ぎないが　観客がこれを無邪気と見ず　猟奇的に受取る
危険がある以上は　明らかに倫理規程に抵触するものと思はれる。

又右に挙げた條項を適当に訂正すると仮定しても　依然全体として不健康的な印象が淀み　規程六の一（結婚及び家庭の神聖）と前文の精神（国民生活に対する精神的道徳的影響）に反すると考えられる。従って先に出されたシノプシス（このシナリオとテーマ及び構成がか可り違う）の線に沿い、且つ右に挙げた條々を斟酌して再考を希望

痴人の愛（改訂版）	大映

○左記二個所　描写上注意を希望（風俗）

P29（二行目）

白く逞ましいナオミの脚

P2～15以下

男女雑魚寝の場面

悲しき口笛	松竹

○左記四個所　提出者と合議の結果　削除することに意見が一致した。

P a－2（最後の行）

浮浪児の喫煙　（法律）

P8ー3（最後の行）

貧乏な娘を世話しようとする男のセリフ「貧すればドンスの蒲団に寝る娘いうてな」　（風俗）

P8ー13（七行目）

ギャングの仲間を裏切ったものは「身体をセメントで固めて海の底に寝かされるんだ」というセリフ――「身体をセメントで固めて」の一句だけを削除

（残酷醜汚）

P8ー13（終りから四行目）

ギャングの仲間同志の会話「君の扱う品物は薬だけなんだ」――「薬だけなんだ」の一句を削除　（法律ー麻薬の不正取引の暗示）

まぼろし夫人	松竹

○衆議院議員が金塊をめぐる疑獄事件の中心人物となって行動し、且つ議会議事運営を左右し、心ならずも事件に加担している代議士の議場における発言を強圧的に自己に便なるよう強要するかの印象を与える挿話が入っていて、これらの点から、これは国会

の神聖及び代議士の名誉に関すると思はれるので　その点を製作者側に注意し改訂を希望　尚念のため国会当局に了解を得られたき旨を希望　（国家及社会）

○　検察行政が政党によって圧力を加えられるかの印象をあたえる箇所を注意　（国家及社会）

○　印刷工場の門前で出来上ったばかりのパンフレットをトラックに積んでいるところへ警官が来て「印刷物取締法によってこのパンフレットを押収する」という件　これは現行法に照して不法なる点　再考してもらうことにした。ある犯罪の証拠品として差押えうるのは　「家宅捜査令状」をもって　家宅内においてのみ許されることである（Pb－19）（法律）

○　斉藤の台詞に「発行停止三ケ月云々」のある件　これは現行法にはないもの故訂正を希望（Pb－21）（法律）

○　その他　衆議院議長の台詞（Pa－7）「では五反田君」とあるのは　議場の慣習として「五反田義務君」と完全な姓名を呼ぶ故にそれに従ってほしい　また（Pc－17）

倉崎の「杉村が警視庁へ「拘引」された」とある「拘引」は　被告のときの用語であって　こゝは「逮捕」もしくは「引っぱられた」と云うべきである（訂正希望）（法律）

（附記）この審査室へ提出された第一稿脚本は製作者側によって衆議院を　院内「不当財産取引調査委員会」に変更され　警視庁は検察庁に　警部は検事にあらためられた。

第二稿改訂本は八月廿三日現在審査中

足を洗った男	新演伎座プロ

希望事項　なし

無頼漢長兵衛	東横

○　左記二個所　提出者と合議の結果削除することに意見が一致した。

PA－1（終りから二行目）

目の玉を鳶にえぐられた鎧武者の死骸　（残酷醜汚）

PA－29（五行目）

髪の毛を掴んで首を地面に叩きつける場面　（残酷醜汚）

尚この外に提出者側で自主的に訂正を申出でられた個所は次の通りである

シーン　4　馬の尾に農夫を縛りつけて走らす
〃　10　「二人がかりで可愛がってやろうというのだ」
〃　10　鉄砲の台尻で落武者を殴り殺す
〃　16　咽喉元に立つ手裏剣
〃　17　「俺が首をとって　お前には三本足をやろう」
〃　41　「お前さん　一緒に寝たのか」

マドロスの唄	N.C.S

希望事項なし

（附記）N・C・S（株式会社日本映画科学研究所）

あきれた娘たち	新東宝

希望事項なし

薔薇はなぜ紅い	松竹

（仮題）

○「それじゃ市会議員もたいがいそのカヂゲンに買収されてるんでせうね」とある（Pa－37）中のたいがいは 言葉を弱めて（たとへば「市会議員の中には」のごとく）再考を希望 （国家及社会）

○「司法主任」（Pa－11、C－22）という言葉は 現行に従い 「捜査主任」に改めてほしい （法律）

○「強制収容」（PC－22）は 新憲法下では法的に正確な言葉でなく 弾圧的にひびく。現在 新聞等には尚散見するが「逮捕」などの言葉の方が穏当とおもはれる（国警本部企画課長海原治氏の示唆による） （法律）

（8）

（附記）尚　類似題名のレコード（「バラよ何故赤いレキングレコード」）あり．題名登録等に抵触のおそれなきかの調査を製作者側に為念依達

いつの日君帰る（何日君再来）	CAC及新東宝

この脚本は以下の條項のため　全面的に再考を希望

○　外国人を日本映画の主人物としてとりあげることは勿論倫理規程の面からは何ら差支へないことのようではあるが　現在わが国の置かれている被占領下の現況　ことに講和條約の未締結な関係にある外国人たる中国人を二人まで主人物としてとりあげている点よほどの慎重と考慮とがのぞましいものと思はれる．

殊に二人の主人物のうち　張俊成の叔父、張主金は　戦前より日本に在留する華僑であるが　戦後の日本における彼のシテユエ！ション（劇的境遇）は　たとえ事実において一部の中国人にこゝへ描かれたごとき経済的行動があったにしても　それをそのまゝにとりあげ得る自由はまだ日本に許されていない現状にあることを考慮しなければならない。

成程叔父主金は　直接犯罪に加担していないかに描かれてはいるが（PC－3よりC

(9)

−15に至る篠原の台詞参照のこと）これは明かに間接的な犯罪関係にあり　その証拠書類ともなるべきものを（PC−14、C−15）たとへ主金が改心したりとはいへ　その面前で張俊成が焼却して証拠湮滅を意識なく犯している点もみとめがたいと考える　犯罪は犯罪としてたとえ外国人である中国人であろうとも　この際は連合国軍事裁判によってその罪は処断さるべきであって　無意識にそれも否定している張俊成の行為は明かに違法となる　（国家及社会）

○個々の点でなお（たとえばPa−20　張俊成の若き日　中国人留学生として教室内で喫煙しているシーン　あるいはPa−8、a−22におけるあきらかに作者自らエロシヨウと指定しているシーン等々）色々注意再考を乞いたいことも少くないが　これらは規程に照して訂正してもらうこととし　こゝにはそれ以前の重大なる上述の点をまづ考慮してもらってからにしたい

（附記）この脚本は　新東宝を通じて提出されたものであるが　問題が重大なる故直接製作者たるC・A・C高村正次氏に審査室へ来室を乞い　右の旨をつたえたところ　納得してもらった

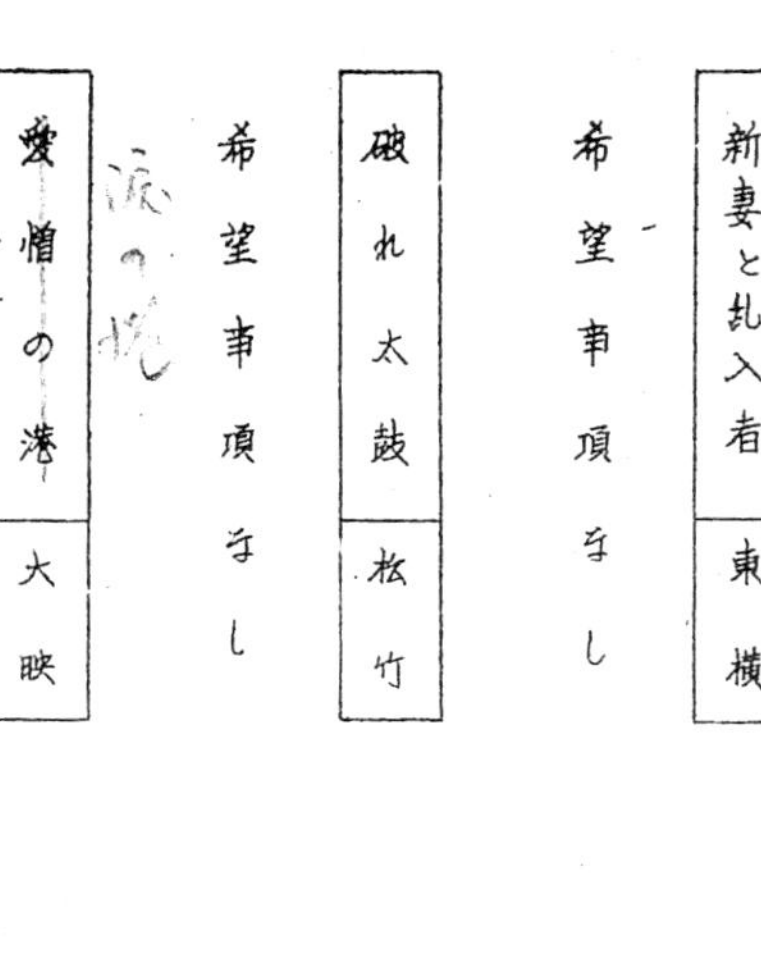

新妻と乱入者	東横

希望事項なし

破れ太鼓	松竹

希望事項なし

愛憎の港	大映

○浪曲の歌詞は完成次第提出して貰うことにして 他に希望事項なし

但し、左記の個所を提出者側から自主的に訂正することを表明された

シーン 7・8　徹の墓を新らしく作った事はやめて 墓は前からあることとして

その墓詣りに行くこととする

49・60　「徹の最後を飾ってやりたい」という白が三つあるが 悪人讃美と

(11)

誤解されるおそれがあるので　適当な言葉に変へる

愛染草	大映

○封建的な印象を与へるかの心配ある台詞　「一種の人身御供」「売られてゆく花嫁」「君の買手も僕の買手も」「女の売られるのはよくあるが　男の売られるのは面白かろう」等々が　あまりに自嘲的にドギツク使われすぎる傾きがあるので　特に注意を希望
（国家及社会）

○これらの台詞は　主人物たちがたとへ名門の没落者にしろ　名門とか没落とかいう人生の浮沈を軽々しく口にしすぎるためにおこるものと考えられるが　審査員側はこれを決して重視しているのではなく　以上のような印象　封建的な気分や慣習の肯定）を与へないよう善處されんことを念のためにつたへた

大菩薩峠（第一話 哀しき伊勢）	東横

○ この第一話に関する限り倫理規程の面からは問題となる点を見出し得ず。

◆ 審査集計

希望個所数……二〇

	規程條項	関係脚本題名及希望個所数	集計
1	國家及社会	「まぼろし夫人」（第一稿）（2） 「薔薇はなぜ紅い」（1） 「いつの日君帰る」（1） 「愛染草」（1）	5
2	法律	「悲しき口笛」（2） 「まぼろし夫人」（第一稿）（3） 「薔薇はなぜ紅い」（2）	7
3	宗教	なし	0

（13）

番号	区分	作品	件数
4	教育	なし	0
5	風俗	「痴人の愛」（第一稿）（1） 「痴人の愛」（第二稿）（2） 「悲しき口笛」（1）	4
6	性	「痴人の愛」（第一稿）（1）	1
7	残酷醜汚	「悲しき口笛」（1） 「無頼漢長兵衛」（2）	3
計			20

◎調査上特に協力を受けたる官庁

○警視庁防犯部保安課

○東京大学文学部国史学研究室

(14)

○法務府情報課
○厚生省公衆衛生局
○文部省初等中等教育局
○丸の内警察署
○國警本部

完成映画

会社名	題名
大映	大都会の丑満時
松竹	母呼ぶ鳥
新東宝	鍋島怪猫伝

（以上）

映画倫理規程審査報告・第二号

昭和廿四年八月廿七日

発行責任者　野末駿一

東京都中央区築地三ノ六

日本映画連合会・事務局

電話築地二八〇二番

映画倫理規程審査報告

第３号

No.3

（映画倫理規程）　24.8.19 ～～ 9.19

審査報告

日本映画連合會

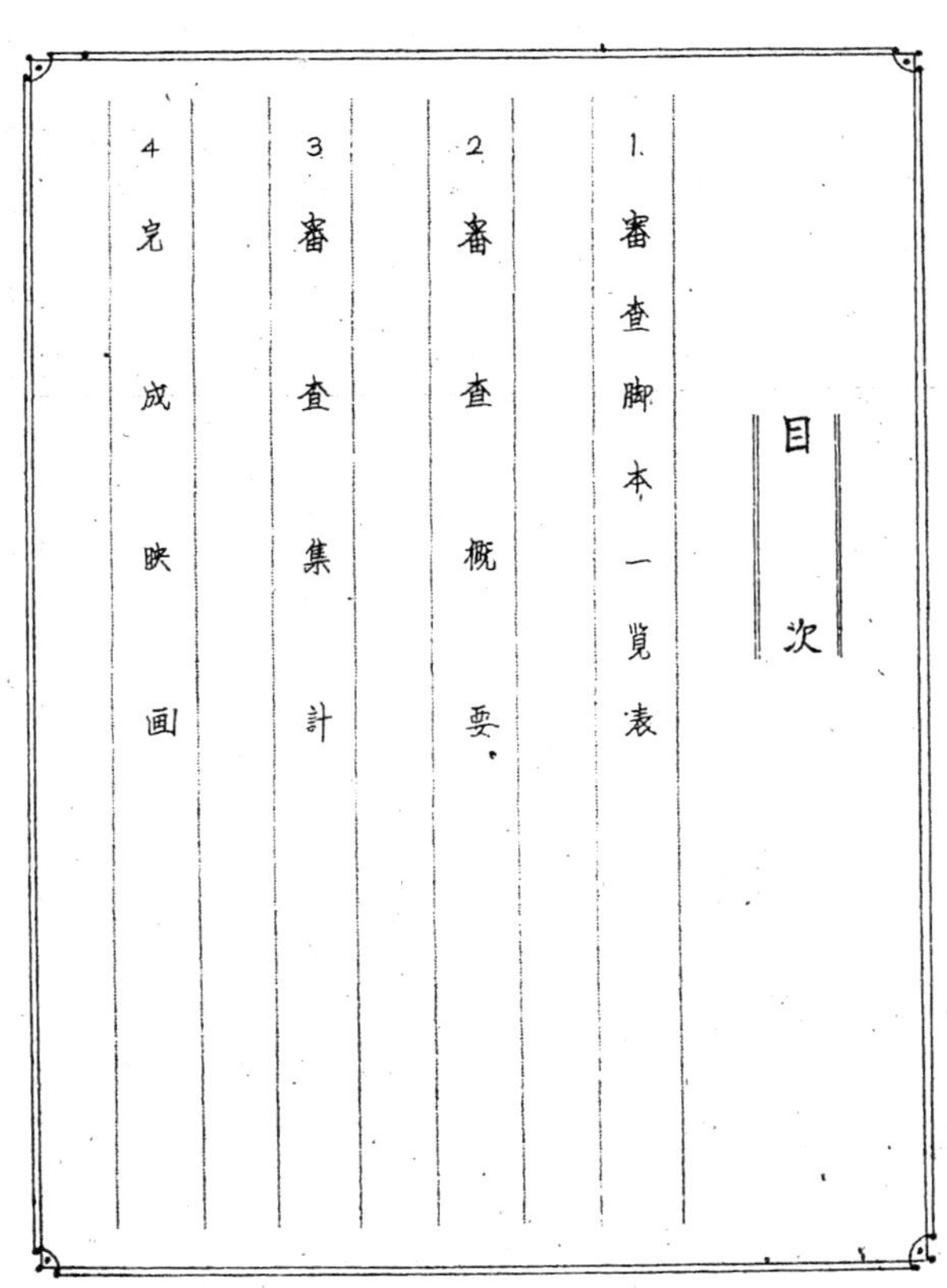

目次

脚本審査一覧

社名	題名	受付月日	審査終了日	備考
新東宝	美貌と白痴	八・一五	八・一九	
新東宝 蜂の巣プロ	その後の蜂の巣の子供達	八・一八	八・一九	
映配	怪傑ハヤブサ	八・二〇	八・二三	全四篇
松竹	生さぬ仲	八・一八	八・二四	第一稿
新映画研究所	湖上の誓	七・一八	八・二五	
松竹	まぼろし夫人 改訂版	八・二二	八・二六	第二稿
大映	女殺し油地獄	八・二七	八・三〇	第一稿
〃	涙月夜	八・二九	八・三〇	「愛憎の港」の第三稿改題 「涙の港」と再改題
松竹	鐘の鳴る丘 第三篇 クロの巻	八・二九	八・三一	第一稿

新東宝	帰国	八・二二	九・一	第一稿
〃	帰国 改訂版	八・二九	九・一	第二稿
〃	石中先生行状記	八・二九	九・一	
松竹	生さぬ仲 改訂版	九・一	九・三	第二稿
〃	流転の詩	九・五	九・七	
〃	探偵は地獄から来る	九・五	九・八	
宝塚スタヂオ	シベリヤ悲歌	九・五	九・八	
松竹	春雪	九・六	九・八	
大映	泥だらけの子供たち	九・七	九・一二	
松竹	女人哀愁	九・七	九・一二	
大映	女殺し油地獄 改訂版	九・九	九・一二	第二稿
松竹	鐘の鳴る丘 第三篇 クロの巻 改訂版	九・一〇	九・一二	第二稿
大映	ある婦人科医の告白	九・八	九・一三	「青い花」と改題

松竹	ロマンス航路	九・一〇	九・一三
和光プロ	大岡政談 こけ猿の巻 前篇	九・九	九・一五
〃	大岡政談 こけ猿の巻 後篇	九・一〇	九・一五
新東宝 エノケンプロ	極楽夫婦	九・一五	九・一六
東横	獄門島 解明篇	九・一七	九・一九

◎新作品数 ………… 二一

シナリオ数 ………… 二七（内改訂 六）

○内訳

松竹 一〇（内改訂版三） 大映 五（内改訂版二） 新東宝 六（内改訂版一）

東横 一 新映画研究所 一 宝塚スタヂオ 一 和光プロ 二

映配 一

◎審査シノプシス ………… 一

審査概要

美貌と白痴	新東宝

提出側から左記の條々を自主的に訂正するよう表明されたので　倫理規程管理部としては別に意見はない。審査日数の長いのは　提出者側が訂正について研究していたためである。

○全篇に亘って薬の不正取引が描かれているが　これを他の品物とかえる。

○清十郎が女を次から次へと弄んで一向に罰せられないのは　社会正義観から好ましくないので　罰せられ苦悶することとする

○桐枝と照子が清十郎の手中に陥るのが余りに簡単であるのは不合理で　社会に悪影響を与える危険があるので　納得できる心理描写をする

○清十郎と桐枝が禁制品を持っていた為に　一晩留置されるが　法律的にそれが正しいか否かを研究する

○「それが追放になって」（Pa－1 25）は削る

○「主人を戦争でとられてからあんたがはじめての人手のよ（P.6－23）は不穏当であるから他の表現の言葉にかえる

その後の蜂の巣の子供達	新東宝 蜂の巣プロ

希望事項なし

快傑ハヤブサ	映配

○「サインが済みやあ　おれたち密輸団の仲間だ」とある。この密輸団という言葉を訂正希望（法律）

○また「銭（ゼニ）じゃ買えねえ新入りの手土産でござんす」というヤクザ風な言葉を訂正希望（教育）

生きぬ仲　松竹

○封建的な在来の日本の「家」の観念　慣習を無批判に暗黙肯定して全体が描かれているかの印象が濃い。それは母岸代の言動に対して（そのもつとも批判的な立場にあると思へる息子遅美俊作が母に対しては盲目的な従順をしめしているためであろうが）シナリオが十分にその封建的な批判をなしているとは見受けられまい。この点に沿つて全体的に改訂を希望した。（国家及社会）

生きぬ仲（改訂版）　松竹

希望事項なし

湖上の誓　新映画研究所

○二一頁の浮浪児が列車にタダ乗りする場面は　児童に対する悪影響を考慮してもっと簡略化すること　（教育）

○二八頁の「重坊盗に殴られる」という表現は児童虐待であるからやめることを希望

（残酷醜汚）

○他に「復員」という言葉は自主的に「引揚げ」と変えるとの申出があった。

まぼろし夫人（改訂版）　松竹

この改訂第二稿は　当審査室の改訂希望（審査報告第二号所載）によってなされたもの、でなく　製作者側たる監督の発意と演出意向によって全体的な構成があらためられたものときいた。

○北沢検事が容疑者たる次郎を取調べているシーン（PA－28）のうち「嘘つけ」と容疑者にいう台詞は不穏当故注意希望　（国家及社会）

○この脚本では　佐伯眞一郎がたゞ「官僚」とのみよばれているだけでいかなる公務に在るものかが明かにされてはいない　しかも　この「官僚」が犯罪に加担し　特に（P.A－38）のシーンのごとき　官名詐称を敢てしたりしている点　こゝではむしろ

「元官僚」のごとく現職にないように描く　そんな風に再考希望した（法律）

○ステッキを　縛った網の結び目につっこんで苦しめるところ（P A－57）あまり残酷にわたらざるよう演出上注意を希望（残酷醜汚）

女殺し油地獄	大映

○冒頭に歌はれる「世直しの歌」は　歌詞が記されていないが　若し諷刺的な文句があれば注意されたい．囃子だけならば結構である　表現上の注意を希望（国家及社会）

○シーン－42の　〃寝床は別に致します〃は卑猥なひびきがあるので　適宜な言葉に訂正するように希望（風俗）

女殺し油地獄（改訂版）	大映

第一稿本の改訂である

希望事項なし

涙月夜　「愛憎の港」の改訂改題	大映

始め「愛憎の港」として提出されたが　三度改題「涙の港」と決定した。

「愛憎の港」第一稿に欠けていた浪曲歌詞を加え　且つ多少内容にも改訂があるが　倫理規程としては希望事項はない。

鐘の鳴る丘　第三篇　クロの巻	松竹

○幹男の台詞のなかにある「感化院」という言葉は　すでに現在は消滅して久しい施設であり　こゝは　たとへば「収容所」などのごとき適当な語に訂正されることを希望（法律）

○町長兼野が町の無頼漢どもに敗北したかたちでは（たとへそれが町政のためのひとつの策としても——つまり少年の家から一時手をひいても　町政へボスを介入させまいための方法としても）この映画の観客の多くを占めるであろう少年達に正邪のたゞしい印象を与へかねると思はれるので（Pa－35）シーン35－この点を訂正希望（教育）

鐘の鳴る丘　第三篇クロの巻（改訂版）	松竹

この改訂本は　製作者側によって稿を改められたもの

○勘造のかねに対する返答（シーン30 Pター14十二行目より）の部分に暴力にたゞ敗退したかたちにとれかねないので　暴力はそれとしてまた対すべき決意の言葉があってしかるべく　少年の家から手をひく理由（個人の仕事でなく政府のなすべき仕事だという点）として　それだけではいかにも弁解じみて茫弱であるようにおもう　之は（Pター35より38）シーン35で　由利枝の台詞があって　こゝと対応すると思はれその点十分再考希望（国家及社会）

帰国（ダモイ）	新東宝

○自由党　民主党　社会党　共産党等現存の政党の名を挙げて非難しているのは不穏当と思はれるので他の表現にすることを希望　（国家及社会）

○シーン―26の「父も母も弟もみんな殺されてしまったんです」は　戦争の犠牲という感じを受け　不法なる戦争の結果という意味が不徹底で国際感情の上で面白くない結果を来すおそれがある（国家及社会）

○シーン―85　子供のフリチンに葉はやめるよう希望（風俗）

○シーン―97「反動だと睨まれて　それで（帰国）が遅れちゃったんです」は主語がない為に　ソ連に責任があるように想像されて　国際感情上面白くないと思はれるので善處されたい（国家及社会）

○ラストシーンの新聞記事「ソ連を怨んで……」は同じ意味で　表現上の注意を希望す（国家及社会）

帰国（ダモイ）（改訂版）	新東宝

第一稿本のディスカッションの結果とは別に　この改訂本が再提出された、従って希望事項は　第一稿と重複する所がある

○自由党　民主党　社会党　共産党に関する件は第一稿と同じ　（国家及社会）

○「反動だと睨まれて　それで遅らされちやつたんですつて」「ソ連を怨んで……」の新聞記事に関する件も第一稿本と同じ（国家及社会）

○シーン72「ソ同盟に於て学び得た共産主義社会の日本に於ける実現のためには敢えて実力行使をも辞さない心算で帰つて来たんです」

○シーン81「ロシアだつてちつとも平等じやねえじやねえか」

「そうよ　平等なんて嘘っぱちだ」

シーン81「ひでえとも　向うじや一日も余計に俺達をコキ使おうとしやがつたんだもん」

以上は何れも国際感情を刺戟するおそれがあるので　適当に善処されたい（国家及社会）

石中先生行状記	新東宝

○シーン19のレビユーのポスターは卑猥な感じを与えないよう演出上注意を希望（風俗）

○シーン28の野村の台詞「とんでもない　わしはお湯屋が商売だから女子（オナゴ）

の裸などは　アクビが出るほど見ておりますわい云々」は　このなかの「女子の」だ
けをのぞいて本文の気持をいかすような手段をとられたい旨　訂正希望　（風俗）

流転の詩　改題「七色の虹」	松竹

希望事項なし

探偵は地獄から来る	松竹

○シーン79ー待合の一室の場面
「寝乱れたベットの上で夏枝が半身を起している　顔に漂ふ満足の色　祐吉が起きて
衣服をつけている」という説明は　このシーンの描写直前に性的行為のあった事を
示すから　演出上卑猥にわたらざる様注意されたく　且つその場合の台詞に　夏枝
「あんたがなぜあたしと寝る気になったのか　あたしには分ってるわよ」の寝る気に
なるという言葉は性的行為を暗示しすぎる虞れがあるによって再考希望（性）

シベリヤ悲歌

宝塚スタヂオ

○取材について――

この主題は　現在裁判中の吉村隊長事件などにも関連してひろく取材され脚色されているものであり　また清水正一郎氏のすでに週間朝日　雄鶏通信などに発表された小説及び別に単行本等によって脚本が製作されていることが表示されている　よってヒントとをつている実在の事件は　なお裁判続行中といえども原作が既発表の小説　単行本に據つている点　この映画の製作発表には何ら懸念すべき問題はないものと認められる　（法律）

○この主題において重要な解決の契機となる近藤の妻まつ子の個人の自由の主張（Pム｜36以下）はこの主題が現在関心をもたれているものであるだけに　単なる感情的な叫びだけであつては不充分だと思はれるので理性的にもそれをまつ子がなつとくした声としてのうらづけが前半に描かれることが望ましいと思はれる　再考希望（国家及社会）

○この脚本に於ては捕虜となつている日本人以外　当然環境描写として在るべき外国人がすべて除外されているかに見えるが　（たとえばPム｜3・4又はP.ム｜11.12　或は

レム－１２５以下まで）却ってこの様に連合国人を除外して描いていっては　あたかも
日本人が独自の行動をとっているかの印象をむしろ与える虞れがあるから例へばＰ－
１３の国境の駅（シーン４８）などの場合日本人軍医が身体検査をしている場合その背
景に監督として連合国人が立っているのが見える　そういう風に上の諸例を描いた方
が穏当と思はれる．再考希望（国家及社会）

○リンチをめぐっての近藤の妻まつ子の行動について――

リンチの場合（所謂暁に祈るの形式と思はれるが）その近くへ他の関係なき人間の近
よることを禁じているとは思はれるが　近藤が隊長らによってリンチにあい　広場に
ひとり放置されてある時　妻であるまつ子が拱手しているかの感を与へるのは妥当で
ないと思はれる　よってまづ子に広場へ近づいてはいけないという命令が前もって与
へられている必要がある（この点について製作者は納得され　その命令を冒して広場
の夫に近づきすがりつき且つ発見されて遠ざけられる描写を加えるとのべられている）
（国家及社会）

○禁止歌曲について――

収容所のバラックにおいて睡っている捕虜の一人が夢に自分の出征のシーンをみる所
がある．その見送りの妻の言葉に「だぶってかすかにかすかに海行かばがまかれてい
る」との描写があるがこの「海行かば」はこゝではのぞましくない印象まで思いおこ

さすおそれがある　（法律）

○隊長に倉持が近藤の妻まつ子をとりもつて歓心をかわんとするシーン　Pa-31、32シーン31）の「お世話をさせていたゞきましてもよろしいのですが」という詞は（すでにその前后で十分説明され理解しうるので）のぞましくないと思はれる（風俗）

附記―なおかゝる映画であるため　伴奏の音楽に戦時中の禁止歌曲のメロディー（たとへそのヴァリエーションでも）をおもわすものをさけられるよう注意をねがつた。

春	雪
	松竹

希望事項なし

泥だらけの子供たち	
	大映

○全体的にみて　この主人物たる雨宮という女教師が生徒の指導の上で教育者として適

宜なる判断や行動に幾分かけるうらみありと思われる　これは一般的なメロドラマならば　それ程問題とするにはあたらないかもしれないが　こと教育に関し　ことに学校教育の点から見て　それらの点に留意と考慮とをとくに願いたい旨を附言し　再考希望　（教育）

○この映画の製作協力者である日本教職員組合の見解を参考として小学校の自治会　あるいはP・T・A　または学校経営の経済的実体等に　より正確を期してほしい旨を伝えた　訂正希望　（教育）

○ここにとりあげられたP・T・Aの形式は　現実とやゝはなれたものと思えるのでこの点細心な改訂がのぞましいと思う。ことに委員長である原島という工業家がたとへボスではないとしても学校としては校長をはじめ教員の殆んどが（両宮という女教師をのぞいて）またP・T・Aの父兄達全体が　いかにも昔の「有力者」に対するかの如き卑屈さと気がねをしめすのは不自然的であり　現代的でない点など注意を要する

（国家及社会）

附記ー個々の点ではなお訂正希望したものも少くないが　この第一稿に関しては以上の重大なる点があらためられることをまず必要かくべからざるものと考え　以下は第二稿において尚くわしく見たい。

女人哀愁	松竹

希望事項なし

ある婦人科医の告白	大映

○多分に人道主義を謳った作である、主役の岸田の行動は終始一貫して人道主義に基いているが　その岸田が人道主義の為に法を犯した唯一のケースが　文子の堕胎である　然るに文子は所謂不品行の結果の妊娠であるから　岸田の人助けが　実は不品行の肯定という解釈をとられるおそれがあり　折角の岸田の人道主義がつまらないものになつてしまう。この点提出者側でも同感で　研究したいという意見であつた。

○左の事項は注意を希望

シーン19「ここではみんな注射をやるんでしよう　Bはないですか」は削除　（法律）

シーン154悪徳医者の言葉「そうでなくてもじやん（――避妊薬が出て　もう婦人科

の黄金時代がすぎたんだよ」は露骨すぎると思う　（性）
各所に「出して下さい」というセリフが散在するが　これも露骨　（性）
○優生保護法上の注意（これは厚生省の意見を参照した）（法律）
シーン132「三人以上の多子家庭　年子の時」は堕胎が出来るように表現されている
が　優生保護法は最近改正になり　以上の二つのケースは除外して　その代りに「母
体の健康を維持する必要な場合」となったので　そのように訂正を希望
又「その場合民生委員に届出すればいいんでせう」は手続きの誤りがある　民生委
員に相談（届出は不可）するのは「経済的に困った場合」と「暴行の結果妊娠した時
のみ」であるから　そのように改訂を希望
シーン164「優生保護法というものにもまだ　欠陥があると思うんです」というセ
リフは　欠陥あればこそ最近改正したばかりであるから「優生保護法で処理しきれま
い問題だ」と変更することに意見一致す。

(16)

中マンネ航路　｜　松竹

希望事項なし

大岡政談 こけ猿の巻（前後篇）　和光プロ

従来つくられた林不忘原作の「大岡政談」物の映画 殊に丹下左膳を主人公とするものなど これらの映画が現代から見て必ずしも望ましきものでない事はすでに明らかなことであろう．

それ故に茲に再びかゝる原作の映画化を試みる場合 慎重な関心が必要だと思はれる．それらの映画に於ては（伊藤大輔 山中貞雄の作品など）暴力の行使や脅迫によってストーリーの重要な解決がもたらされる点 たとへこれが最も一般的な大衆小説の従来の慣例であるにしても これが一種の快感と憧憬とを観客に印象づける傾向が多いことは注意されねばならないことである

この脚色者は時代的な関心によって新に挿話を挿入して一般大衆に娯楽的な映画を作りたいと云っている その意図をそのまゝに信ずるとすれば 次の如き條件を審査員は希望する旨 製作者側に伝へ その承諾を得た．

① この映画化においては 過去の丹下左膳を再び想起せしめないような新しい扮装と演技とをとられたいこと

② この映画の公表に当っては 題名はあくまで「大岡政談こけ猿の巻」として[illegible]

態を特に表面的に売らないこと

この脚本に於て製作者側は時代的関心や諷刺の表現のために封建的な江戸時代の社会の階級的なしきたり　慣習　政治の形態等を時に応じて勝手に無視して描いているところが少なからずある・

これが全体的にこのスタイルに統一されていない為に（各所に散在している故に）却って　この製作意図と反対の逆効果を生じ　時代批判にならなくなっている　この点を再考して欲しいと伝えた・

また従来の時代劇映画においてはさして怪しまない慣例の劇的方法ではあるが　依然として暴力の行使や脅迫が劇的解決に重要な働きを示している点　丹下左膳や蒲生泰軒などの人物が英雄化される傾きを生んでいることは否み難い　この点も注意して欲しいことを伝えた、さもなくば公明な政治の形を否定することになるであろう　（国家及社会）

以上の如き諸点はこの映画の全体にわたることであり　また重要なことであるが　そのほかに柳生藩の一私物である財宝の鍵を秘めたという「こけ猿の壷」をその所有権を無視して人手を転々とさせて行って何の疑いも持っていないかに見える点　或は元女道中師で今は改心しているかに見えるお藤が勝手なときには銃をとって自由な行動をとる点　或は

一番の主たる柳生対馬守がたとへ如何なることがあったにしろ軽輩なる浪士丹下左膳の前に土下座して謝る非時代的な表現など色々再考を求めることも少くない・それらの点は製作者において誤解ないよう善処すると一応承認された・

極楽夫婦	新東宝

提出者側で自主的に訂正して提出

希望事項なし

獄門島（解明篇）	東横

三人の復員兵が兇悪犯人として登場するが　すべての復員兵が悪人であるという印象を与えないように　多少セリフを追加して適宜に表現されるよう希望　（国家及社会）

審査集計

希望個所数――三九

規程條項	関係脚本題名及希望個所数	集計
1　國家及社会	「生さぬ仲」(1) 「まぼろし夫人」(改訂第二稿)(1) 「女殺し油地獄」(1) 「鐘の鳴る丘 第三篇 クロの巻(改訂第二稿)」(1) 「帰国」(4) 「帰国」(改訂第二稿)(3) 「シベリヤ悲歌」(2) 「泥だらけの子供たち」(1) 「大岡政談 こけ猿の巻 前後篇」(1)	16

(20)

	法律	宗教	教育	風俗
番号	2	3	4	5
作品	「怪傑ハヤブサ」(1) 「まぼろし夫人 改訂第二稿」(1) 「鐘の鳴る丘 第三篇 クロの巻」(1) 「シベリヤ悲歌」(2) 「ある婦人科医の告白」(2)	なし	「怪傑ハヤブサ」(1) 「湖上の誓」(1) 「鐘の鳴る丘 第三篇 クロの巻」(1) 「泥だらけの子供たち」(2)	「女殺し油地獄」(1) 「帰国（ダモイ）」(1)
計	7	0	5	5

(21)

5	6	7
風俗	性	残酷醜汚
「石中先生行状記」(2) 「シベリヤ悲歌」(1)	「探偵は地獄から来る」(1) 「ある婦人科医の告白」(2)	「湖上の誓」(1) 「まぼろし夫人」(改訂第二稿)(1) 「シベリヤ悲歌」(1)
5	3	3

◉調査上特に協力を受けた官庁

○最高検察庁
○国会衆議院事務局議事部
○文部省高等教育局
○警視庁防犯部少年第二課
○厚生省公衆衛生局
○東京都教育庁

完成映画

◎映配——怪傑・ハヤブサ

映画倫理規程審査報告　第三号

昭和廿四年九月廿七日

発行責任者　野末駿一

東京都中央区築地三ノ六

日本映画連合会・事務局

電話築地二八〇二番

映画倫理規程審査報告

第4号

4

映画倫理規程

審査報告

24.9.19 〜 10.18

日本映画連合會

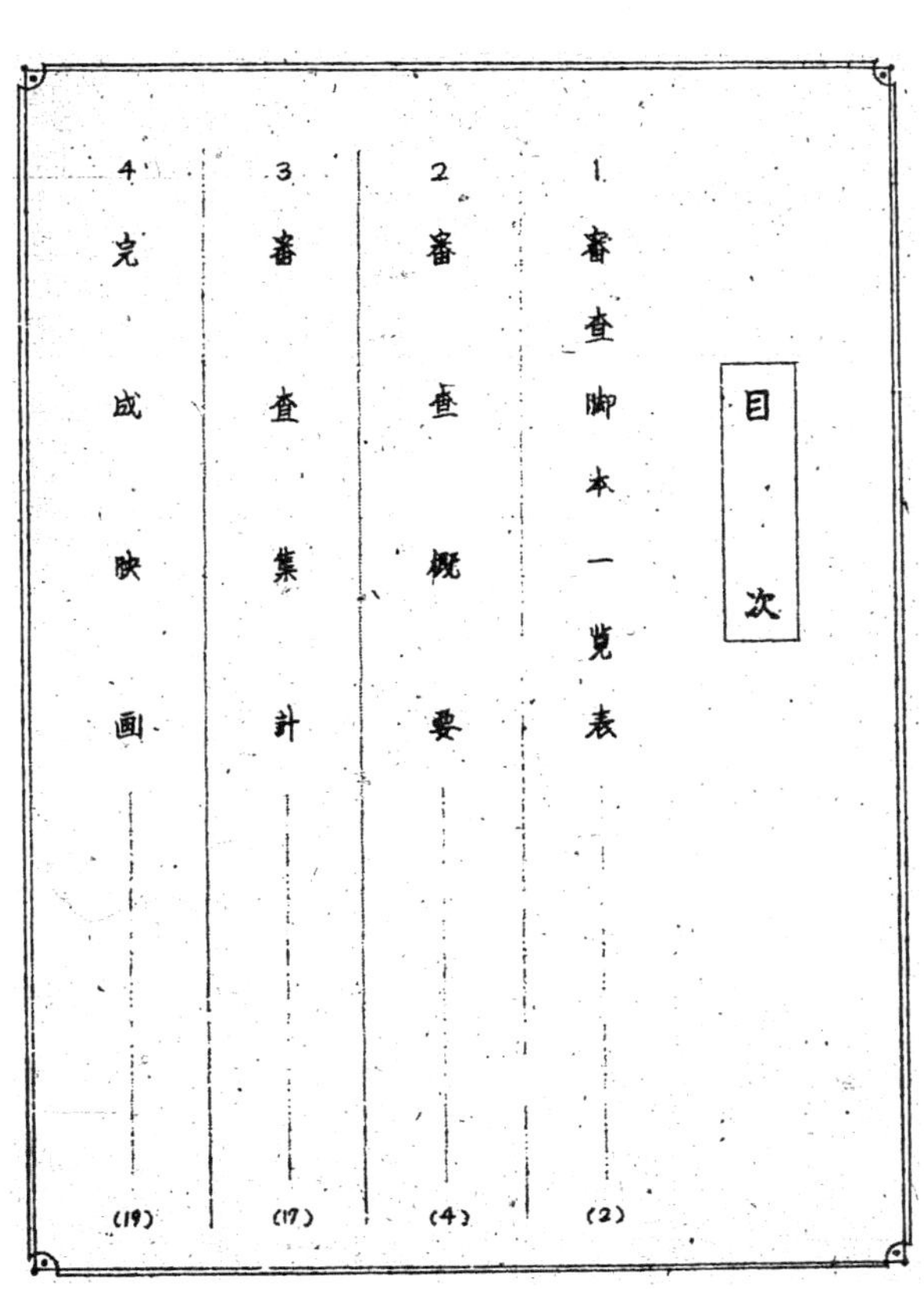

目次

脚本審査一覧

社名	題名	受付月日	審査終了日	備考
大映	待つて居た象	九・一六	九・一九	
〃	われ幻の魚を見たり	九・一九	九・二一	
〃	母燈台	九・二〇	九・二二	
ラヂオ映画	海魔陸を行く	九・二二	九・二四	
大映	白雪先生と子供たち	九・二七	一〇・一	「泥だらけの子供たち」改題 改訂第二稿
日映演	ペン偽らず	九・二七	一〇・四	
新東宝	影を慕いて	九・二七		
〃	仝 改訂版	一〇・六	一〇・六	改訂第二稿
松竹	若草乙女	一〇・四	一〇・六	

社名	題名	受付	審査終了	備考
新東宝	人生選手	一〇・四	一〇・六	
太泉	女の顔	九・二七	一〇・七	
松竹	恋愛三羽烏	一〇・八	一〇・一一	
太泉	おどろき一家	一〇・一二		
〃	仝　改訂版	一〇・一七	一〇・一八	改訂第二稿
新東宝	若い愛の危機	一〇・一四	一〇・一八	「妻と女記者」と改題
東横	妻の部屋	一〇・一四	一〇・一八	

◎新作品数……………一三

シナリオ数……………一六（改訂三）

○内訳

松竹　二　　大映　四（内改訂版一）　　新東宝　四（内改訂版一）

東横　一　　太泉　三（内改訂版一）　　ラヂオ映画　一　　日映演　一

◎審査シノプシス……………九

審査概要

待って居た象（大映）

製作　松山英夫
脚本　小国英雄
演出　安田公義

念のため製作者側に次のようなことを傳えた。この劇が戦争中から始まっていて　その時の風俗的な役柄の人物などもあらわれるので　これはむしろ始めに時代説明の字幕を一枚入れては如何にやという点

またシーン74（P4～14）の終りに子供達のうたふ「赤い夕日の丘の道」は勿論禁止歌曲ではないと思うが、製作者側にて念のため確めて貰うことにした。

シーン41　泥棒が落して行った財布には　自分達の金以外に「仰山友達とつれてかえって来た」という拾得金も入っていたことになっているが　この映画は児童がその観客のうちかなりの部分を占めるものであろうから　特にこの「思いがけなく手に入るこの金」を「こいつァ春から縁起がいいわい」とだけで　そのまゝ着服したかに思はせては（たとえ

その金が私物でない公共の象を養うための資金とするとは云へ）印象がよくないかもしれないから　そのあとへ当然機会があったら届出しようというような台詞を追加して貰うことを懇談した。（教育）

われ幻の魚を見たり	（大映）

製作　辻　久一
脚本　伊藤大輔
演出　伊藤大輔

シーン141「ジンタの騒音　提灯行列の灯の流れ」は　戦争を回想しまたは讃美せざるよう表現に注意を希望（國家）

母燈台	（大映）

製作　中代富士男
脚本　八木澤武孝
演出　久松静児

シーン6 サロンで踊られる「煽情的なショウ」は表現上卑猥にわたらないよう注意を希
望す　（風俗）

シーン27 不良のつかふ「とつぽいね」とか　「ハクイ娘」とかいう隠語は　それ自身大し
した意味はないが　見物に意味あり気に聞かれる虞れがあり　しかもこの場面
では隠語の必要のない所であるから正しい言葉に変えることを希望　（教育）

シーン76 法廷で上田証人が証拠として提出する写真は　殺人現場で拾つたものであるが
それが検察側の手に入らずに証人の手に入るのは不合理なので合理的な仕組に
変えるよう希望す　（法律）

海魔陸を行く　（ラジオ映画）

製作　今村貞男
原作
脚色　松永六郎
演出　伊賀山正徳

章魚が墨を吐くことと　猫ザメがサザエを食つてその殻を鰓から出すところは　科学的

に正確を期せられる様希望した。（教育）

白雪先生と子供たち　改訂版 （改題　泥だらけの子供たち）	（大映）

企画　土井逸雄
原案　森岡　昇
脚色　八住利雄
演出　吉村　廉

「泥だらけの子供たち」に対して提出した審査希望條件（「審査報告」第三号既報）はすべて当方の希望を諒とされ　脚本は全体にわたつて注意ぶかく改訂された。ただし、まだこの脚本に於ても工場主原島がむかしの所謂「有力者」的なかげが残されているので　その点について　再考を希望した。

そのため　シーン55の終りに　雨宮の原島に対する批判的な独白を加えることを、或はシーン60の「歎願書」という言葉はP・T・Aが原島に対してあまり卑屈な印象をあたえるので　適当な他の言葉にそれぞれ代えて　これによつて原島の印象をやわらげるようにしてもらつた（教育）

ペン偽らず（日映演）

暴力の街

製作　映画製作委員会
原案　朝日新聞浦和支局同人
脚色　八木保太郎
　　　山形雄策
演出　山本薩夫

警察及び検察庁の主要人物がリコールされて解決される物語であるが、そのリコールの表現が弱い憾みがあって　一般的に警察及び検察庁が頼りない感じを与えると考えられる。リコールがもつと強調され　邪が罰せられて　町が改革されることを明らかに表現するよう希望（国家）

尚　シーン55の取調室は　新聞記者が同席しているが　これは実際と異るので　第三者を入れない取調べに変える由　提出者より申入れがあった。（法律）

影を慕いて（新東宝）

製作　児井英男
原案　古賀政男
脚色　山下与志一
　　　野村浩将
演出　野村浩将

美也子という女がその心を惹かれる音楽家加賀を世に出すため　心にもない尾形（加賀の恩師）に身を犠牲にしてとまで考え　尾形の申出に従がおうとするこの劇のなかの重要な筋はこの脚本に於ては何等批判的にみられていず　むしろこの封建的な女の考えかたを肯定し讃美している傾向がある。

美也子といった風な女の存在を否定せよというのではない。劇の中の人物なり、描き方でこのような女の古さが否定され、批判されていなくては危険である。尾形の飜心自体もうなずかすだけの根據なく、あまりに安易にすぎるので　真の解決とはみとめられない、これらの点について全面的に改訂を希望　（社会）

影を慕いて

改訂版（新東宝）

製作責任者児井英男、演出野村浩将氏等の来室を乞い、当審査室よりの希望條項を協議、その結果　脚色者として野村浩将氏は当方の意向を了解され　脚本は訂正されることとなった。

訂正は主として美世子という封建的な自己犠牲の考え方を抱く女に対してその姉照葉を対照的な批判者の位置にもつて行き　さらに美世子をもとめる加賀の恩師尾形が第一稿のごとき単なる女色の男でなく　美世子を愛している男に変へ　美世子が加賀とその師との間柄に苦しむシテユエーシヨンに変更された。

以上の変更は勿論完全とはいえないかもしれないけれどもそれ以上の追求はもともとこのような主題のもとに構成された筋をこわすことにもなるので　この程度でよしとしなければならぬのではないかと考えられる。

希望事項なし

若草乙女　（松・竹）

原作　絲屋寿雄
脚本　柳井隆雄
演出　高木孝一

人生選手（新東宝）

製作　菅見恒夫
原作　井上友一郎
脚色　菊島隆三
演出　田中重雄

希望事項なし

女の顔（太泉）

製作　太泉スタヂオ企画室
原作　石坂洋次郎
脚色　井手俊郎
演出　今井正

審査室は石坂洋次郎氏の小説（主婦の友社版）を参照し慎重審議した。第一回九月廿九日　第二回十月一日　第三回十月四日　それぐ製作関係者として脚本の井手俊郎、演出の今井正氏等の来室をもとめて懇談　十月七日改訂された脚本を受理して　審査完了した。

原作に於ては（小説）女医信子が主人物となっていて　浅利安雄はむしろ副人物の位置にあるが　映画ではこの安雄が中心へおし出され　信子は原作に比して後景へさげられている。そのため安雄という人物が前面へうき出し　それ故にこのそましからざる性格の人物を肯定的にのみ描いているかの印象がある。（それは看護婦の三上秋子も信子、和子等がみなこの人物に惹かれてゆき何等反省がみえない点、第一稿本では信子は黒川と安雄に、秋子は常吉と安雄にそれぞれ無自覚な愛情関係にある点　など一層その印象をつよめるのかも知れないと考えられる）その点は演出の今井正氏も既に十分気づいていることでも演出に於てそれは救えるし、またそのように注意して演出する自信があると云っているがその印象を尚正しい意図にするため　各所にわたって台詞の訂正　殊にシーン115　シーン124など審査室の希望によって大改訂された。これによって安雄という人物は和子や信子から一応批判的に見られ、印象は弱められた、

尚　部分的には以下のような箇所が訂正された。

(a)　P13末行　P44　8行目の〈軍服〉は適当な服装に変更

(b)　P23末行　〈出入り〉という言葉は〈喧嘩〉にかえる

(c)　P55　シーン34の　茂子「いい男かいし」　秋子「凄いわ　胸がどきどきする位……」の台詞をのぞかれた。（これは全篇にわたって人の顔かたちを主人物をめぐって信子や和子　秋子茂子達によってあまりしばしば口にされすぎる傾きがある・それは安雄という人物の容貌だけによってみんなが心惹かれてゆくのは　みなその内心に理由が

あるのであるから　それがまともに出なくては　この安雄というような人物をただ讃美するかの感じを与えるからである）

(d) P77二行目　〈じゃぶってやろうか〉は他の言葉にかえること。

(e) P127五行目下〈私の氣持云々〉より六行目　七行目がのぞかれる。

(f) P139八行目以下変更。これは信子の安雄に対する批判の言葉に代った。

(g) P143末行より三行目　〈可愛い子供でも云々〉を他に代える。

(h) P148よりP149の一行目まで全体的に改訂。こゝで信子と和子との安雄に対する批判また二人の自己批判に台詞を全面的に変更。

以上の如き訂正によって安雄という人物を全的に肯定して描いているかの感があった第一稿本は全体にわたって改訂され　かて、加えて　今井氏の演出とその良心によって　これらの点は望ましい方向にむけられるものと期待する　（社会）

恋愛三羽烏（松竹）

製作　小倉浩一郎
　　　杉山茂樹
脚本　斉藤良輔
　　　中山隆三
演出　中村登

希望事項なし

おどろき一家（太泉）

製作　太泉スタヂオ・企画室
原作　阿木翁助
脚色　八住利雄
演出　斎藤寅次郎

シーン38の子供の見ている「妙な絵」とあるのは、猥褻でないように希望。（風俗）

若い愛の危機
「妻と女記者」と改題
（新東宝）

製作　藤本真澄
脚本　久板栄二郎
演出　千葉泰樹

脚本中にある台詞および説明などの中の次の如き言葉を訂正希望。
〈復員〉七ヶ所、〈戦友〉三ヶ所　〈抑留所〉一ヶ所　〈軍隊〉一ヶ所等それぞれ
〈引揚〉　〈兵隊友達〉　〈収容所〉などに代えること　及び〈司政官で南方へ赴任した〉
（Pa－23）を適当な他の台詞に代えてもらうように希望　（國家）
尚（シーン45）の次の台詞
「大学教授の月給が門番より安いっていうが、そんなら我々副手は何で食って行けば
いいんだえ？　月に千五百円の手当じゃ粥もすゝれないじゃないか」
の千五百円は　現状を東大医学部法医学教室によって調査するところによれば　最低五千
円から六千円である由。よって少くともこの現状に近い程度に従って訂正希望した。
（法律）、
又（シーン50）Pa－49の次の台詞
「宏司のお小遣いだって大変なんですよ　本代だ　材料費だって研究の材料も近頃は
自弁になりましたそうで」
の自弁ということは、現状によれば名目は支給であるが　その費用は常に遅延するため各
自が立替えている状態にある。よってこゝは「研究の材料もまるで自弁同様の有様で」と
いったように再考してもらうことを希望した。（法律）

妻の部屋

（東横）

製作　牧野満男
原作　吉屋信子
脚色　館岡謙之助
演出　瀧沢英輔

シーン24（P28〜29）に於ける加津子と百合子の対話のうち（P28 10行目よりP29の末より四行目迄）「百合子さん　こんなのどうお思いになって」と雑誌の性的な記事の目次を示しつゝ　性についての議論をしている部分　これは作品全体に大きな影響なく　風俗的に過度な印象しか与えない危険があると思はれるので改訂を希望したところ　のぞかれることになった。（風俗）

又　この会話にひつかゝるシーン28（P35二行目）の達吉の台詞の中の「猥談をやるのかい」も変更を希望、（風俗）

P51（シーン43）の六行目「永年大陸で云々」の大陸は従来の慣例に従い外地でと訂正希望、（国家）

シーン61（P73）の「箱がこわされて注射のアンプルが散乱する」は前後の台詞などから明らかに麻薬かそれに類似したものと思はれるので　このショットは演出上注意して注射薬を暗示しないよう　撮影されることを希望、（法律）

審査集計

規程條項	関係脚本題名及希望個所数	集計
1 國家及社會	「われ幻の魚を見たり」(1)	6
	「影を慕いて」(1)	
	「ペン偽らず」(1)	
	「女の顔」(1)	
	「若い愛の危機」(1)	
	「妻の部屋」(1)	
2 法律	「毌燈台」(1)	5
	「ペン偽らず」(1)	
	「若い愛の危機」(2)	
	「妻の部屋」(1)	

3	4	5	6	7
宗教	教育	風俗	性	残酷醜汚
なし	「待って居た象」(1) 「冊燈台」(1) 「海魔陸を行く」(1) 「白雪先生と子供たち」(1)	「冊燈台」(1) 「おどろき一家」(1) 「妻の部屋」(2)	なし	なし
0	4	4	0	0

(18)

◉希望事項数……………一九

◉調査上特に協力を受けた官廳

○法務府特別審査局　○最高検察庁

○文部省初等中等教育局　○東大法学部研究室及医学部法医学教室

完成映画

社名	題名	上映月日
大映	透明人間現はる	九月二十六日
松竹	まぼろし夫人	九月二十七日
[illegible]	足を洗つた男	十月二日

社名	題名	上映月日
東横	花嫁と乱入者	十月三日
大映	愛染草	十月九日
新東宝	あきれた娘たち	十月十日

松竹	薔薇はなぜ紅い	十月十一日
新東宝 映画芸術協会	野良犬	十月十七日
大映	痴人の愛	十月十六日
松竹	悲しき口笛	十月二十四日（予定）
大映	涙の港	十月二十四日（予定）

映画倫理規程審査報告　第四号

昭和二十四年十月二十七日

発行責任者　野末駿一

東京都中央区築地三ノ六

日本映画連合会・事務局

電話築地二八〇二番

映画倫理規程審査報告

第5号

映画倫理規程

審査報告

24.10.19 ～ 11.18

日本映画連合會

〔目次〕

審査脚本一覧

社名	題名	受付月日	審査終了日	備考
新東宝	私刑（リンチ）	一〇、四		
	〃 改訂版	一〇、一二		改訂第二稿
	〃 改訂版	一〇、一七	一〇、二〇	改訂第三稿
大映	母椿	一〇、一八	一〇、二一	
東横	弥次喜多猫化道中	一〇、二〇	一〇、二一	
松竹	今宵別れて	一〇、二四	一〇、二七	「若草乙女」の改題 →「その前夜」
大映	歌の明星	一〇、二五	一〇、二七	
新演伎座	甲賀屋敷	一〇、一三		
	〃 改訂版	一〇、二五	一一、一	改訂第二稿
東横	ホームラン狂時代	一〇、二二	一一、一	

社名	題名	受付月日	審査終了日	摘要
新東宝	細雪	一〇、二八	一一、一	
松竹	花も嵐も	一一、二	一一、四	
太泉	歌うまぼろし御殿	一一、二	一一、五	
新東宝	白晝の決闘	一〇、三一	一一、五	
〃	東京カチンカ娘	一一、四	一一、八	
〃	お染久松	一一、四	一一、八	
東横	妻の部屋	一一、八	一一、九	自主改訂版
大映	蛇姫道中	一〇、一八		
	〃 改訂版	一一、一〇	一一、一一	改訂第二稿
大映	月の出船	一一、一〇	一一、一五	
松竹	栄光への道	一一、一四	一一、一五	
大映	笑ふ地球に朝が来る	一一、一四	一一、一六	

◎新作品……………………一六

シナリオ数……………………二二（内改訂六）

内訳　松竹三（改訂一）　大映六（改訂一）　新東宝七（改訂二）

東横三　太泉一　新演伎座二（改訂一）

◎審査シノプシス……………………五

審査概要

私刑	（新東宝）

製作　竹井諒
原作　大坪砂男
脚色　小沢　救
演出　中川信夫

1　題名について

私刑（リンチ）という題名は一見センセエシヨナリズムをねらつたかの感じがあるが
この作品の主題そのものが封建的な私刑を批判しようとするものであるから　これはこ

れとして認めてよいかと思はれる。云ふまでもなく映画倫理規程は私刑を否定するものであり、それを敢て題名とすることは如何かと思はれるかも知れないが 上述の如き主題の作品として この点は問題はないものと思う．

2.審査について

特にこの作品は反民主的な封建的集団であるテキヤの慣習、生活を描きこの社会の特異な制裁である私刑の理不盡な姿をとりあげ批判せんとするものだけにかなり危険な点もあり 慎重を期するため製作者側として竹井諒・中川信夫（演出）小沢致（脚本）氏等の来室を乞い 数回に及んで懇談をかさね、脚本は当方の意向を諒とされて積極的にすすんで協力改訂をほどこされた。第三回提出された改訂本に一部修正を乞い これを決定本とすることになった。

なほこの作品はこれらの点でさらに十分な審査を期するため特に製作者の承諾を得て完成映画の試写以前にオールラッシユの試写に立会い 事前に検討の機会を尚与へられることを申出で、この時さらに希望事項を申出るやもはかりがたいことを含んでおいてもらつた．

3.作品について

この批判的な主題の批判性を強調してもらふために（それなくしてはこの作品の意義はないものと考へねばならないが）前半部の清吉とお加代をめぐる生活をより具体的に

描きなほしてもらつた。それ故にある点でテキヤの生活　あるいは無理非道な残酷さは（それ自身が批判の対策となる故に）適当にむしろおほふところまく描き出してもらふこと。清吉という人物によせられる観客の共感をとほしてそれらが批判の対象として観客にうけとられるような、そういう風な型にもつていつてもらふことを希望した（これは製作者側がむしろ審査室の規程適用を過度におそれてなされた考慮とも見えたから敢て以上の如く勧告したものである（社会）

以上の如き　改訂は数回の懇談によつてなされたものであるが　これ以上の完全を期すための改訂希望は審査の限度をこえるものと考へられるので　この第三回改訂をもつて全体的な検討はとどめることにした。

なほこの決定版脚本において次の如き箇所を訂正してもらつた。

(a) シーン81（Pb－36）清吉が仲間からリンチされている夢のシーン　演出上残酷にわたらざるように（残酷醜汚）

(b) シーン82（Pb－38）下三行目　お加代が清吉に「自首？」と反問する台詞は勿論清吉の佛像窃盗の事件を彼女は打明けられていないのにいかにも清吉が何か犯罪をおかしていることをすでに知っている如く聞えるので　他の表現の仕方に訂正希望（教育）

(c) シーン117（Pc－4）五行目の〈軍隊〉　さらに（Pc－4）の同様の言葉は総

来の慣例にしたがい〈兵隊〉に　（国家）

(d) シーン181（PC―91）の警官出動は仰ぎようしくなく演出注意（従来もあった如く却って逆効果となり　警察力の軽視をきたす印象がある）（法律）

83

毋椿（大映）

企画　関　幸輔
原作　筒井　順
脚本　館岡　謙之助
演出　小石　栄一

P―29　「父を助ける選挙令嬢」の新聞記事は「父を助ける選挙娘――某候補者令嬢」云(6)々と変更（提出者側からの自主訂正）

P―44　万才師の鶴子が自己の職業を卑下するのは民主的でないので「そんな身分なんて考へ間違ってますわ」という言葉を鶴子の娘で劇中でも重要な人物に云はせることとした（社会）

P―45　演説会場で妨害弥次のみであるのは面白くないので　応援的弥次もあることとする（自主的訂正）

彌次喜多猫化道中 （東横）

製作 牧野満男
脚本 秋篠珊次郎
　　 中島茂樹
演出 井上金太郎

(一) 岡ッ引を打つて倒れたのを死んだと誤解するおかしみのところで 左の如く変更

P－3 「あ こいつは役人だ」を「岡ッ引だ」に （法律）

P－10 「役人殺しだぞ」を 「人殺しだぞ」に訂正 （法律）

P－10 「黙つてろ わかりやしねえ 見た奴はいねえんだ」 の後半を削除（法律）

(二) P－36 八五郎の寝床に 喜多八がもぐり込むところ 表現上卑猥にわたらないように希望 （風俗）

(三) 娘の義父のセリフを次の如く訂正

P－46 「もう今日から俺の自由にはならねえ 一緒になりたかつたら身受けしな」の「身受けしな」を「鬼左親分に掛合いな」と変更 （社会）

P－47 「あいつあ鬼左親分の抱え女郎だよ」の 「抱え女郎」を「お妾」に変更（社会）

(7)

今宵別れて（松竹）

製作　絲屋寿雄
脚本　柳井隆
演出　高木孝一

「若草乙女」（第四号所載）改題「その前夜」三転して「今宵別れて」となる。

希望事項なし

歌の明星（大映）

企画　根岸省三
脚本　棚田吾郎
　　　館岡謙之助
演出　佐伯幸三

S－22　静枝の頬を村山が殴るのをやめる（社会）

甲賀屋敷（新演伎座）

製作　清川峯輔
脚本　衣笠貞之助
　　　青江舜二郎
演出　衣笠貞之助

一〇月一七、一八、二〇、二二、二五、二九日の六回の討論の結果　次の如き協定に到着した。

一、隠密制度を否定するとしても、その封建的匂いは到底拂拭し得ないことが明らかとなったので　甲賀世阿弥が幕府の隠密として行動したことを一切とりやめる　（国家）

二、隠密制度を採用する幕府の政策及びそれに反抗する大名の対抗政策も　すべてこれをとりやめる　（国家）

三、結局水月舷三郎と浪路の恋　及び甲賀家の財宝をねらう悪漢の出没という二つの話を中心としたものとする。

四　剣を中心とした演技（立廻り）はすべて簡略化することとする。またそれに関する言葉はすべて注意する　（社会）

（9）

ホームラン狂時代	（東横）

製作　牧野満男
原作　サトウ・ハチロー
脚色　山崎謙太
演出　小田基義

希望事項なし

細　雪（新東宝）

製作　竹井諒
原作　谷崎潤一郎
脚色　八住利雄
演出　阿部豊

希望事項なし

花も嵐も（松竹）

製作　小倉武志
原作　大林清
脚色　斎藤良輔
演出　佐々木康

この姉妹の佐貫への愛情のゆずり合いは　後半に於て示される如く　必ずしも古風な犠性的行動とのみはとれまい点　このまゝでいゝと思はれる。たゞ田の気持のラストでの[illegible]心さも少し明かにしてもらうように希望した（社会）

歌うまぼろし御殿（太泉 RKプロ提携作品）

原作　山本嘉次郎
脚色　山本嘉次郎　高柳春雄
演出　小田基義

シーン18（Pa－16）三人の異様な男のつけている勲章というのは 内外国の既往のものに類似しないよう特に注意を希望した （国家）

シーン37（Pa－22）このレビューシーンは〈金瓶梅〉と思はすが もし著作権の問題で何かの支障あらば それをおもわす材料となる人物の名前を（金蓮・西門慶）他の適当なものに代えれば問題はないであろうこと （法律）

又シーン39（Pa－27）はやはりレビューシーンとして 〈カルメン〉に取材している点（法律）

この著作権について CIEにおいて製作側が接渉（以上二件は問題なきこと判明した）

白昼の決闘 （新東宝）

製作 藤本眞澄
原作 入江徳郎
　　 扇谷正造
脚色 入住利雄
演出 佐伯清

○このなかに描かれる新聞社および新聞記者の行動については製作者側において 事前に

この原作者および朝日新聞社内の有志の記者にこの脚本の閲読を乞い　色々の点で示唆を受けた由・製作の藤本真澄氏より申し添へがあった・そういう点で特に原作者入江徳郎・扇谷正造両氏の二著書よりなされたことを字幕で明示し、素材に関しての責任の在りかを明らかにせられた方がいゝのではないかを製作者につたへた。

○こゝに出てくる　〈朝陽新聞〉は、アサヒという訓読でなく　チヨウヨウという音読なる旨を確かめ　実在新聞社に類似感を与へぬよう希望した　（社会）

○新婚間もない記者村島伍一に関しての台詞のなかに　「ねやの偲みってやつは身にしみている云々」（P３シーン３）　あるいは「じらせておいた方が　今夜余計にしんみり出来ますよ　三畳の二階借りだが隣りの税務署のお役人は出張中だし……大体僕の女房（中略）……情がまだ深いときていましてね」（P10シーン18）等々の台詞　卑猥とはいえないだろうけれど　言葉が直接ベッドシーンを聯想させる虞れがあるので　適当な言葉に訂正希望した　（風俗）

○村島伍一と対照される記者相坂三平はいわゆる〈新聞の鬼〉として、取材に関していっさいを顧慮しない非情の人間として描かれているが　この男の存在はまず　天沼喬吉によってそのあやまれることが事実の上で立証され　さらに巻末においては三平自身の號泣の声とともに反語的に批判されているものと見てよいであらう（これは藤本真澄氏の来室を乞い　シーン119の説明をきいて確めることができた）　たゞ三平の卑劣な手段に

よつてまで　他社をスクープして取材するということ（俊子をして盗聴せしめたり　無理非道に写真を入手したりするなど）　たとへシーン34（Pa－11）に井田と伍一との三平批判の台詞のなかに　さらに適当に三平のありかたが　正しい新聞道でないことを批判させるよう特に希望した　（社会）

○巻末のラストへ　藤本真澄氏はエピローグとなるべき新聞の正しいありかたの言葉をスーパーインポーズしたいとのことを述べられていたから（台本にはなし）　そのようにすれば一層この主旨は徹底されるであろうと思う。

○シーン25（P－16）七行目　「満洲」の言葉は「外地」などの適当なものに代へてもらうよう希望した　（国家）

東京カケンカ娘 「銀座カンカン騒ぎ」改題	（新東宝）

製作　青柳信雄
脚本　中田晴康
演出　毛利正樹

希望事項なし。

お染久松
(新東宝)

製作　瀧村和男
脚本　藤田潤一
　　　渡辺邦男
演出　渡辺邦男

希望事項なし

妻の部屋
(東撮)

製作　牧野満男
原作　吉屋信子
脚本　館岡謙之助
　　　棚田吾郎
　　　坂本志志
監督　滝沢英輔

この改訂は製作者側の都合によってなされたものであり 審査報告第四に掲載ずみ。(審査十月十八日終了)のもので 問題のないものであった。この製作者側の発意によるこのたびの改訂は審査希望をより完全にみたすものと思ったが 部分的に次の二箇所に再考を希望した。

1. シーン113(Pん-8)有本の輩下二人が三千雄をなぐり倒す件は ニッに描かれるは

どの激しさが必要であるか否かに疑義があり　暴力肯定の印象をも与えかねないので演出上注意して　ある程度に止めてほしい旨希望　（社会）

2．ラストシーンの前に　三千雄の関係した不正取得の犯罪は　なるほどこの三千雄と特殊な縁故にある社長によって弁償されたものと考へられるにしても（それ以前に出て来る社長の台詞にその点にふれてはいるが）ラストシーンまでにその点の解決は何等ふれることなく　まるで何も事件がなかったが如く　和やかな笑声をたてゝ四人が晩餐をかこんでいるのは　やゝ不穏当と思はれるので　何かそれに触れた台詞を加入して解決の印象を与へてほしい旨希望　（法律）

蛇姫道中（大映）

企画　高桑義生
原作　川口松太郎
脚色　依田義賢
演出　木村恵吾

十月廿一日協力員大映側として吉田、辻両氏の来室を乞い　さらに後刻武田氏にも来室をもとめて第一回提出の脚本について次の如き点にふれて協議

A　将軍家より琴姫（双生児の一人）にむかってその誕生の魔よけとしておくられた日月

の鏡二面一組をめぐって、その背後に幕府と諸候との間に行はれた暗黒な政略　ことに鏡の紛失による失策をとがめて所謂〈お国とりつぶし〉を劃される不公明な術策に陥し入れられること　か丶る封建的な政略とこの脚本は批判なくとりあげ　しかもそれが劇をすゝめる重要な手段となつている点　（国家）

B　さらにその鏡をひそかに入手している松平家がそれをかゝさに琢姫の本意をかえりみず掠奪結婚を強迫する点　（社会）

C　上の如き否定さるべき日本の封建的な慣習や政治のかたちに対して十分な批判者がこの劇のなかになく　か丶る娯楽映画として観客に与へる印象にこのましからざるものの少くない点　ことに重要な人物である平九郎という浪人の性格と行動に不分明なものがある点　（国家及社会）

以上の如き　かなり重要な全体的な点にふれる改訂希望を提出したが製作者側として京都撮影所次長松山英夫氏は十月廿七日　後篇の脚本を提出して併読してもらへば　前篇に対する当審査室の改訂希望は了解し得るのではないかとの見解をもつてこられ、さらに協議したが　松山次長は当方の希望意見を了解して帰洛の上、この映画の配役に重要な変更などもあつて　脚本は全面的な改訂を施されることになつた。

追記　かくして改訂された前篇の脚本（十一月十日提出）はさらに製作者側の意図によ

つて再提された（十一月廿一日提出された）が　これらの報告は、審査報告第六に
ゆずりたいと思う

月の出船（大映）

企画
脚本　浅井昭三郎
監督　森一生

この脚本に〈復員〉という言葉が屡々出てくるが　従来の慣例にしたがい　これらは〈引揚〉になおしてもらいたい　シーン3（P-3）に出てくる台詞の中の〈復員さん〉という言葉のみは名前を知らない青年への呼びかけとして　且つ他に何らの他意や主観さ含まないものとして　これは認めること　（国家）

またシーン4（P-4）〈表二の写真〉はいうまでもなく軍服姿でないものにしてもらうこと　（国家）

以上の二点を注意希望した。

追記　尚この脚本に附せられた「梗概」にも見えている〈復員〉の言葉も全篇に改訂してもらい　宣伝材料として公表されるものにもこの点を特に注意して貰う様伝えた。

栄光への道（松竹）

製作　小倉浩一郎
脚本　菊島隆三
監督　中村　登

但し製作者側において提携する野球団阪神と打合せ　職業野球として不穏当な箇所を自主的に訂正する旨申し添えがあった。

笑ふ地球に朝が来る（大映）

企画　根岸省三
脚本　笠原良三
演出　水野洽

希望事項なし

（18）

審査集計

規程條項	1
	國会及社会
関係脚本題名及希望個所数	「私刑」(2)
	「弥次㐂多猫化道中」(2)
	「母椿」
	「歌の明星」
	「甲賀屋敷」(3)
	「花も嵐も」
	「歌うまぼろし御殿」
	「白昼の決闘」(3)
	「真の部屋」
	「蛇姫道中」(3)
集計	20

1	國家及社会	「月の出船」(2)	
2	法律	「私刑」 「弥次㐂多猫化道中」(3) 「歌うまぼろし御殿」(2) 「妻の部屋」	7
3	宗教	なし	0
4	教育	「私刑」(1)	1
5	風俗	「弥次喜多猫化道中」 「白昼の決闘」	2
6	性	なし	0

(20)

7	残酷醜汚	「私刑」	1

○希望総数……………………三一

◉調査上特に協力を受けた官廳団体

○日本新聞協会
○文部省初等中等教育局
○東京大学農学部及法学部
○海上保安庁連絡課
○国家警察本部企画課
○外務省政務局特別資料課
○東京家庭裁判所
○法務府特別審査局
○農林省畜産局生産課

完成映画

審査番号	題名	社名	上映日	備考
四三	七彩の虹	松竹	十月三十一日	「流転の詩」改題
五八	極楽夫婦	新東宝	十一月一日	
五一	女殺し油地獄	大映	十月三十一日	
六九	生さぬ仲	松竹	十一月七日	
六三	母燈台	大映	十一月七日	
九	花の素顔	松竹	十一月十三日	
三五	帰国	新東宝	十一月廿二日	
二〇	マドロスの唄	N・C・S	未定	
五三	鐘の鳴る丘 クロの巻	松竹	十一月廿三日	
一七	無頼漢長兵衛	東横	十一月十四日	

五九	待っていた象	大映	十一月廿一日	
六	獄門島（前篇）	東横	十一月二十日	
計	十二本			

新版審査

審査番号	題名	社名	上映日	備考
S—一	婦系図	東宝	十一月十五日	
S—二	怪猫謎の三味線	大映	十二月五日	（予定）

映画倫理規程審査報告　第五号

昭和二十四年十一月二十七日

発行責任者　野末駿一

東京都中央区築地三ノ六

日本映画連合会事務局

電話築地二八〇二番

映画倫理規程審査報告

第6号

6

映画倫理規程

審査報告

24.11.19 ～ 12.18

日本映画連合會

目次

審査脚本一覧

社名	題名	受付月日	審査終了日	備考
新東宝	激闘の海	一〇、二〇		
新東宝	玄海灘の狼	一一、四	一一、七	「激闘の海」改題
松竹	頓珍漢桃色騒動	一一、一二	一一、二一	
松竹	宵待草恋日記	一一、一七	一一、二二	
大成興業	暁の大地に咲く	一〇、二九		「敗戦の祖国に咲く」改題
	〃 改訂版	一一、一五	一一、二二	改訂第二稿
松竹	影法師	一〇、二九		
	〃 改訂版	一一、一一		改訂第二稿
	〃 改訂版	一一、二一	一一、二四	改訂第三稿
松竹	続影法師	一一、七		

（1）

社名	題名	受付月日	審査終了日	備考
	〃 改訂版	一一、二一	一一、二四	改訂第二稿
東横	俺は用心棒だ	一一、一〇	一一、二五	「もしもあの時」改題
東横	難船崎の血闘	一一、二四	一一、二六	
大映	蛇姫道中 改訂版	一一、二一	一一、二六	自主改訂版第二稿
大泉	なやまし五人男	一一、一六	一一、一八	
	〃 改訂版	一一、二五	一一、二八	自主改訂版第二稿
新東宝	続向う三軒両隣り 前篇	一一、一〇	一一、三〇	
	〃 後篇	一一、一〇	一一、三〇	
大映	魔の黄金	一一、三〇	一二、一	
松竹	初恋問答	一一、二九	一二、一	
新東宝	右門捕物帖 七いろの折鶴	一一、二九	一二、三	
シネアート アッシエート オブ・トーキョウ	ヒット・パレード	一一、二四	一二、五	「平和日本一九五〇年」改題

大映	続蛇姫道中	一〇、二六		
	〃　改訂版	一二、一	一二、五	改訂第二稿
新東宝	処女宝	一一、一〇	一二、六	
松竹	夢を召しませ	一二、六	一二、九	
大映	火山脈	一二、七	一二、一二	
大映	名探偵明智小五郎	一二、一〇	一二、一五	「氷柱の美女」と改題
新東宝	窓から飛び出せ	一一、一〇		
	〃　改訂版	一二、八	一二、一五	改訂第二稿

◎新作品……………………二一

シナリオ数……………三〇（内改訂版九）

松竹九（内改訂三）　大映六（内改訂二）　新東宝八（内改訂二）　東横二

大泉二（内改訂一）　大成興業二（内改訂一）　シネアート・アソシエート・オブ・トーキョウ　一

◎審査シノプシス……………七

◎審査原作……………………一

（3）

審査概要

海のGメン
玄海灘の狼
「激闘の海」改題

新東宝

製作　杉原貞雄
脚本　志村敏夫
演出　志村敏夫

改訂前の「激闘の海」についての審査希望，海上保安庁の役人達の間の台詞、行動に，旧軍隊をおもはすものの出ないやう再考希望し、かつ演出上の注意を希望した。（国家）かつ　それに通じるものとして　中心人物の一人機関士梶原が密輸団の機銃弾に当って死ぬ件は古風なヒロイックなものとして描かれすぎはしないかの恐れがある故　その点　改訂の時十分考慮されたいと希望．（社会及び教育）

（なほその他個々の箇所についての注意も二三あったが　これは特記の必要がないので省略）

改訂版「玄海灘の狼」は　以上の点について改訂されたが　重大な点としてこゝにも残された問題は　密輸団が機関銃を保持していることになっている点にあった。機銃の使用は関係当局としてもなるべく使ってもらいたくない意向であったので（参照東横提出シノプシス「難船崎の血闘」についてのディスカッションの場合にそれは表明されていた）当審

査室は海上保安庁において事実において密輸団にしばしばかゝる事実の有りや否やを調査した所　次のような報告をえた。すなはち

海上に於ける銃砲器所持犯罪の集計（海上保安庁連絡課報道係による）

昭和二十四年四月三十日附の開庁以来一ヶ年間

○発生数　一二一件

○検挙数　一一二件

○関係者（犯人）数一三三件

機銃は以上の件数によつてかなりの数に及び　しかも被害も少なくない事実があり　且この映画が海上保安庁の後援と協同によるものであるならば密輸団側の機銃が映画の上でとり上げられることを（このましくないものとしても）否むことが出来ないものとして認めざるをえなかつた。

しかしこの問題は、C・I・Eの直接関係事項故　（一切をそちらと接渉してもらふことにしたが　保安庁の武器の点は　この接渉中にピストルの保持が認められる法令が出たため　問題はこの点で解決された。また　保安庁側を劇の中でいかに描くかの問題（弱力に描くことが逆効果の意味と印象を与へかねない点で　関係当局の必ずしものむところではないことなど）も　以上の方向にそつて解決してもらふこととした。

頓珍漢桃色騒動　松竹

製作　小倉浩一郎
脚色　杉山茂樹　渋橋太郎
演出　市川哲夫

○S.25（P.8－22）の「天國へ行って来た」「天國？　飛行機でいったのか」「いや・べツドだ」といふセリフ、適当に訂正希望。（風俗）
○S52（P.C－3）の「早く警察に知らせれば－」「無駄ですね」といふセリフ　後の方を「さうですね」と訂正希望。（法律）
○その他、やくざと「喧嘩」をするといふセリフ数ケ所を訂正希望。（法律）
○又、悪の味方をした女に対する解決が不徹底な點　適當な訂正を希望。（法律）

（6）

宵待草恋日記　松竹

製作　小倉武志
脚本　野田高梧
監督　原研吉

問題とすべき点なし
　追記　審査終了後　製作者側より　この中の竹久夢二の個展のシーンに、かつてその事実があつた由であるが、アメリカ人が来場して画をほめ、アメリカへ来ることを彼にすゝめる件をさらに挿入したき旨申出であり、この場合、かかる（事実あつたにもせよ）外國人を（日本人俳優をつかつて）出すことの懸念について照会あり　まず要旨をきくところによれば　大体問題はないと思はれるが　なほ詳細を提出されたいことをつたへ　この部分に関してはその後に決定したいことにした。

暁の大地に咲く 「敗戦の祖國に咲く」改題	大成興業映画配給社

製作　中西輝利
原作　竹田新太郎
脚色　竹田新太郎
演出　三枝源次郎

内容が敗戦の荒廃をうたつた浪曲とシーンとに関する部分を訂正してもらつた。（國家）
ソ連から引揚げてきた夫が妻や子供に気持の上で大きなギヤツプを感ずる表現がどういふ理由によるか十分に説明されていないため　歪められた印象を与へかねないので　この点をいづれかにあきらかにしてもらうこと。（國家）

影法師
続影法師

松竹

製作　小倉浩一郎
脚本　鈴木兵吾
監督　大曽根辰夫

第一回提出は十月廿九日であったが　以来三回にわたって　訂正懇談がかさねられた。時代劇映画として必ずしも好ましいものとは十分にいいきれないが　正邪の對立均衡をただし　封建的な暗黒政治のかげをなるべく取り除いて　やうやく決定本をここにえた。

第一回目に提出されたものにおいては　全体的にいつて悪に対する正の方の活躍がバランスのとれていないうらみがあって　悪の方の活躍が飛躍的な術策にとんでいるのに　正の方が余りにもまっとうで策がなさすぎ　これでは眞の解決がうなづけないやうな印象を与へる。又、大老柳沢吉保の悪政とその幕僚である勘定奉行遊佐との関係が別々に描かれているため　遊佐といふ人物の正の立場が弱められている。上述のごとき印象は　この遊佐といふ人物の行動が孤立しているためにも起るであろうと思はれる。この点を考慮して正の側をもっと強調してほしい。

贋金の横行が庶民に与へる影響が忘れられている。またその影響が勘定奉行の責任をとはれる上に　さらに大きく云へば　柳沢自体の責任にも及ぶべきもので　へ贋造の背后に柳沢があるとされていることを考へ併せれば）ここの矛盾を合理化すべきであろう。上のご

とき　政治的な面が割切つて描かれないとするなら　いつそかゝる政治面を取り除いて
單なる賃金事件にのみとゞめれば　正邪の選びは　より判然とした印象を与へうるであらう。（國家）
部分的には（S19）にある「虚心一刀流」の言葉は　力に対する讃美の感を与へないよう
除くこと。（社会）
（S20）のお夏の天堂に対する台詞のなかの　せめてわたしを「ひつかけてごらんよ」と
あるのを他に代へる。（風俗）
（S32及びS84）の台詞のなかの「敵」は　相手[illegible]でもいつた言葉に代へてもらう。（社会）
（以上のシーン指定数字は改訂前の第一稿本の方による）
以上のごとき希望によつて　訂正されたものは（脚本の鈴木兵吾氏と懇談の結果この改訂
はなされたものであるが）まずこれ以上望むことは　もともと権限外かと思はれるので
如上の点を十分注意して製作されることをのぞみ　なほ改訂本では　以下の部分を訂正考
慮される事を希望した。
（S3）「動く政府と」を除く。（國家）
また（前篇S74.P.C－10末四行目）の「女隠密」を「おまへ」に代へる。（國家）
また後篇（P.6－11）の「豊臣の残黨はいまだに蠢動し　近くに由井の事件もある」は除
く。（國家）

また右篇（P.b—22、9行目〜11行目）の三行の台詞は愛人への自己犠牲ともおもはせるので除く。（社会）

なほこの作品に於て殺陣のシーンは残酷感を与へぬよう注意を！た。（残酷醜汚）

俺は用心棒だ 「もともあの時」改題	東横

製作　牧野満男
企劃　岡田敬之
脚本　伊丹万作
演出　稲垣浩

これは諷刺的なねらひを持った喜劇であるため　その観点から審査を行ひ　部分的にはどうかと思はれる箇所も　以上の点から批判的に描かれるものとして問題としなかったものもある。

（P.a—20より21）に至る豪傑と八部との力をぬいて勝負しようとの部分も　演出上注意してもらうことにとゞめてこのまゝとした。（社会）

（P.b—1）の冒頭にある河原におけるやくざの喧嘩は、それを批判する百姓たちの方に描写の重点をおいて、なるべく喧嘩のシーンはロングですましてほしいことを希望（社会）

（P.b—4）の数介が刀を抜いてかゝる件、演出上注意。（社会）

（P.c—2）「何人斬ればいいんだ」は「かたづける」と云ふ言葉に代えてもらう。なほこの（P.C－２）あたり前后の親分たちの出入りが始まろうとする部分において、豪傑の横田横兵衛の行動に不明瞭なものがあり、わるくすると暴力肯定となりかねないので、この点十分再考を希望。（社会）

（P.C－５）の横兵衛の刀を抜いてのしぐさ、注意。（社会）

（P.C－８）乾分たちが出入の用意をしているシーンは、もの／＼しくなく演出のこと。（社会）

（P.C－11）の末８行目の「おれはお上の隠密霧隠佐助」といふ仮名は別のものに代へてもらうこと。（国家）

（P.C－13）末２行目の台詞の「敵がいません」は相手に代へてもらう。（社会）

（P.C－21）以后　横田横兵衛が消えるが　横兵衛のやくざ否定、あるいは暴力批判の云業をいれてしめくくりしてほしいことを希望。（社会）

なほこの作品においては、主題はやくざの否定をもふんでいるものであるが、宣傳スチール、その他にやくざの姿あるいは抜刀のシーンなどを単独に出されると主題とは反對の印象を与へる恐れがあるので、その点を注意の上、スチールは念のため事前に審査室へ提出されたき旨つたへた。

後記、脚本はさらに、製作者側の都合によって書変へられて改訂本が提出された。

難船崎の血闘	東横

製作　牧野滿男
脚本　比佐芳武
演出　松田定次

○全体として、やくざの讃美にならぬよう。又、残酷な争闘の場面に表現上の注意を希望。
（法律及び残酷醜汚）

蛇姫道中 改訂版	大映

企画　高桑義生
原案　川口松太郎
構成　伊藤大輔
脚本　依田義賢
　　　木村恵吾
監督　木村恵吾
　　　丸根賛太郎

シーン8よりシーン14にいたる間の菊之助にむかって武士達が白刀を抜いて強迫する演技は　すべて白刀を鞘に収めたま丶であってほしいこと。（社会）
但し、シーン14の終り近くの（P.19末二行）菊之助の台詞をいかすために、ここのみは白刀を認める。（製作者側の希望を入れて）

シーン18〃陽道の間〃（P.25終りより5行目）の陰陽師昌永の台詞「おそれながら神のお告げにござりまするよ」は、こゝで〈神〉といはれるものが、この作品においては、実体の不明瞭なや、淫祠邪教的なものに近い印象がすでに描写されてあることをも慮り、ここで神といふ現代的な概念でそれをのべるのは、少しどうかと思はれるので、とくに除いてもらふ。（宗教）

シーン31佐伯の家（P.41）における昌永の台詞「日本一の蛇姫様を抱寝が出来る」云々の〈抱寝〉は他の言葉に変更。（風俗）

また（P.41末行）山本の台詞にある「セップクものですぞ」を除いて他の適当なものに変更。（社会）

シーン58三河屋二階（P3〜3）末三行目のお時の台詞のなかより、怪盗夜櫻といふ名を讃美した「いいわね」といふ言葉を除くこと。（風俗）

なやまし五人男	太泉

原作　阿木翁助
脚色　小崎政房
演出　小杉　勇

○注射のシーン（S.27）は、演出上、直接画面に見せないよう希望。（法律）

○S29の6行目　「注射なしで紙芝居だけ見たいなあ」といふセリフは「苦い薬なしで紙芝居だけ見たいなあ」と変更することになった。（法律）

なやまし五人男 自主改訂版	太泉

原作　阿木翁助
脚色　小崎政房
演出　小杉勇

○医者が患者に「重病だ」と嘘をついて、そのまゝ放任しているのは、不穏当なのでその解決を希望。（法律）。

○主食（パン）の販売及び有毒物を販売しているかの感を与へるセリフ（「そのお菓子を喰べるとお腹をこわす云々」）の訂正を希望。（法律）

続向う三軒両隣り 前篇・后篇	新東宝

製作　竹井諒、齋藤寅次郎
原作　八住利雄、伊馬春部
脚色　北條誠、北村壽夫
脚色　八住利雄、成澤昌茂
演出　齋藤寅次郎、

○前篇―P、9―26、運転手が夕刊売りの少年を蹴るシーン、演出上、残酷にわたらぬよう、

注意を希望、（残酷醜汚）

「戦争犠牲者 の 大事な荷物を」といふ言葉は余りに現実的な印象が強いと思はれるので、適当に訂正を希望。（国家）

○後篇——なし

魔の黄金　大映

企　劃　本木荘二郎、田中友幸
原　作　関川　周「山師」より
脚　本　谷口千吉、松浦健朗
監　督　谷口千吉、

冒頭に砂金掘りに十余年山に入っていた源次といふ男が、金の売買で闇値をきかされる点に疑義をもつたが、現在、公定と闇値とには殆どその差のなき現状と、かゝる世状と黄金崇拝とを批判の対象としてとりあげたものである作品として（製作者田中友幸氏の言明あり）これは、製作者の責任において処理されることをのぞんだ。

最后の解決は、かゝる諷刺と批判の作品として、うなづけないことはないが、なほ一考をわづらはしたい旨をつたへた所、これは次に提出される自主的改訂本において訂正される旨返答があつた。（社会及び教育）

初恋問答

松竹

製作 陶山鐵
脚本 齋藤良輔
監督 渋谷実

別に大きな問題はないと思われるが、部分的に下記の箇所にそれぞれ注意を希望 それぞれ適当に変更その他の處置をしてもらった。

(a) 夏子と云ふ女が、たのまれて旅館の女中を手伝ふシーンがあるが、ある部屋の前で聴耳を立て、部屋の中の様子をうかゞっていたが、急にひきかへして帳場へ来 主人の坂田に、ある部屋で女の人が泣いていると不審そうにうったへる。すると坂田は平気な顔で「六番だらうあの女は泣くのが奥の手だよ」とこたへる「泣きのおのぶと云って評判の女だ」と答へるところ、気をまわしてこの台詞を聞けば卑猥な言葉にもなる恐れがあるので当の泣声自体をきかせない様に演出してもらふことゝした。(風俗)

(b) 据膳食わぬは男の恥と云ふ俗言をS39でとりあげているが、男の恥と云ふ台詞をのぞいて、ぼかしてもらふこと。(風俗)

(c) 裸レビユウのシーンは注意して演出してほしいこと。(風俗)

(d) 最后の解決を男女の間柄や結婚に対して軽視した印象を与へない様注意を希望した。(性)

右門捕物帖 廿いろの折鶴 （伊豆の旅日記）	新東宝

製作　竹井諒
原作　佐々木味津三
脚本　鏡二郎
監督　並木鏡太郎

問題なしと思ふが　たゞ一ヶ所　シーン26の志賀屋といふはたごやの客室のひとつで　同心村上数田郎が客あらためをしてゆくところ　二十前の小僧あがりの手代が　かた〳〵ひとりふるへている。（それは　犯罪に関してでなく屏風のかげに後家の大年増がかくれていて　この手代はその女の若いつばめなのであるが）それに向って同心が「むゝ　貴様やったな」ときめつけると　手代が「はい　申訳ありません」と　てもなく白状する　この「やったな」は別に情事をさしているわけではないが　シーンがかゝるシーンであるだけ誤解をさけるため除いてもらった。（風俗）

ヒット・パレード 「平和日本一九五〇年」改題	シネアート・アソシエーツ・オブ・トーキヨウ

企劃　関法善
脚色　清水正二郎
製作演出　松石道正

（製作意図によれば、これは米國佛教大学建設基金運動参加映画として　在米邦人・二世たちに見せるために製作され　且つ同様のものを國内に於ても、ショーツとして一般常設館に上映したい趣旨であったが、上述の基金募集運動に関しては当審査室の関係外の事項故、こゝではとりあげないこととする。（後段附記参照のこと）

シーン9、支那の夜、この歌曲は放送局に照会　最近にはこの映画と同様渡辺はま子によって放送された事実もあるので　問題はないと思ふ。

シーン12、実影として辻占売の少女の出るショットはのぞいでもらふこと。（法律）

シーン13　森の石松、これは虎造の浪曲を口演しているシーンについて曲にあはして三十石船の船上のシーンが時代劇的にうつされる由であるが、禁止映画（続清水港）にふれないように、またやくざ礼讃とならぬやう言葉にも注意、且つ、その曲にあはせて出て来る船上のシーンは、なるべくクローズ・アップのショットを少くやってもらうことなど希望。（法律）

（この部分の浪曲はすでに放送されている事実があって、禁止されたものではない旨、調査すみ）

附記、原題（平和日本一九五〇年）は、アメリカ在住の邦人に見せる目的のものとしては或いは適当かもしれないが、ひるがえってこの内容で國内上映されるものにのみ当審査室が関与するものとすれば、この原題は内容に必ずしもふさわしくないものとして改題を希望。以上のものとなった。

続蛇姫道中　大映

企画　高桑義生
原案　川口松太郎
構成　伊藤大輔
脚色　木村恵吾　城田毅賢
演出　丸根賛太郎　木村恵吾

菊之助が烏山藩の武士たちに白刃をひらめかして強迫されるシーンがいくつかあるが、これは抜刀せずして演技されたいことを希望（社会）

蛇姫に代つての菊之助お輿入れの道中の行列がくると、平九郎がおどり出てそのなかへ殺到するシドン（シーン116）は、なるべく立まわりを少くしてもらふこと。（社会）

シーン158、岡崎新地を烏山の若侍たちが抜刀して怪盗夜櫻に変装した平九郎を追ひかける。その抜刀をなるべくやめてもらふこと。（社会）

なほこの後半、平九郎が怪盗夜櫻に変装して行動する点に疑義を感ずるが、これは製作者側の責任においてなされたい旨つたへた。

（附記、映画になつた結果は必ずしも当方の意向を十分考慮されたものとは言ひかねるやうなものになつていた。これらの点は、製作者側の注意を特に喚起しておいた。）

全体にわたつて、前后篇ともに純粋に娯楽映画としての意図によつて製作されるものと考へられるが、特に時代劇として陥りやすい倫理規程の面から見ての逸脱のないやう注意を促した。

處女宝

新東宝

製作　児井英夫
原作　菊池寛
脚色　野村浩将
演出　島耕二

題名の〈處女宝〉について、C.I.Eより疑義が管理委員会へ提出されたが、十二月八日の定例管理委員会の席上議題として提出され、審査員よりの見解がのべられ、これは題名として必ずしも好ましからざるものにあらざる旨意見の一致をみた。第一稿の脚本以来もつとも問題になつたのは、眞弓、眞金の姉妹が結婚と愛情をめぐる行動に不分明不統一の感があつて　全体的にこのましくない印象を与へはしないかの心配にあつたが　決定本ではその点全面に統一され、訂正された。なほ姉眞弓が愛人である船田を去つて、義太郎と結婚する日、妹に向つて云ふ台詞のなかに、父の遺言あるいは自家の経済を救ふためといふ犠牲結婚を肯定したごとき言葉をのべるが、この時の眞弓が本当はやはり義太郎にひかれるものがあつての決意であろうと見えるから　この点を取り除き、あとでこの結婚に失敗して、再び妹眞金にあの時の結婚は犠牲的な結婚であつたのだ　と自らいふ件は、ここでは眞金への自己辯解の言葉としてこれはみとめることとした。

この審査進行中すでに撮影がすすめられていたらしいが、この撮影ずみの部分については、完成映画の審査において、あるひはなほ当方として希望することがあるやもはかりがたい旨を一応製作者側につたへて承諾をえておいた。

夢を召しませ	松竹

製作　久保光三
原作　菊田一夫
脚色　長瀬喜伴
演出　川島雄三

P、七ー24「……われわれの手で裁かうぢやありませんか」といふ台詞は製作者側において自主的に削り、他の適当な台詞に変更する旨、申入れがあった。

火山脈	大映

製作　辻久一
脚本　北條秀司
監督　安達伸生

殆んど問題はないと思われるが、次の様な点を注意してもらった。

（なほ、英世の妻メエジイ、助手スティヴは、共にアメリカ人であるが、この演出人物については、製作者側として辻久一氏がC、I、Eと接渉当審査員立会ひのもとに了解ずみ）

1、シーン69　注射の針を見せないこと　（法律）

2. シーン81 英世の胸に（旭日小綬章）が光る件（歴史的には この事実がたしかに在つたのであり、且つこの勲章は文官にも稀れに与へられていた。英世は たしかにこれをもらつている。） C・I・Eとしてもこれにはなるべく出してほしくない旨であつたので再考を乞ふ。（國家）

3. シーン85 村会議員が英世を日本におきたい意味で言ふ アメリカに関する台詞 一考してほしいこと（國家）

なほ前半部 英世の描きかた 学究としてのこの人物に栄達を礼讃的に描いてあるかの心配を感じるが（これはかゝる傳記的映画として児童への教育の懸念から云ふ）製作者はかかる心配は絶対にないと返答あり その責任に於て十分注意を乞ふ旨傳へた。（教育）

名探偵明智小五郎	大映

原作 江戸川乱歩「吸血鬼」より
脚本 高岩肇
監督 久松静児

冒頭に一人の女をめぐつて正邪二人の男が 毒杯を賭けて恋の決闘をする件 このまゝでは生の軽視を肯定し 死を讃美する印象を与へかねない点を一考してもらふこと。（社會

及び教育）

ラストで氷柱の中に裸女とその子供が封じられているシーン（実は犯人をあきらかにするトリックとして使はれ、またこれは人形であることが次に説明されるが）は、適当な布などで体の部分をかくすこと、裸体を過度にみせないことを注意希望した。

かゝる傾向の映画として、この映画演出については、全体としてグロテスクにならぬやう演出されることをのぞんだ。またこの点での懸念をもって、特に宣傳スチールを事前に見せてもらふことを約束した。（風俗）

附記＝題名は「~~名探偵明智小五郎~~氷柱の美女」と改題され、自主改訂版が提出される予定。

窓から飛出せ（假題） 第一稿・改訂版	新東宝

製作　大日方傳
脚本　山崎謙太
監督　島　耕二

第一稿本において、すでに「軽犯罪法」により取締りを受けている「幸運の手紙」が出て来るが、これはひとつの迷信の批判の素材としてとりあげられているものと見て、特に関係当局の了解のもとにこれはみとめてもらふことにした。また第一稿本においては後半部にパンアメリカのストラトクルーザー、いはゆる「空飛ぶホテル」を見学するシーンがあつて、これはC.I.Eを経て接衝してもらふこととしたが、第二稿本では、このシーンは製作者側の都合で除かれていた。

第二稿本においては「幸運の手紙」のなかに出て来る外國人名を再考してもらふことゝ、（國家）、後半部で不潔な水をあはてた男が人にのます点（残酷醜汚）をあらためてもらふことなど希望をつたへた。

審査集計

規程條項	関係脚本題名及希望個所数	集計
	「暁の大地に咲く」　（2）	
	「影法師」（前、後篇）　（7）	
	「もしもあの時」　（9）	
	「蛇姫道中」　（2）	
	「向う三軒両隣り」　（1）	

1	國家及社会	「魔の黄金」	(1)
		「続蛇姫道中」	(3)
		「火山脈」	(2)
		「玄海灘の狼」	(2)
		「名探偵明智小五郎」	(1)
		「窓から飛出せ」	(1)
			31
2	法律	「なやまし五人男」	(2)
		「頓珍漢桃色騒動」	(3)
		「難船崎の血闘」	(1)
		「なやまし五人男」（自主改訂版）	(2)
		「ヒットパレード」	(2)
		「火山脈」	(1)
			11
3	宗教	「蛇姫道中」	(1)
			1

番号	分類	作品	数	計
4	教育	「魔の黄金」	(1)	4
		「火山脈」	(1)	
		「玄海灘の狼」	(1)	
		「名探偵明智小五郎」	(1)	
5	風俗	「頓珍漢桃色騒動」	(1)	9
		「影法師」（前・後篇）	(1)	
		「蛇姫道中」	(2)	
		「初恋問答」	(3)	
		「七いろの折鶴」	(1)	
		「名探偵明智小五郎」	(1)	
6	性	「初恋問答」	(1)	1
		「影法師（前、後篇）」	(1)	

(26)

7	残酷醜汚	「難船崎の血闘」 (1) 「向う三軒両隣り」(前後篇) (1) 「窓から飛出せ」 (1)	4

○希望事項総数……………六一

◎調査上特に協力を受けたる官庁、団体

○法務府特別審査局

○内閣賞勲局

○農林省畜産局生産課

○最高検察庁

○日本放送協会渉外課

審査映画一覧

◎完成

審査番號	題名	社名		備考
六五	女の顔	太泉		
八九	甲賀屋敷（第一部）	新演技座 大映提携		
七三	恋愛三羽烏	松竹		
六七	影を慕いて	新東宝		
二七	破れ太鼓	松竹		
七六	おどろき一家	太泉		
八七	ホームラン狂時代	東横		
七一	人生選手	新東宝		
六〇	獄門島（解明篇）	東横		
五四	脱線情熱娘	松竹		「ロマンス航路」改題

◎

六八	白雪先生と子供たち	大映		
八二	私刑（リンチ）	新東宝		
八八	今宵別れて	松竹		
九〇	歌の明星	大映		
六四	海魔陸を行く	ラヂオ映画		
八五	弥次喜多猫化道中	東横		

◎

E－二	生きてゐる人形	東宝		記録映画
E－一	暁の脱走	新東宝		
E－三	喜撰	松竹		記録映画

◎旧作品

S－三	三百六十五夜大会	新東宝		総輯篇
S－四	風の子（十六ミリ版）	日映		再編版

S－五	刺青判官 前篇	松竹		無声
S－六	〃 中篇	〃		〃
S－七	〃 後篇	〃		〃
S－八	関の弥太っぺ	日活		
S－九	牢獄の花嫁	日活		

映画審査概要

○女の顔　　太泉

こゝに出てくる賭博場のシーンは、余りに大っぴらに描写されている傾きがあるが（製作者側として今井正氏らは反証として《酔いどれ天使》及び《新馬鹿時代》に描写された賭博場に比してこれが決して無視制に描かれたものとは思はないとの申出あり）この描写のあとに、女医信子の批判の台詞もあり　またこゝえ出た主人公の行動などに賭博を讃美的におもはすものがないので、これはこれとしてみとめることにした。しかしそれを一つの先

例として　今后かかる描写で賭博場を描くことが必ずしもみとめうるものではないといふことを特に強調したい、

○　甲賀屋敷、　　新演伎座
大映　提携

この映画は決定稿の脚本で撮影されて居らず　約半分は改訂前の脚本で撮影されたために審査室と製作者側との会議の結果出来た決定稿脚本の線に添はない部分が出来て来た。依つて試写の結果　当方側合議の為審査を一時保留し　夕方よりCIE側　大映側とも寄合つて、合議して次の如く決定し　翌二十六日朝　新演伎座製作者清川氏に傳へて　同意を得た。即ち決定稿の線からはみ出していると考へられる次の部分を削除して決定稿の線に近づけるといふことである。

①決定稿脚本では、甲賀世阿弥が隠密であることをやめている筈なのに、第二巻目に「隠密の宗家」といふ台詞があるので削除

②「無住心夕雲流の使い手」「円石流」の台詞を削除。（第三巻目）

③第六巻目の松平邸は、幕府の暗黒政治を批判しているが、否定しきれず映画全体を封建的な雰囲気に包むおそれがあるので、この場面の後半を削除。

④お十夜が虚無僧を抜打ちする場面の刀の close shot（第四巻）及びお十夜の台詞「な

あに勝負は上方でし（第九巻）の台詞、何れも削除。

○ 恋愛三羽鳥　　松竹

津田が寝ころんで見る雑誌の裸体画の場面は前后からみてさして必要のないものである点をも考慮し、自主的にとりのぞいてもらった。

○ 獄門島（解明篇）　　東横

了然といふ僧着に在るものが、犯罪に関係していることになっているのは、在来のC.I.E指導の慣例によればこのましくないことになるが　これはこの映画のみといふ條件で黙認することとする。たゞしこれをひとつの先例とはしないやうに製作者につたへた。

○ 白雪先生と子供たち　　大映

脚本審査にあたって注意し希望した諸点が必ずしも十分にいかされたとは云ひかねるが
やはり浮浪児木塚常治をめぐっての問題あるひはP.T.Aと学校当局とP.T.A会長原島との

三者の間柄の表現に幾分の疑義のあること　また両宮といふ女教師　ひいては他の教師にも云へることだが、先生といふ立場、教育者としての行動になほものたらないものを感ずるが、これらに対して　倫理規程の面からさらに希望を提出することは、作品内容へ触れることともなり　審査の限界をこえるものとして一応この程度でとどめることとした。

×

なほC・I・E教育部の示唆によつて一部訂正された（脚本にて）点もあるが　この審査試写に当該教育部の立会ひはなかつたことを念のため附記する。

○　私刑（リンチ）　　　新東宝

おか代の夢のシーン中、清吉の逆吊の半身のショットは　余りに現実的にみえるし（夢とならずに）　かつ残酷にすぎるので、その上につづく鞭うつシーンを少しすくなくして共に切除してほしい旨希望。

清吉が足をうたれて逃げるとき、その血糊がすこし過度にすぎるが、これはあと清吉がびつことなる説明のため必要なので、これは一応勧告にとどめた。

○刺青判官（上、中、下三篇）

松竹

原作　長谷川　伸
監督　冬　島　泰　三

製作　昭和八年十一月
ＣＣＤ番号
前篇　Ａ・二二三七
中篇　Ａ・二二三八
後篇　Ａ・二二三九

これは無声映画としてかつて松竹で製作されたもの。（伍東宏郎氏が上映権所有の分のプリント一組を審査のため提出、現在松竹にはこの他にプリントはポジでは在庫せず、よってもし他のプリントが提出されたときは汚損欠除もまちまちであろうから、そのつどプリントを個々に審査することにする。

上篇及び中篇に「斬れ」「人殺し専門、輩は今日繁盛する」等の字幕二枚をとり除いてもらった。

これは百姓百之助が武士階級への人間的な反抗を描いたものであり、現在から見ても問題はないものと見うる。

（審査提出前に提出者側において疑義のあるショットをすでにとり除いてあった由、附言があった。）

○牢獄の花嫁　　日活

原作　吉川英治　　製作　昭和十四年八月
監督　荒井良平　　CCD番号　二七

これは伝奇的なねらいをもった捕物で全体にわたって問題となることの少いものであって現在つくられるものとしても難点の殆んど見出せないものと云へよう。たゞ途中の台詞で「切腹」を肯定したかとおもへる言葉を除いてもらひ、且つラストの羅門の悪人とわかってからの乱闘は不要かつのぞましくないのでとり除かれるやう希望した。提出者側は、以上の点を諒承され善処された。

○関の弥太っぺ　　日活

原作　長谷川伸　　製作　昭和十年七月
脚本　梶原金八　　CCD番号A一〇〇二七J
監督　稲垣浩
　　　山中貞雄

これは二人のやくざものの喧嘩友達風な間柄をユウモラスに描いたもので　この面にそっていわゆるやくざものの映画につきもののなぐりこみや、はたしあいの場面を及ぶ限り除いてもらって、この程度ならば先づ害はないであろうといふほどにはしてもらった。

たとへば冒頭、この喧嘩友達の間の喧嘩のタネになる五十両、これはある親分の首に賭けられてあるものだが、ここへのなぐりこみも、人物紹介の意味のショット以外の立廻りはとり除いてもらったり（この冒頭のシーンでこの五十両を狙って弥太っぺがはたごやへかけこんでくるとき、抜刀しているが　これは人物紹介上このショットなくてはならず、このましくないけれども、やむをえず黙認した）喧嘩友達のシーンは、たとへ抜刀していても　これはユーモラスな印象のものとして、峠の上と　ラストの二人の立ち合ひは、これはこれとして意味を認めその他のもののみ除いてもらった。この点は特にそれを残した理由の根據あるものとして、誤解のないようにのぞみたい。またこれをひとつの新版審査の先例と決してしてほしくないものである。

各社封切一覧

封切日	審査番號	題名	製作社	備考
松竹				
十一月十三日	九	花の素顔	松竹	

月日	番号	題名	製作	備考
十一月二十三日	五三	鐘の鳴る丘 クロの巻	松竹	
十一月三十日	七三	恋愛三羽烏	松竹	
十二月七日	二七	破れ太鼓	松竹	
十二月十五日	五四	脱線情熱娘	松竹	
東宝				
十一月十五日	S－一	婦系図 新装版	東宝	再上映
十一月二十二日	三五	歸國（ダモイ）	新東宝	
十一月二十九日	S－三	三百六十五夜大会	新東宝	再上映
十二月六日	七一	人生送手	新東宝	
大映				
十一月十三日	一七	無頼漢長兵衛	東横	
十一月二十日	五九	待つてゐた象	大映	
十一月二十七日	八九	甲賀屋敷	大映 新演伎座提携	

十二月六日	S－二	怪猫謎の三味線	大映	再上映
十二月十三日	八七	ホームラン狂時代	東横	
東映				
十一月二十日	六	獄門島	東横	
十一月二十九日	六五	女の顔	太泉	
十二月六日	六〇	獄門島 解明篇	東横	
十二月十三日	七六	おどろき一家	太泉	

映画倫理規程審査報告　第六号

昭和二十四年十二月二十七日

発行責任者　野末駿一

東京都中央區築地三ノ六

日本映画連合會事務局

電話築地二八〇二・〇六九六番

映画倫理規程審査報告

第7号

映画倫理規程

審査報告

24.12.19 〜 25.1.17

日本映画連合會

目次

審査脚本一覧

社名	題名	受付月日	審査終了日	備考
松竹	母の調べ	一二・一四	一二・二〇	
東横	静心手く	一二・一二	一二・二一	
太泉	東京無宿	一二・一五	一二・二一	
新東宝	憧れのハワイ航路	一二・一六	一二・二二	
新東宝 エノケンプロ	エノケンのそこ抜け大放送	一二・一九	一二・二二	「エノケンの大放送」改題
松竹	女の流行	一二・一九	一二・二三	
東横	続不良少女	一二・一四		
	〃 改訂版	一二・二四	一二・二七	改訂第二稿
太泉映芸	脱獄	一二・二一	一二・二八	
新東宝	女医の診察室	一二・二八	二五年 一・五	

a－1

◎新作品……………一七
シナリオ数……………三〇（内改訂版 四）

会社	題名			備考
大映	わが胸に秘めし思いは	一二、二九	一、五	
大映	一匹狼	一二、二二		
	〃 改訂版	一、五	一、六	
大映	氷柱の美女	一二、二八	一、六	「名探偵明智小五郎」の改題改訂第二稿
東横	てんやわんやホテル	一、五	一、九	「彼と彼女と名探偵」改題
宝映プロ	銀座の踊子	一、九	一、一〇	
新演伎座	お富と与三郎 前篇	一二、八	一、一二	
東宝	女の四季	一、一一	一、一三	
大映	遥かなり母の国	一二、一九		
	〃 改訂版	一、一二	一、一六	
新東宝	銀座三四郎	一一、二四	一、一七	

a—2

内訳　松竹二　東宝一　大映六（内改訂版三）　新東宝四
東横四（内改訂一）　太泉二　新演伎座一　宝映プロ一

◎審査シノプシス……………二

審査概要

母の調べ
松竹

製作　中野泰介
原作　谷屋充
脚本　沢村勉
監督　高木孝一

次のような点をそれぞれ改訂注意の希望をつたえた

1 シーン4（第一病院）水上教授の言葉のなかで　戦争に関連した表現の言葉を他のものに代えてほしい。過去における侵略主義的軍国主義的な戦争を不必要に想起させるからである。水上教授の台詞――病理学研究室で数人の学生に自己の学究的信念を語っている場面。「われわれの一生は戦争だよ　私など長男を今度の戦争でなくしているから戦争と云う言葉はもう聞くだけでも厭だが　しかしそれだからこそこの研究室での戦争になおのこと斗志を感じるのかも知れん。われ／＼の敵は目に見えないバイキンだ。人間の生命を奪うバイキンだ。世界中のバイキンを討ち殺してしまうまでこの戦争は続くんだ（中略）たとえその為に命を捨てるようなことがあってもだ。云々」比喩として＜戦争＞をもってきてあることはよく分るが　誤解を生む傾向がないとは云えぬ（国家）

2. シーン12（第一稿収）回想の中のシベリヤの収容所の風景は慎重にやってほしい（国家）

3. シーン13（第一稿収）恒夫が母に云う言葉のなかの「くっついちゃったんですね」とあるのは訂正希望（性）

4. ラストの正当防衛は、従来もしばしば使はれる如き安易なものでなく　十分研究してやってほしい旨希望（法律）

~~静心なし~~ 毒牙
東横

製作　マキノ満男
企画　高村正次
原作　小島政二郎
脚色　館岡謙之助
　　　高岩肇
　　　坂本忠士

○掏摸の一団をとりあげて、その封建的な仲間の掟と、その悪を批判せんとする目的のもとに、ふとした偶然からその一団に狙われた姉弟を中心にその強迫とそれに對する抵抗とを描こうとする。この主題はそれとして意義あるものと考えるが、描き方によっては逆の効果と印象を与えかねない点十分注意してほしい旨つたえた。(社会)

○部分的には〈渡世の仁義〉〈一度体をよごさなきゃ太々〉〈渡世の掟〉などの台詞は他に代えてもらった。(社会)

○シーン31、倉庫の二階で菊一が春江にいきなり平手打ちをくわすのは止めてもらう。(社会)

東京無宿
太泉

脚本　井手俊郎
演出　千葉泰樹

○従来の慣例にしたがい〈軍隊のときの友人〉〈復員してからこっち〉〈功と橋本の軍服姿の写真〉等を代えてもらうよう希望(国家)

○シーン11の街頭描写のなかの浮浪児が吸殻を拾うのは少年でなくしてもらうこと(教育)

○シーン15の（P.a－13末行）〈おまけに特攻隊くずれの柔道三段〉を適当な言葉に代えてもらうこと。（国家）
同様にシーン24の瀬川の台詞〈大陸で鍛えてマニラで仕上げてあるんだからな〉も他に代えてもらうこと等を希望。（国家）

憧れのハワイ航路	新東宝

製作　伊藤基彦
原作　サトウ・ハチロー
脚色　一八住利雄
監督　斉藤寅次郎

○回想のシーンに出てくるハワイの実景はＣＩＥをへて接渉されることをのぞむ。他に向題はないと思う。部分的に「いつも来る闇屋に」声が似ているという台詞は、それが料理屋の主人によって云われている点特に穏当でないと思われるので訂正希望（法律）

エノケンのそこ抜け大放送	新東宝 エノケンプロ 提携

製作　滝村和男
脚本　渡辺邦男
監督　渡辺邦男

○希望事項なし。

（取材シーンが放送局である点、N・H・Kの諒解の上に製作してほしいことを念の為希望した。）

女の流行　松竹

製作　陶山鉄
原作　中野実
脚色　池田忠雄
監督　瑞穂春海

○こゝでとりあげられている沈没船引揚のサルヴエジ会社は海底物資のただ引揚作業を請負うもので、その所有権を左右しうるものでないことを明確にされたい。（法律）

○篇中まゝこの点が錯雑しているかの心配がある　またそのサルヴエジ会社が財政的危機にたちいつたとき、副社長がある特定株主の利益をのみ慮って資金を隠そうとすることは、会社法に対して違法となる恐れあり。他の方法にかえてほしいこと（法律）

以上の点について注意を希望した。

続不良少女

東横

企画　本木荘二郎
脚本　小森静男
　　　潟尾穂平
演出　小田基義

かなりセンセエシヨナルな主題であるため、慎重な懇談を製作者側と重ね　大体次の諸点を当方の希望に従って訂正してもらった。

1. 〈与太者〉とゆう言葉を〈不良〉に代えること。これは劇中の台詞として意味をより弱めてもらうために。（社会）
2. シーン2、正子が映子にゆう言葉の中の〈疵物にされた女〉を除いてもらうこと。（社会）
3. シーン4、姉滋子が映子にゆう台詞の中の〈一生疵物に〉を〈駄目になった〉。〈まともなところへお嫁にゆけない身体〉の〈身体〉を〈身（み）〉に代えてもらうこと（社会）
4. シーン14 映子の台詞の〈キヅ物〉を〈一生駄目〉に訂正希望（社会）
5. シーン25の金ちゃんの台詞〈最初の男を粗末にする女は何とかってよく云うだろねえか〉を〈いまさらおれの前で恥しがることはないだろう〉　映子の〈私は違うわ　あんたのことなんか云々〉を〈うぬぼれないでよ〉に代えてもらった。（風俗）
6. シーン46 正子の台詞のなかの〈まともな恋愛の出来る体ぢゃない〉の〈身体〉を〈身（み）〉に代える。また正子の〈当世はやりの一夜の恋ってわけよ〉を〈相棒が下で待っ

ているの〉に訂正希望。（社会及び風俗）

7. シーン51 正子の〈処女って何さ　恋愛って何さ云々〉を〈純潔って何さ、恋愛って云々〉に訂正希望（社会及び教育）

8. 映子の処女性について矢野が意見する件について再考希望。（社会及び教育）

脱獄

太泉映芸提携

製作　本木荘二郎
脚本　山本嘉次郎
演出　山本嘉次郎

○後半部に出て来る刑務所内部の描写及び新任看守をめぐるエピソードに関しては、製作責任者において当該官庁の正式なる諒解をえられたいことを特に念達。また刑務所をあまりに美化して描かないよう留意を求めた。かく描かんとすることは分るが、刑罰としての拘束のあること、その責任を服務者がしっているよう。いわゆる〈娑婆〉の自由と均衡をもって描いてほしいこと（たとえばS.42の孝之助の台詞〈相当なんかそりゃあ客様扱いにしてくれらア〉云々など）（法律）

○S.33小料理店の前、荒辟した新吉の刃物に全然関係のないチンドン屋まで傷害にあう

のは劇のねらいをはづれるきらいがありはしないか 一考をのぞんだ。(社会)
○〈ハルピンお加代〉 〈ハルピンで芸者をしていた〉(S.9)およびS13の〈満洲で知合った〉など従来どおり他の言葉に代えてもらうことをのぞんだ。(国家)

女医の診察室

新東宝

製作 滝村和男
原作 常安田鶴子
脚色 小国英雄
監督 吉村廉

題材の関係上当該関係当局 官庁にも脚本を提出し内容について承認をえられるよう希望以下の諸点を考慮してもらうことにした。

1. 全体にわたって注射のシーンがおびただしく出てくるが これは従来どおりに注射針が肉体にささる直接的なショットを避けてもらうこと。(法律)
2. シーン18の診察室の件(五才の幼児が性病に罹っている件)はのぞましくないものとして考慮してもらう。(性及び教育)

3. また全体にわたって産婦人科診察室である関係上、検診台がしばしばあらわれるとおもうが、これは何も敢て観客の目にさらすべきものとはおもえず、このましくないものとしてなるべく全貌を見せず、止むを得ずみせねばならぬときは　部分を背景的にのみ止めること、この点は完全には完成映画においてしかたしかめえない故　その点を含んでおいてもらうこと。（風俗）

4. シーン39およびシーン66の手術にみえる女医、助手、看護婦らが過度に感傷におぼれて泣きすぎる点演出上注意してほしいこと　とくにこれは女性の独立自覚と教育からみて希望する。（社会及び教育）

5 シーン55に出てくる学名「カワムラサキギク」の植物をめぐる件（発見者は劇中の川村医学博士となっている）は調査の結果架空のものである点判明しこれは問題とならないことにした（実在であれば、当発見者の承認を事前にうるべきであるから）。（社会及び教育）

6. 田島文子とゆう女医が自己の心臓病をおして研究と診療に従事する、そのとき過度にカンフルを注射しつづける件　この点はとくに信ずべき医学方面に質してこの描写が余りに事実と反しないかをたしかめてもらうこと。（教育）

以上の諸点の外にもこの作品が医療に関するものである点、とくにD・H・W以外に日本の医学関係の責任者にも一応目をとおしてもらって正確を期してほしい旨注意をした。なお「Y市にある聖ペテロ病院」となっているこの病院がY市が横浜と想像される以上、もしモデルの病院が実在するか否やもしあれば承諾をとられたいことを伝えたがモデルと思われる、キリスト教関係の病院は「Y市」とおもはれる横浜には実在しないの旨返答があり、あくまで仮空の病院である点をたしかめた。

わが胸に秘めし思いは	大映

企画　山中英祐
原作　佐々木邦
　　　"心の歴史"より
脚本　八尋不二

○シーン4 "追放令に引っかかってね　今度は追放で都おちと云うわけさ" と云う台詞においてゝ追放ゝの原因の描写がないし、こゝでは特にこの言葉の必要もないように思われる。（削除することに決定す）（法律）

a-12

一匹狼	大映

企画　根岸省三
原作　菊岡久利（"怖るべき子供達"より）
脚色　八木隆一郎
監督　小石栄一

(1) 始めに提出された脚本では、一匹狼山岸英樹の永久の履歴に関し、一匹狼の科白の中に「大陸で旗上げ」とか「上海で対面」とか「軍の特務機関の大立者」等とあり、又一匹狼が焼鳥屋の屋台で警視庁補導官の小野と兵隊時代のことを語り合う場面で「中国の子供達」とあり、この大陸、上海、軍の特務機関、及び中国は従来の慣例により不可であると指摘した。（国家） なおこの脚本の終末近く一匹狼が重傷を負う場面で、「これがいゝしおだ、ギャングの足を洗らおうや」の科白が甚だ唐突で暴力否定がいさゝか明白でないのでその点の脚本の改訂を希望した。（社会）

(2) 改訂された脚本が提出された。それによると以上の注意事項は全部希望した通りに改訂されたが、新たに追加された場面のうち、次の二点に注意を望んだ。

1. 貧民街の裏手で街の少年二人が煙草の空箱にてバクチをしている処は児童への影響を考慮して描写してもらうこと。（教育）
2. 街で一人の青年がイエス・キリストに関する演説をする場面は宗教を故意に嘲笑するような感のないように演出を考慮してもらうこと。（宗教）

氷柱の美女

「名探偵明智小五郎」の改題
改訂（第二稿）

大映

企画　関　幸輔
原作　江戸川乱歩
「吸血鬼」より
脚本　高岩　肇
監督　久松静児

在来の探偵映画のごとく、グロテスクが過度に及ばないよう演出上特に注意を乞う旨念のため伝えかつ宣伝スチールは事前に提出してもらうことを約束す。（宣伝スチールだけでみると、グロテスクがそれだけ強調される恐れがあり、内容を歪曲しないために、この考慮をしてもらう。（醜汚）

冒頭の恋の決斗（毒杯とみせかけた二つのグラスをめぐって）は、前回にものべたごとく、邪悪の相手を自らみとめさすためのトリックとして、（決斗ということを肯定したものとしてではなく）そのつもりで演出上注意してほしいこと。（法律）

唇のない男の顔（実はゴムで作られたマスク）は過度にグロテスクでないこと。（醜汚）

見世物のお化屋敷も同様グロテスクを過度にならぬよう演出上注意。（醜汚）

また前回にものべたごとく、氷柱に封じた裸女（実はトリックで人形であることが台詞でのべられる）は、適当に布をもっておおわれたものであってほしいこと。（風俗）

明智探偵と同時に警察力の存在をないがしろにしないよう注意をしてもらうこと。（法律）

以上の点を、前回と重複するが敢て希望しておいた。

← 2

てんやわんやホテル

「彼と彼女と名探偵」と改題

東横

製作　牧野満男
企画　坪井与
脚本　村松道平
演出　小杉勇

(1) 「浅川家の王冠は先代がロンドンで手に入れたもので、我々の間では、有名なものでした」とあるが、「ロンドン」では誤解を招くことがあるかも知れないので「外国で」と改めるよう希望。（国家）

(2) ホテルの宿泊者海野夫妻がダブルベットに眠っている場面があるが、細君の方が寝返りを打ったりする処を除き、亭主の方がすぐベットからドンと床に落ちてしまうようにし、この寝室場面を出来るだけ刺戟的にならないよう演出上注意してもらうことにした。
（風俗）

(3) 百合子の部屋、百合子が浴室にいる場面で「探偵がステッキの先にズロースをひっかけそっと浴室の方に差出す。そして百合子が顔だけだし、次に手を伸して、ズロースを取ろうとする」処は風俗上面白からず、この処を止めることを希望した。（風俗）

銀座の踊子

宝映プロ

製作　山本紫朗
脚本　八尋不二
演出　田尻繁

シーン75、・服を脱ぐ由紀、その豊しい肩から胸、そして張切った太腿・・描写の中、胸・以下を削除することを希望した。（風俗）

お富と与三郎（前篇）	新演伎座プロ

企画　情田峰輔
脚色　冬島泰三
演出　冬島泰三

台本の梗概の提出を求めて併せてよみ、以下の如き点を訂正してもらうことにした。

(1) お富と与三郎とが盛り場の地廻りの強迫においつめられて死の相談をする件りは演出者は注意する旨言明があったが、死を遊戯的にとりあつかわないよう、特に台詞の部分訂正を希望（P女ー2より4迄）（社会及び教育）

(2)（Pαー14）（なめてもらった）という台詞は他の言葉に代えてもらうこと。（風俗）

(3)（赤間一家）の一家と云う字句をはずして欲しい、これはわざわざやくざの仲間の封建的な集団を思い起す要がこゝにはないと思はれるからである。（社会及び教育）

(4) S14あたりで成程与三郎は地廻りの赤間源左ヱ門に悪の批判者として立ち向う事になるが、もともとこの与三郎自体が与太者である点を考えればやくざとやくざの喧嘩の印象を与えかねないのでひいては与太者としての与三郎の讃美の印象を与える事にもなるであろうからこの点注意が肝要であろう。（社会及び教育）

(5)（足抜き）（S18）（二百で買える女）（S42）（眺める）（済まさァね）（之は女を抱く意味、後者は性的な意味で使われているが）（S46）これらをやめてもらうこと。

（社会及び風俗）又Ｓ44の子供が炬燵の上で花札を弄ぶ場面は他の遊びに代えてもらうこと、（教育）等を希望した。

女の四季
東宝

製作　坂上静翁
原作　丹羽文雄
　　　貸間の小さな窓より
脚本　八住利雄
演出　豊田四郎

（a―4）朝鮮の鉄道、文化朝鮮、満州―は何れも外地という文字に変えることを希望。（国家）
（a―2）満州時代
（c―18）朝鮮時代
（a―26）闇屋さん　（a―44）闇屋さん　（b―4）闇屋です　（c―18）闇屋さんは
何れもブローカというような言葉に変えることに希望。（法律）
（b―5）「奥さんねこの間堕胎したのよ」「まあ」は削除する事希望。（法律）
（b―11）「引揚者のわたしを追い出したらお婆さん　とんでもないことになってよ」は
脅迫がましく曲解される恐れがあるので適当に感じをやわらげてもらうよう希望。（法律）
（c―1）シーン52は卑猥にわたらないよう表現に注意を希望。（風俗）
（d―6）〃ど淫売！〃は削除希望。（社会）

（C－十）地廻りに井野が殴られるところは残酷にならぬよう、または暴力の讃美に与らぬよう表現上注意を希望。（残酷及び社会）

（C－3）〃他人の皮膚の色が気に入らない……〃の台詞は人種問題に解される恐れがあるので、他に適当な表現を用ひられることを希望。（国家）

遥かなり母の国
大映

企画　奥田久司
原作　川口松太郎
脚本　依田義賢
監督　伊藤大輔

主人物ジヨウ速水の外国滞留の部分は、とくにCIEの指唆にしたがわれたき旨をつたう。改訂稿に於ては、賭場のシーンがあるが、如実に賭博の方法をみせないよう演出上注意を希望。（法律）

ジヨウが日本に帰ってからの部分にとくに年代をしめすタイトルを挿入してもらう事を希望。この映画の冒頭には勿論一九一五年という年代指示の字幕があるが、日本に帰ってから、とくにそういう時日を具体的にしめすものが、少ないように見えるので、現代とあやまる観客のないよう上のような考慮をはらはれたき旨を念のため希望した。（これは、ラスト近くジヨウが外国へふたゝび帰るという台詞があり、この点なども前稿でCIEの注

意があり、それに対応するためにである。）（社会及び教育）

銀座三四郎
新東宝

製作　青柳信雄
脚本　八田尚之
監督　市川崑

この映画では作品内容についてはほとんど問題とすべきものはないと思われるがただ懸念されたのは、この題名であった。この題名（銀座三四郎）はいま禁止映画となっている作品（姿三四郎）（原作富田常雄、脚本・演出黒沢明、主演藤田進）の題名に類似してはいまいかの点である。この件について四九年十二月八日管理委員会の席上当審査員より中間報告をしたものをここに摘記しておくのが便であろうと思う。

「新東宝」より「銀座三四郎」という題名を持った脚本が十一月廿四日当審査室に提出されたが、その審査担当者として、この映画の題名審査について特に一言しておきたい。

この脚本提出以前に「大映」より十一月二日やはりこの映画と同條件の原作者富田常雄、主演藤田進、主人物（藤田進扮する）は柔道に有能なるものという一連の條件を持った映画に「メメ三四郎」という題名をつけたいが禁止映画の問題の宜しいとき、かかる題名はどうかという照会がありCIE側として石川氏立会があったときに、かゝる題名は好ましからざるものと結論をえて（それは禁止映画「姿三四郎」と直接に連想さす一連の條件が余りにもと、のいすぎているからとの理由がもっとも主要な根據となっていた）提出者たる「大映」よりこの題名は一應とりさげられた事実がある。ところで「新東宝」より提出された「銀座三四郎」は上述の場合と何ら大きな変化もない同様な條件のもとにあるものと云わざるをえない。原作者はやはり「姿三四郎」の富田常雄、主演俳優は藤田進、その藤田進の扮する主人物柔道に練達した銀座の医師ということになっている。しかしこの映画の内容は製作者側も云う如く「姿三四郎」に直接何の関係もない。たゞひとつこの医師が銀座界隈にいるごろつきを柔道で投げる件があり、それが新聞記事に「銀座に三四郎現る」という見出しで記事となる件があるだけである。なるほど新聞記事ならば、かゝる見出しもつけないとは云えないであろうからこの点は別に異議なしとしようが、かゝる単なる理由でもって直接禁止映画を連想さす「銀座三四郎」なる題名を敢てこの映画につけることは、当専門審査員としては容認できないことである。ましてや、禁止映画「姿三四郎」と酷似した製作スタッフ一連の條件をそのまゝこの映画が又もっているにおいてはまさに当然のことと考えたのである。かつて「東横映画」において企画された「大菩薩峠」の題名も直接にこの新映画化がその禁止映画を連想さすということにもあった事実は人々の記憶に新しいことであろうと思う。依って禁止映画「姿三四郎」のその内容が実際には如何なるものであるかをとわず又その禁止理由がいかなる理由によってなされたかについてもいまふれる事なく、ともかくこの禁止の枠が解かれない限りにおいては、すでに「大菩薩峠」の場合や上述の大映の照会題名と同じく「銀座三四郎」という題名はこのましくないものと判定せざるをえないのである。映画は勿論企業であるから、かつて多数の観客を動員しえた「姿三四郎」という題名に因んで、この際酷似した一連の製作条件をそなえた映画に「銀座三四郎」の題名をつけんとするその意図は理解しえないことではないが、この意図それ自体考えて見れば、たとえその理由の如何を問はず禁止映画というものの存在が忘れられている事をあらわしているとも云えよう。くりかえして云えば問題の如何をとわず、かつてそうあった如くにまず禁止映画の存在がかゝる場合最初に考えられて至当な理由ではなかろうか。所でか、る審査結果に製作側は承認しがたい意向も洩されていたがそのかん如何なる事情があったのか、この題名についてCIE側と直接に交渉され、且つさらにはこの題名容認の歎願書をCIEへ提出されるとかゆうような事を聞いた。（これは「新東宝」渉外課より口頭でもって報告されたことに從う）今もしその事実が在るとするならば製作者側のこの度のとられたかゝる処置について当該審査員としては、いさゝか疑義をもたざるをえない、と云うのは審査結果を承認しえない製作者は倫理規程管理委員会の定める審査手続によれば当然、審査員会にこの旨を申請し再審査がまず要求さるべきではなかろうか。

私は上述の見解を一応管理委員会に報告してその審議を特にえたいと思う。

以上によってもわかる如くこの「銀座三四郎」は内容においては全然その禁止映画に何らの関連もなく且つこの内容自体がそれを思い起さすものを持っていない点を考えるならば問題はただこの製作スタッフの酷似にのみあると云えるのであろう。原案富田常雄と、主演藤田進、この主人物が柔道の専門家ではないけれど作品の内で印象的な場合のひとつでギャングに襲撃されたとき柔道で暴漢に撃退せしめる件。この主人物は医師でありかつこの作品では腕力をふるうが如き場面の出てこないものであるだけに判定はかなり微妙だといわざるをえぬ。この点製作者側とかさねて数度の協議の上次のような書類が製作者側より提出された。

首題の件に関しては、脚本提出以来複雑微妙なる情勢のなかにも長江専門審査員担当により当社協力員との間に月余に亘る極めて真摯なる研究と討議が続けられて参りましたところ、十二月六日映連会議室に於て開かれた管理委員会の席上長江専門審査員より題名審査に関する報告が行われましたがその文中に見られる如く「銀座三四郎」なる題名は之に先立って審査室に照会の上取り下げられた大映企画「×××と三四郎」の場合と同様禁止映画「姿三四郎」を直接に連想せしめる一連の條件が余りにと、のいすぎているという理由に依って好ましくない旨の審査を得たのであります　之に対しまして当社は即ち禁止映画「姿三四郎」を想起せしめる如き一連の條件を除去乃至軽減し以て審査員に再考をお願い出来るか否かに関し協力員として重ねてお願い申上げました所長江審査員よりかゝる條件が審査員の納得出来る程度に軽減せられるならば再考の御意志ある旨御回答を得たので、早速関係者として種々検討せしめ次の如き結論を得ました。顧みまするに、禁止映画「姿三四郎」は富田常雄（原作）黒沢明（演出）藤田進（主演）のスタッフで製作されたものでありますが銀座三四郎の場合は、市川崑の演出でありますので既に類似性の重要なる一角が崩れたものと云えます。尚残された條件といたしましては、原案者と主演者の問題でありましょう藤田進の主演に関しましては、今や如何とも致しかねる状況にありますので、当社は原題名を生かすための手段として原案富田常雄の一項を削除することを製作者青柳信雄に諮りましたところ彼も之を快諾し、富田常雄氏に諒解を求める旨の回答がありましたので、之を決定致しました。尚青柳信雄プロデューサーの言に依れば「銀座三四郎」は元来富田常雄の作ではなく脚本相当の八田尚之が昨年二月から「ユーモアクラブ」に連載する予定で書き卸した小説を脚本にしたものの由従って脚本「銀座三四郎」は直接には富田常雄と何等の関係ももたぬ筈のものでありますが、偶々製作者青柳信雄と幼少より昵懇の交りを為した間柄でありましたので一応の儀礼と心得て彼の名前をスタッフの中に加えたいと云うのが真相でありまして、実情研究不充分の為長江審査員を初め関係各位に思わざる御手数をお掛けしましたことを当該渉外課として深くおわびします。以上甚だ簡単ではありますが原案富田常雄削除の経緯を御説明申し上げました。之に依り禁止映画想起の

七—11

條件を著しく緊減し長江審査員の御希望にも添い得たであろうことを冀求致しますと共に当社の誠意微衷を御明察の上御再考をお願いする次第であります。

以上の如く製作者側において処置をとられた結果、禁止映画題名に酷似する條件はまったく稀薄となった故〈三四郎〉という題名字句と、藤田進という三四郎を演じた俳優名とは残るけれども内容に於て全く関連のないものである事を併せ考慮するならば必ずしも好ましくはないけれどもこれ以上問題を追求することは審査の権限を逸脱することゝなるやも知れないので原題をみとめる事に決定した。（映画自体を見る観客には〈姿三四郎〉を何ら直接術には思いおこさゝないであろうし、又〈大菩薩峠〉と机竜之助における如き、その人物そのものによってたゞちに禁止映画を思わすが如き何ら強烈な印象を与えるほどの人物でもない点など十分考慮すべきであろうと思う。） たゞ宣伝その他にて〈姿三四郎〉に関連させたり絶体にしてもらわぬように約束させておいた。

なおこの題名審査は禁止映画の問題に触れる故にCIEの指示に負うところ少なくなかった。

審査集計

規程條項	関係脚本題名及希望個所数	集計
1 国家及社会	「母の調べ」(2) 「静一心なく」(3) 「東京無宿」(3) 「純不良少女」(7) 「脱獄」(2) 「女医の診察室」(2) 「一匹狼」(2) 「彼と彼女と名探偵」(1) 「お富と与三郎」(前篇)(4) 「女の四季」(4) 「遥かなり母の国」(改訂版)(1)	31

七—13

番号	分類	作品	件数	計
2	法律	「母の調べ」	(1)	13
		「憧れのハワイ航路」	(1)	
		「女の流行」	(2)	
		「脱獄」	(1)	
		「女医の診察室」	(1)	
		「わが胸に秘めし思いは」	(1)	
		「氷柱の美女」	(2)	
		「女の四季」	(3)	
		「遥かなり母の国」（改訂版）	(1)	
3	宗教	「一匹狼」	(1)	1
4	教育	「東京無宿」	(7)	13
		「続不良少女」	(2)	
		「女医の診察室」	(4)	

		「一匹狼」	(1)	
		「お富と与三郎」(前篇)	(4)	
		「遥かなり母の国」(改訂版)	(1)	
5	風俗	「純不良少女」	(2)	10
		「女医の診察室」	(1)	
		「氷柱の美女」	(1)	
		「彼と彼女と名探偵」	(2)	
		「銀座の踊子」	(1)	
		「お富と与三郎」(前篇)	(2)	
		「女の四季」	(1)	
6	性	「母の調べ」	(1)	2
		「女医の診察室」	(1)	

α—15

7	残酷醜汚	「氷柱の美女」(1) 「女の四季」(1)	4

○希望事項総数　七四

○調査上、特に協力を受けた官庁、団体

○最高検察庁
○日本放送協会渉外課
○警視庁防犯部保安課
○厚生省公衆衛生局
○東大理学部植物学教室
○法務府特別審査局第三課
○警視庁総務部施設課
○日本サルヴエージ株式会社

審査映画一覧

◎完成

審査番号	題名	製作社名	備考
九九	エノケン、笠置のお染久松	新東宝 エノケンプロ	

四〇	石中先生行状記	新東宝		
一一〇	暁の大地に咲く	大成興業		
九六	歌うまぼろし御殿	太泉		
八三	冊椿	大映		
九五	花も嵐も	松竹		
九三	影法師	松竹		
一一六	ヒット・パレード第一集 第二集	シネ・アート アソシエート オブ・トーキョウ		
八四	蛇姫道中	大映		
一〇三	処女宝	新東宝		
九一	続蛇姫道中	大映		
一一四	難船崎の決斗	東横		
一一一	すやまし五人男	太泉		
一一七	初恋問答	松竹		
一〇七	頓珍漢桃色騒動	松竹		

六—17

一〇〇	魅影法師	松竹		
九八	東京カンカン娘	新東宝		
一〇九	笑う地球に朝が来る	大映		
七五	妻と女記者	新東宝		「若い愛の危機」改題
一〇六	月の出松	大映		

◎

E―四	松竹初春祭	松竹		
E―五	スター家庭訪問記	芸研プロ		

◎旧作品

S―一〇	豪快村越三十郎	大成興業		甲陽映画製作 サウンド版
S―一一	鞍馬天狗 角兵衛獅子の巻	日活		
S―一二	愛艶草紙	松竹		「番町皿屋敷」より改題
S―一三	右門捕物帖 十万両秘聞	日活		
S―一四	花嫁かるた	松竹		

映画審査概要

○　石中先生行状記　　　　新東宝

劇場の表で杉葉子と池部良の扮する二人物がそれぞれの父を待っているとき　風呂屋のおやじが出て来て「わたしの商売は風呂屋だから女の裸は毎日みている」といった台詞あり　脚本のときこの「女」か「裸」か　いづれかをのぞいてもらうことに示っていたがこの箇所はすでに撮影されていたため試写においてそれほど問題とするにあたらないように演出されていたのでこのまゝにしておくことにした

○　暁の大地に咲く　　　　大成興業　映画配給社

数代が靜子にむかって脚本では「二号さんになる」ことをすゝめるシーン　映画では卓上にマッチ棒で「オメカケ」とかく　このショットの印象がこのましくないのでとりのぞいてもらうことにした．

○影法師　　松竹

ラストの殺陣はもと〳〵脚本においてものぞましからざるものとして演出上注意を要望してあつたところだがこゝは伴奏を附した一種様式化された立廻りであり　音のない場合の凄惨さはこゝに見られないのは幸であつた　正邪の均衡の上にたつてこゝの殺陣はまずみとめうるかと判断した　だが少し量的に多すぎるきらいはあり善処されるよう希望した。

○続影法師　　松竹

前篇のラストの立廻りがこの冒頭につゞくが　これは説明の必要の程度にとゞめて簡略にされんことを希望　またラスト近くの小山田一派就縛の捕物のなかにある天堂その他をめぐる立廻りもやゝ過度にすぎるきらいあり　善処を望んだ　これらの点はすでに脚本審査の場合注意を喚起しておいたものであつた。

○ヒット・パレード　第一集　第二集　　シネアート・アソシエーツ・オブ・トーキョウ

第二集の「三十石船」廣沢虎造の部分は、製作者側において 自主的に整理 単なる船上のやりとりにとどめることになった。

○ 蛇 姫 道 中　　大　映

脚本審査においてはじめ菊之助を抜刀の侍が強迫する件を抜かないで希望したがすでにこゝは折衝中に撮影されていたので完成映画においてあらためて審査したい旨云ってあったが結果は決してこのましくはないけれども このまゝでも それほどどぎつい印象は与えないものと考えられるのでそのまゝにしてしまった。

○ 続 蛇 姫 道 中　　大　映

すでに脚本のときも注意したことであるが 平九郎が岡崎城下でたまたま怪盗夜桜の出没を利用して城下をさわがす行動 それに乗じてひとたびは城中から鏡を取り出してくる件（しかもそれをテもなくまたとりかえされてしまうこの始末からみるなら） 平九郎の扮装を柾来の時代劇物の覆面白衣の侍として その立廻りなどにも このましくない印象を敢て演出せる製作者の態度にはいさゝか遺憾の意を表さざるをえない旨自粛してもらうよ

う伝達した。

○妻と女記者　新東宝

矢代俊蔵が息子宏司の妻孝子を，吉崎文枝に紹介する台詞のなかに　これの弟も、特攻隊でたしか沖縄だったがレで戦死した旨を云いそえる件　なるべくならば特定の場所　特定の聯想を起さしめない戦死として云われるべきであったが　完成映画の場合　俊蔵の台詞ののべかたがとくに〈沖縄〉などを間をおいてのべている点　脚本にて想像された以上の強意をもった点　このましくないものと考へられるが　この場合　この戦死が劇の中の重大なモメントにもなっていないしまた文枝がそのために不幸にもなっていない点をもってとくにこれを先例とせずしてそのまゝすることにした。

○豪快村松三十郎　大成興業映画配給社

脚色　小鍛冶泰祐　製作　甲陽映画

監督　高見貞衛　昭和十二年五月

CCD番号　A一七一〇

この映画はサイレント映画特有の描写によって．内容自体はいたって単純であり　向原となる点はまずないものと考えられるが、字幕はこのプリントではかなり脱落している現状故に、説明者がついてはじめて観客に十分なっとくゆくものとおもえる　しかしその解説についてはこの提出者の良心的な態度も充分考慮してこのプリントのサイレント映画における限り問題はなきものとして審査終了とすることとした。

○　鞍馬天狗　角兵衛獅子の巻　　日活

原作　大佛次郎　　製作　昭和十三年三月
脚色　比佐芳武　　CCD番号　A一四〇七号
　　　マキノ正博
監督　松田定次

勤王佐幕にかんするエピソードシーンをすべて除去してもらい　たんに角兵衛獅子のあわれな兄弟二人の危難をめぐって鞍馬天狗のそのグループ　それに対立するいまひとつのグループとその話に終るようにしてもらった。したがって冒頭の一巻を始め　過度の立廻りの殺陣（二ケ所）あるいは関連する合詞などかなりの部分を切除してもらった　なほ大映の「鞍馬天狗」は禁止映画となっているため宣伝上注意されるよう希望した。

○愛染草紙　　松竹

原作　岡本綺堂　　製作　昭和十四年
脚色　藤井滋司
　　　冬島泰三
監督　冬島泰三

旧版「番町皿屋敷」よりあらためて改輯されたものである

○右門捕物帖　十万両秘聞　　日活

原作　佐々木味津三　　製作　昭和十三年十二月
脚本　脇阪保二郎　　CCD番号　A一六七二号
監督　荒井良平

犯人である旗本細川求女をさいごに追いつめた右門が切腹して罪を抹殺するのをみとめる
実を　このましくないものとして　小刀で求女が自決するショットを除いてもらうことに
希望した。

L—24

各社封切一覧

封切日	審査番号	題名	製作社名	備考
松竹				
十二月二十二日	八八	今宵別れて	松竹	
十二月二十九日	九五	花も嵐も	松竹	
昭和二十五年一月三日	九三	影法師	松竹	
一月九日	一〇〇	続影法師	松竹	
一月十五日	一一七	初恋問答	松竹	
東宝				
十二月二十日	八二	私刑（リンチ）	新東宝	
十二月二十五日	六七	影を慕いて	新東宝	

6 — 25

封切日	分	題名	製作
十二月三十日	九九	お染久松（エノケン笠置の）	新東宝（エノケンプロ）
昭和二十五年 一月三日	一〇三	魔女宝	新東宝
一月八日	一一一	暁の脱走	新東宝
一月十五日	九八	東京カチンカ娘	新東宝
大映			
十二月二十日	九〇	歌の明星	大映
十二月二十七日		蛇姫道中	大映
昭和二十五年 一月三日	九一	続蛇姫道中	大映
一月十日	八三	毋椿	大映
一月十六日	一〇九	笑う地球に朝が来る	大映
東映			
十二月二十日	八五	弥次㐂多猫化道中	東横
十二月二十七日	九六	歌うまぼろし御殿	太泉

日付	番号	題名	製作	備考
昭和二十五年 一月三日	一一四	難船崎の血闘	東横	
一月十日	一一一	なやまし五人男	太泉	
一月十七日	六四	海魔陸を行く	ラヂオ映画	
	S—一一	鞍馬天狗 角兵衛獅子の巻	日活	再上映

七—27

映画倫理規程審査報告　第七号

昭和二十五年一月二十七日

発行責任者　野末駿一

東京都中央区築地三ノ六

日本映画連合会事務局

電話築地（55）〇二八〇二
〇六九六番

映画倫理規程審査報告

第8号

8

映画倫理規程

審査報告

25.1.18 ～ 2.16.

日本映画連合會

目次

審査脚本一覧

社名	題名	受付日	審査終了日	備考
東横	戦慄（スリル）	一、一四	一、一八	
太泉	女性対男性	一、一八	一、二〇	
宝映プロ	淑女と風船	一、二〇	一、二三	
松竹	醜聞（スキャンダル）	一、二四	一、三〇	
東横	闇に光る眼	一、二七	一、三〇	
大映	妻も恋す	一、二五	一、三一	
	仝　改訂版	二、八	二、一三	自主改訂版第二稿
東宝	殺人者の顔	一、二七	一、三一	
新東宝	湯の町夜曲	一、二八	二、一	「月の出の接吻」と改題
東宝	また逢う日まで	一、二三		

a－1

東宝	また逢う日まで 改訂版	一 三〇	二 二	改訂第二稿
東宝	与太者と天使	一 三一	二 二	
松竹	肉体の盛装	一 二七	二 二	
プレミア・ピクチュア・プロ	一谷嫩軍記 熊谷陣屋の段	一 二八	二 三	
新東宝	熱泥池	一 三一	二 三	
松竹	想い出のボレロ	二 三	二 六	
新演伎座	お富と与三郎 後篇	二 一	二 一〇	
新東宝	スピード夫人	二 七	二 一〇	
大映	愛の山河	二 八	二 一三	
	仝 改訂版	二	二 二〇	改訂第二稿
新演伎座 東日興業	傷だらけの男	二 六		
	仝 改訂版	二 一〇	二 一三	改訂第二稿
松竹	君が心の妻	一 五	二 一四	

a—2

新東宝	雪夫人絵図	一、一三	二、一四
松竹	エノケン十八番 らくだの馬さん	二、一〇	三、一四
太泉	奥様十字軍	二、一三	二、一五
松竹	頓珍漢子宝騒動	二、一四	二、一六

新作品……二三

シナリオ数……二七（内改訂版四）

内訳

松竹 六　東宝 四（内改訂一）　大映 四（内改訂二）

新東宝 四　東横 二　太泉 二　宝映プロ 一

プレミア・ピクチュアプロ 一　新演伎座 一

新演伎座・東日興業 二（内改訂一）

審査シノプシス……二

脚本審査概要

戦慄（スリル）	東横

企画　伊藤武郎
製作　マキノ満男
脚本　新橋和郎
〃　畑田吉郎
演出　岡川秀瓏

ここに取り上げられた主題自体には問題はないものと思うが　この取材とその処理の仕方にかなり疑義をもたざるをえない　ここに暴虐する強盗暴力団の跳梁を戦後日本の一社会風俗としてとらえ　それへの批判ご反省を喚起せんとするにはあまりに類材処理がセンセエショナリズムにすぎ　却って逆に悪の讃美と英雄化の印象を与えかねない　よって関係当局にも　この脚本を示して　参考意見を求めたところ　全面的に好ましくないものとして拒否さるべきではないだろうかとの意味の指摘もあった　こゝに於て当審査員は製作責任者東横映画吉田企画部長をはじめ製作スタッフの来室をこい　数次の談合の結果　脚本は全体的な改訂変更がなされ決定稿が出来上った

強盗暴力団の悪虐無道ぶりを（あたかも先に新東宝によって製作された「私刑」におけるが如く）如実に描くことによってそれが観客の直接批判となりうるような描きかた　即ち作品全体がひとつの批判の対象として在るありかたで描かれる　かゝる場合は一応悪が悪

そのまゝとして描かれることが必要であろうが「この〝戦慄〟はその方向をねらっていながら　かなり物語としての虚構化が過度にされているそのために　こゝに描かれてゆく人物の行動が一種の讃美の対象とする懸念が多く悪は批判される前にヒロイックに美化肯定されはしないかと恐れる　悪の人物はさすがら抵抗も障害もなく　思うまゝの無軌道と暴虐をつくしてゆく印象を与えはしまいか　それは単に無警察状態にみえるのみではなく暴虐と残酷を英雄化した印象を与える　この点をまず考慮して　全体的にこの方向にそって改訂してもらうこと（社会）

部分的には次の箇所を考慮してもらうことを希望した

1　まな子と友達を学校の制服で出してあるのを日常の服装に代えてもらった（教育）

2、「アスファルト伯爵」の人物紹介のシーン　ホテルの壁に等身大の女の裸像が描かれそれにナイフが次々と投げつけられてゆく件（両の乳房に見事につきさゝったり　錐が裸体画の下腹部に刺される点など）を改訂（風俗）

3.「伯爵」がまな子を誘惑するシーン（第一稿シーン24 25 26）つるの家の場面を全面的に改訂　卑猥感を与えぬよう特に注意してもらった（風俗）

4.新民党総裁の洋行祝賀会の件　特定政党とその総裁を不必要に暗示している点を改訂（社会）

5.その他部分的に卑猥な台詞や演技　あるいは残酷な件を従来の如く改訂してもらった

a—5

（風俗及び残酷）

女性対男性	太泉

製作　石川定一
　　　岩井金男
原作　石川達三「心の虹」より
脚本　館岡謙之助
監督　佐分利信

シーン34　競輪に対して「友人がやっているんだ　是非来てくれって頼まれてねこと云うのは競輪を弘宣しているようにも意味がとれて　社会上不都合な影響があると考えられる　依って「友人がやってるんだ」という台詞を適当に訂正されることを希望（法律）

淑女と風船	宝映プロ

企画　菅美久
脚本　板谷良一
　　　中野潔
演出　中野潔
　　　日高繁明

希望事項なし

a—6

醜聞（スキャンダル）

企画　本木荘二郎
製作　小出孝
脚本　黒沢明
〃　菊島隆三
演出　黒沢明

希望事項なし

闇に光る眼　東横

製作　マキノ満男
企画　坪井与
脚本　比佐芳武
〃　村松道平
監督　松田定次
〃　萩原遼

赤星警部が花菱ホテルの一室を捜査する場面　宿泊人が不在である　その室内へ令状も何もなく自由に警部が出入りしているように思われるので　この点違法でなく取扱われたきことを希望　注意（法律）

a—7

妻も恋す
大映

企画　黒岩健而
原作　吉屋信子
脚本　山崎謙太
〃　　岡田豊
監督　田中重雄

博史が光男を警察からもらい下げる件は　博史が警察と商取引しているようにもとれるので　そうでない理由をはっきり書きかえてもらう　（法律）

妻も恋す（自主改訂版）
大映

シーン67　車内である男が話すセリフは相当卑猥なアクションを伴う如くおもわれるので演技を注意して表現させられたい　（風俗）

シーン35　〃女学校〃は現在ないので適宜考慮されたいことを希望　（教育）

a—8.

殺人者の顔（東宝）

製作　森田信義　菅英久
原作　南川潤「顔役」より
脚本　松浦健郎
演出　衣笠貞之助

鉄腕をふるうところ　魅力的ならざるよう表現されたいことを希望（社会）

~~湯の町夜曲~~「月の出の接吻」に改題（新東宝）

製作　児井英男
原作　長田幹彦
脚本　福井吉良
監督　中川信夫

喜久江病気全快の処で「帰って来たら皆で帰還祝ぜやろうか」という「帰還祝」を慣例により　別の言葉に改めることを希望した（國家）

また逢う日まで（東宝）

製作　坂上静翁
脚本　水木洋子　八住利雄
演出　今井正

シーン8の英作（裁判長）が自宅で　自分の取扱っている事件の内容を家族に話し　意見を開陳するのは　公正なる裁判官として　不穏当と思われるので注意されたい（法律）
シーン13　中支（地名）の変更（国家）
シーン13　〃アトリエ社〃は実在のものがあるので　適宜の処置をとられたい（社会）
シーン93シーン95　歓送迎の場面の歓声は刺戟的にならぬよう せられたい（国家）
などを希望した

與太者と天使　（東宝）

製作　小川記正
脚本　野村浩将
演出　野村浩将

シーン5　以下各所に出てくる〃パン〃の販売は主食であるので　他の食料に変えられるよう希望（法律）
シーン43　の地名は具態的な地名とすると不都合なことを生ずるので適当に考慮されたい（国家）
シーン58　〃昔は敵討だつて日本国中探し歩いたもんだ〃の〃敵討〃の言葉は不穏当と考えられる（切除することに諒解）（社会）
シーン81　大村が〃恥知らず〃と呼んで相原を殴ろところは一種の愛情の表現ではあろうが　暴力に見える恐れがあるので適当な表現に変えることを希望（社会）

偽りの

肉体の盛装	大映（松竹）

製作　絲屋寿雄
脚本　新藤兼人
監督　吉村公三郎

希望事項は次の如くである

〃監獄〃の言葉が大部出て来る　現在使ってない名称であるから刑務所とか他の言葉に代えて欲しい（法律）

シーン50は風俗上演出に充分注意して欲しい（風俗）

シーン54　きくに対する扱いで封建性を肯定する様には描かないで貰ひたい　又きくの科白の中の「勿体ない」を取って欲しい（社会）

シーン68　君蝶が伊勢浜の腕に接吻する個所は　はずして欲しい（風俗）

シーン72　「京都は戦災を免れた唯一の街とあるか」の〃唯一〃は実際ではないからはずして欲しい（教育）

シーン101－103　山下が出刃を持って君蝶を追う場面は残酷にならぬ様に演出に注意して欲しい（残酷）

8—1

一谷嫩軍記
「熊谷陣屋の段」（プレミアピクチュア・プロ）

製作　H・G・ウォーク
　　　三宅年庸
演出　マキノ正博
　　　大野芳樹

歌舞伎丸本の上演をそのまゝ実写的に撮影するものであり　映画的にアレンジしたものではないので歌舞伎上演の時の審査標準に従ってそのまゝ諒解することとした　歌舞伎は現代の観衆にとっては　その封建的色彩が現実的には感受されず額縁の中の見世物としか見えないと考へられるからである

熱泥池（新東宝）

製作　田中友幸
原作　木村荘十
脚本　市川崑
　　　坂谷良一
監督　市川崑

シーン2　カツミのシュミーズ一枚の〃だらしない姿態〃でと云う処　栗田とカツミの身体がもつれて横転する処は劣情を刺戟しないように演出してほしい（風俗）

シーン２　カツミの負傷する処　残酷な感を与えないように（残酷）
山小屋の中の内部に「全部裸体の女ばかりの絵がベタベタとはってある」とあるが　これは刺戟的でないものにして貰いたい（風俗）
シーン47にもあるが　シーン33に千葉が「北満洲で二十年」云々と北満洲と云う地名が出てくるのであるがこれは慣例により改訂して貰うこと（國家）
シーン77　御小柴が崖の下に負傷して倒れている個所　シーン37　千葉が肩と頭に負傷して生々しい血がにじんでいると云う個所　シーン97　の千葉と栗田が死斗する場面　及びシーン101　の千葉の末路の場面は出来るだけ注意して演出して欲しい（残酷）
以上が希望事項である

想い出のボレロ	（松竹）

製作　小倉武志
脚本　長瀬喜伴
監督　佐々木康

希望事項なし

６—３

お富と与三郎 後篇（新演伎座プロ）

製作　清川峰輔
脚本　冬島泰三
演出　冬島泰三

希望事項なし

スピード夫人（新東宝）

製作　児井英男
脚本　悠 六介
監督　斎藤寅次郎

シーン3 及び標識にある"大陸"は"外地"にする（国家）
シーン41 の"父よあなたは強かった"の歌詞は他に適当な歌詞に換えられたいと希望
（国家）

愛の山河（大映）

企画　中代富士男
原作　小糸のぶ
脚本　館岡謙之助
演出　小石栄一

希望事項なし

傷だらけの男

（新演伎座プロ）

企画　清川峰輔
製作　鈴木郁三
脚本　八住利雄
演出　マキノ正博

(一) 始めに提出された脚本は　新演伎座の方でもこのまゝでは不満の由で三次を英雄に見せないように注意し　犯した罪に悩みつゝしかも何か純真なものにあこがれる男であるように改めたいとのことであった　こちらからは　その上に全体として出来る限り　この三次の罪に対して同情するような感を消して欲しいこと希望した（法律及び教育）
なお刑事が美代の処え家宅捜索にやって来る場面があるが　この場合令状が必要であると注意した（法律）

(二) 改訂版では新演伎座の方でさきに意図した改訂はなされているのであるが　最後に近い場面で画面外から三次の声「美代さんお女さんと私が出て来るまできっと待っててくれるんですねえ」強くうなづく美代」と云う処これは美代だけの幻想には違いないが観客に対して悪を在足する上において　又三次の罪に対して同情するような感を消す上において面白からずと思ひ何等かの改訂を希望した（法律及び教育）　なお刑事に令状

が必要であることは、改訂版でもその処前の脚本のまゝになっているので、更に注意した（法律）

君が心の妻（松竹）

製作　中野泰介
原作　川内深志
脚本　柳川真一
監督

シーン52　巡査が来て〃一寸意識不明だったんですが　病院へ運んで手当するうちにやっと気がつきましてね〃まではよいとして　その後に〃こちらへ来られなかった訳をお伝えしてくれという本人の希望なので……〃は巡査がメッセンヂャアーの如きを感じさせ　警察官軽視の印象をうけるので注意してもらつた（法律）

雪夫人絵圖（新東宝）

製作　滝村和男
原作　舟橋聖一
脚本　舟橋和郎
　　　依田義賢
監督　溝口健二

原作の小説は読んでいないけれども　一般には非常に煽情的なもののやうにうわささ

れているが　その先入観念を　この映画にそのまゝいだかせれては　少しはづれていると思はれる　提出された第一稿本を中心にして　製作スタッフと懇談の上　次のやうな点に考慮してもらうことにした

シナリオは　一見この不道徳　不健全な愛慾図を肯定しているかに見えるかもしれないが　全体的に詩的な詠嘆の調子でもつて描いていることは　すでにこの雪夫人の肉体と精神の分離した行動　その内的な矛盾の姿に対してひとつの批判的な態度をもつて描いていることを意味する　要はこの主題が雪夫人のこの内的な苦悩の姿を描くことにあり　その最后が夫人の自ら死を招くにいたる事　この事が　結末として観客にかゝる夫人の存在を否定せしめるやうに印象づけている　だから　かういふ配慮によつて原作を純化して映画化しようとするこの作品は　不健全、は云ひえない　否　規程の面からみて　それらの点は首尾をととのへられてあると[illegible]云へるとおもふ　たゞ　誠太郎といふ思春期の青年の台詞と行動をとほして、第一稿においては、雪夫人の愛慾をやや嗜虐症的に描いている点を訂正してもらふことになつた　そして　浜子といふ女中を全体をとほして雪夫人の批判者の立場にたて、描かれていることと併せて作品はさらに純化され　原作などによつて想像されるただ煽情一方の作品でないものとなりえている点　などを考慮すれば　問題はないものと考へられる　この方向に沿つて全面的に製作者側において自主的改訂をほどこされた

6—1

オーケン十八番
らくだの馬さん
（松竹）

製作　小倉浩一郎
脚本　藤田潤一
監督　大曽根辰夫

シーン5の浪人の喜劇的な台詞のなかに「黙れ　無礼者！（中略）もとをたゞせば新免二刀流の元祖宮本武蔵の腹異いの云々」とある件を訂正考慮してもらうこと（従来武道礼讃とならざるよう　かゝる表現は考慮してもらうことが慣例となっていたのに従う（社会）
シーン14　文字春の首をつって死んでいるショットは見せないようにしてもらう　不必要に醜悪なシーンをみせることはのぞましくない（醜汚）
シーン47以後の仮死のらくだの馬さんの躯をめぐっての扱ひかたは　落語や演劇において　すでに周知の扱いかたであるが　特に映画の場合　慎重にやってほしい旨を希望した（法律）
「浪人が切腹した」と云うセリフ二箇所除く

~~奥様十字軍~~ 一才才川細君三日天下

（太泉）

原作　中野実
"細君三日天下"より
脚本　小崎政房
演出　大谷俊夫

シーン1　社長大野が自動車から降りて「ずぼんのボタンをはず」し　立小便をする件
それと分らぬよう画面外の行動にしてもらうこと（法律）

シーン2　十田が女房をモデルにして画を描いている裸体のとりあつかいかたは　完成映
画の上で決定したいこと（演出上その点を含んで十分注意してもらう）（風俗）

シーン3　「画架にかゝつている美しい半裸の画」は前項と同じく注意してもらい　完成
映画の上でみたいこと（風俗）

シーン4　その画を前にして社長大野の台詞のなかの「この妻君の身体は……どうだい
この豊満する曲線は！」をとりのぞいてもらうこと（風俗）

シーン18　秋月が赤児を抱いて小用をさす件　画面外にしてもらうこと（法律）

シーン32　挿入歌未定の分　後に提出　審査すること

6—9

シーン50　この場面の終りの部分　十四とルリ子との接吻と台詞に逸脱のないよう演出上注意を望むこと（風俗）

以上の点を希望した

~~頓珍漢不良騒動~~ 浅草の歌姫	（松　竹）

製作　小倉浩一郎
原案　山本紫郎
脚本　淀橋太郎
監督　市川哲夫

林長十郎一座が国定忠治が刀を抜いて「万年ダ人の雪水云々」を舞台でやっている処あり　あまり好ましからず　何か他のもの、舞台にして貰いたいと希望（社会）

又仙太がヒバリと云う女の子をたゝく処があるが（シーン88）これは止めて欲しいと希望した（社会）

審査集計

○希望事項総数　五三

規程條項	関係脚本題名及希望個所数		集計
1 國家及び社会	「戦慄」	(2)	17
	「殺人者の顔」	(1)	
	「湯の町夜曲」	(1)	
	「また逢う日まで」	(3)	
	「与太者と天使」	(3)	
	「肉体の盛装」	(1)	
	「熱泥池」	(1)	
	「スピード夫人」	(2)	
	「らくだの馬さん」	(1)	

c―1

1	國家及び社会	「頓珍漢桃色騒動」	(2)
2	法律	「女性対男性」	(1)
		「闇に光る眼」	(1)
		「妻も恋す」	(1)
		「また逢う日まで」	(1)
		「与太者と天使」	(1)
		「肉体の盛装」	(1)
		「傷だらけの男」	(4)
		「君が心の妻」	(1)
		「らくだの馬さん」	(1)
		「奥様十字軍」	(2)
		14	
3	宗教	なし	
		「戦慄」	(1)

	分類	作品	件数	計
4	教育	「妻も恋す（自主改訂版）」	(1)	5
		「肉体の盛装」	(1)	
		「傷だらけの男」	(2)	
5	風俗	「戦慄」	(3)	12
		「妻も恋す」（自主改訂版）	(1)	
		「肉体の盛装」	(2)	
		「熱泥池」	(2)	
		「異様十字軍」	(4)	
6	性	なし		
7	残酷醜汚	「戦慄」	(1)	5
		「肉体の盛装」	(1)	
		「熱泥池」	(2)	
		「らくだの馬さん」	(1)	

c－3

◎調査上特に協力を受けた官庁団体

○国家地方警察本部人事課

○最高検察庁

審査映画一覧

◎完成

審査番号	題名	製作社名	備考
一一五	銀座三四郎	新東宝	
一〇四	続向う三軒両隣り 第三話 どんぐり歌合戦	新東宝	
一〇五	仝 第四話 恋の三毛猫	新東宝	
七九	妻の部屋	東横	
一三八	彼と彼女と名探偵	東横	「てんやわんやホテル」改題

c―4

番号	題名	会社	備考
一一二	宵待草恋日記	松竹	
一三四	一匹狼	大映	
一二七	東京無宿	太泉	
一四〇	銀座の踊子	宝映プロ	
一二六	母の調べ	松竹	
一二五	続不良少女	東横	
六六	暴力の街（ペン偽らず）	日映演	「ペン偽らず」改題
一三〇	女の流行	松竹	
一一九	魔の黄金	大映	

◎

番号	題名	会社	備考
E—六	楼門五三桐	松竹	記録映画

◎旧作品

番号	題名	会社	備考
S—一五	電撃息子	東宝	

映画審査概要

○銀座三四郎　　新東宝

藤田進扮する医師が精神病院と警察との依頼により　独房のような病室に入れられている手のつけられない患者を（これは戦争によって精神異常となったもと兵士）取鎮めにゆくその患者の取扱いかたに相手が柔道の心得があることを知り　藤田の医師が相当にたえた後　柔道の投げによって相手をとりしずめようとする件に対して　関係当局よりこれご病者に対して，暴力しを使用するものとも見えはしないかとの表明があった　もし左様にうけとれるとすれば　表現に何か不足があるからであろうと考えられるが　なおこの件について製作者側は精神病院にもこの点を照会の上かゝる場合もありうる旨　松沢病院[illegible]院長よりの確証もあった

○育毛草志日記　　松竹

（附記） ボストン博物館長キューリン氏の出る場面 松竹側の都合に依り切除

○ 一匹狼　　大映

少年が喫煙するところ 児童に対する影響を考慮して削除してもらうよう希望 自主的にカットされた

○ 銀座の踊子　　宝映プロ

第六巻の終 "阿片の密輸" の "阿片"（セリフ）を除かれるよう希望 削除された

○ 続不良少女　　東横

第六巻の正子の科白に "処女って何さ 恋愛って何なのよ" と云うのがあるが この "処女" は改訂されるよう希望したのが そのまゝになっている しかし この "処女" の言葉は殊更にまき舌で不明瞭に発音されているので影響性なきものと認めそのまゝとした

C—7

ペン偽らず

○ 暴力の街　　　　日映演

完成試写の結果当審査室の希望した点は次の四点である

(イ) 闇物資を積んだトラックが検問所の前で止り　トラックの助手が煙草を一箱出して巡査を買収し　検問所を無事通過する場面は　この映画の背景地たる東條町の警察の腐敗を衝く意図であることは判るが　それだけなら前後のセリフのやりとりだけで充分であり　煙草のクローズアップは不必要である　その上　この煙草のクローズアップは　東條町のみでなく　日本の警察官一般が信頼するに足らざるかの如き印象を与えるので尚更不必要と考えられる

(ロ) 東條町警察署前の「警察官募集」の立看板の中に「ソ連引揚者を除く」の文字が読まれるが　当審査室に於ては現存の外国名は映画に出さぬことを努めており　且つ国警本部に問合せたところ　警官募集にかかる差別待遇はしていないとの返事があった

(ハ) 町民大会の結果　決議文を町役場　警察署等え突きつけることとなり　群衆が押しかけて行く場面は　その表現が一部の指導者が群衆心理を利用して　一種の力を作らんとしているかの如き印象を受ける

(ニ) 町民が町役場や警察の主脳部に決議文をつきつけ　直ぐ次の場面で　それらの首悩部やボスが左遷され除去される新聞記事が現われるのは　群衆の力が一種の暴力的作用と

なして彼等を打倒したような印象を与えなくもない点　不穏当である　映画のラストに近い場面の為　表現上省略法を用いたためと考えられるが　正しくは町民の輿論が上層部を動かし　上層部が正しい手続きの下に腐敗分子を処分したという順序でなければならない　映画はこの正しい手続きのくだりが省略されているのは遺憾である

これに対して　製作者松本酉三氏審査室に来訪され　次の如く訂正する旨申出でがった

(イ)は切除する

(ロ)は撮り直す

(ハ)は当方が注意したような印象のない群衆場面ととりかえる

(ニ)は新聞紀事（インサート）の上に左の如きアナウンスを附加する

「町民大会の決議は全国的に支持され　当局は次の様に処断した　警察後援会の解散　泉山署長の罷免　戸山検事の左遷　そして公安委員会も総辞職した」

依って審査室は右の改訂を諒とした　尚右四ヶ所の改訂の外に別に二ヶ所の自主的訂正の申入れがあったが　倫理規程に抵触するような内容の改変ではないので　報告のみを受けておいた

再試写の結果は報告通り　希望が入れられてあった　尚この映画に関し　審査室は後日の為特に左のこと書き加えておくことを責務と感ずるものである

(一)　此の映画に於て表現されている暴力は　所謂「ギャング」映画に往々見られる如き「

暴力の美しは印象されず　すべて、暴力の醜いを表現し　暴力否定映画として実に適切なる取扱いであると考えられる　ピストルの乱射　私刑　すべて細心の演出を以て、暴力否定を固守している点　多少の残酷さは人道主義を强調する意味に於て許すべきであろう　従つて此の映画に於ける暴力場面については　すべてこれを認めたが　これは充分なる討論の結果　右の結論を得たためである

(二)　この映画は検察当局の批判にも多少触れている処がある　審査室としては　この映画が検察制度そのもの　警察制度そのものを否定しているものであるならば　充分なる関心を拂つべきであるが　我々の見解としては　この程度の表現は　否定又は侮辱を意味しない　検事が一人　酒席に登場するが　これは彼の責任であるが如くには描かれていないし積極的に悪を企んでいるとも表現されていない　たゞ少々意志が弱い程度に表現されているのみである　しかもその検事が左遷されるという脚色は　当局の厳格なる態度を意味していて　検察制度そのものの健在を予想せしめると考える　警察署長の表現も　酒ゆえの怠慢という風に表現し　その点からボスに乗ぜられたという風に割切られていて　一般警察制度の否定という印象は受けない　従つてこれらの点についても　審査室としては　この映画の表現方法を認めた

風説に依れば一部に於て　検事の取扱いが事実と違うという異論もあるようであるが　劇映画が事実と一致しなければならないかどうかという問題は　映画の常識として首肯し得

ない所であり　且つ倫理規程とは無関係な問題と考える

○　魔の黄金　　　　　　　　大映

劇中の人物阿久津一郎がヒロポンと想像される注射を自分で行う個所（二ケ所）あり　この個所自主的に削除された

各社封切一覧

封切日	審査番号	題名	製作者名	備考
松竹				
一月二十二日	一〇七	頓珍漢桃色騒動	松竹	
二十九日	S—一二 S—一四	愛苑草紙 花嫁かるた	松竹	新版再上映　二本立
二月　五日	一一二	青侍草志日記	松竹	

日付	番号	題名	製作	備考
二月十二日	一二六	母の調べ	松竹	
東宝				
一月二十二日	四〇	石中先生行状記	新東宝	
二十九日		四つの自由	Z・M・プロ	
二月七日	一四〇	銀座の踊子	宝映プロ	
二月十四日	S—一三	拾萬両秘聞	日・活	新版再上映
	S—一五	電撃息子	東宝	関東地区 新版再上映
	S—一六	僕は誰だ	東宝	関西地区 新版再上映
大映				
一月二十四日	一三八	彼と彼女と名探偵	東横	
二十九日	六八	白雪先生と子供たち	大映	
二月五日	一三四	一匹狼	大映	
十二日	一〇六	月の出船	大映	

C—12

東映				
一月二十四日	七九	妻の部屋	東横	
三十一日	一二七	東京無宿	太泉	
二月七日	一二五	続不良少女	東横	
十四日	二〇 一一六	マドロスの唄 ヒント・パレード	N・C・S シネ・アート	二本立

C — 13

映画倫理規程審査報告　第八号

昭和二十五年二月二十七日

発行責任者　野末駿一

東京都中央区築地三ノ六

日本映画連合会事務局

映画倫理規程管理部

電話築地 二八〇二 〇六九六番

映画倫理規程審査報告

第9号

9

映画倫理規程

審査報告

25.2.17 〜 3.16

日本映画連合会

目次

審査脚本一覧

社別	題名	受付日	審査終了日	備考
大映	私は狙われている	二、一六	二、一七	
東宝	怒りの街	一、二五	二、	「美貌の友」改題
	仝 改訂版	二、一六	二、一八	
大映	愛の山河 自主改訂版	二、一八	二、二〇	改訂第三稿
東宝	殺人者の顔 自主改訂版	二、二一	二、二二	改訂第二稿
宝映プロ	シミキンの無敵競輪王	二、二〇	二、二三	
ラヂオ映画	人喰い熊	二、二〇	二、二三	
松竹	危険な年齢	二、二〇	二、二四	
大映	浅草の肌	二、二一	二、二四	
東横	かつぽれ音頭	二、二四	二、二七	「スヰートホームオペラ」改題

東宝	求婚の哲学	二、二四	二、二七	「戦後派（アプレゲール）娘と哲学者」改題
仝	仝 自主改訂版	三、六	三、七	改訂第二稿
仝	将軍は夜踊る	二、二四	二、二七	
松竹	母	三、一	三、六	
大映	美貌の海	三、九	三、一〇	
太泉	東京ルムバ	三、四		
	仝 改訂版	三、一三	三、一三	
松竹	ペコちゃんとデン助	三、一〇	三、一三	
大映	狸銀座を歩く	三、一四	三、一六	

◎新作品……………一四

シナリオ数……………一九（内改訂版

内訳 松竹 三、東宝 六（内改訂三） 大映 五（内改訂一）

東横 一、太泉 二（内改訂一） 宝映プロ 一、ラヂオ映画 一

◎審査シノプシス……………三

脚本審査概要

私は狙われている	大映

企画　久保寺生郎
製作　箕浦甚吾
原作　フレッドアルホフ
脚本　松浦健郎
演出　森一生

シーン63「ウウ」……と大男急所を押える，小男無念そうに急所をつかんだまゝ立って動けない。

のこの箇所は卑猥にならぬよう適当に他の演技に変えて頂く　（風俗）

怒りの街 第一稿「美貌の友」	東宝

製作　田中友幸
原作　丹羽文雄
脚本　西亀元貞
〃　成瀬己喜男
演出　成瀬己喜男

(一) 最初に提出された脚本ではこの映画の中の役名に毛利或いは江藤とあり　この二人は旧

華族と云うことになっているので　実在の人と誤解されることも懸念して他の姓にして貰うことを希望した。そしてそれは改訂版においても毛利は森に　江藤は須藤にそれぞれ変更された。（社会）

（二）

森と須藤の悪業に対する制裁の問題であるが　森の場合は後で自分の行為を反省し　何とか須藤を悪の世界から引戻そうとすることになっている。しかし反省しない前に犯した罪は相当に重大なものである。がこの罪に対しての具体的な制裁は森は殆ど受けていないように思われる。

須藤の場合はこれは自分の美貌を剃刀で傷けられると云う制裁を受ける。が　これも最後に近い病室の場面で

「大事な一枚看板疵物にされちゃ商売をかえなきゃならない　この顔の疵を売物にする生活方法を考えているんだ」

という須藤の科白などがあるので　この上更に須藤は悪の世界へ進んで行くのではないかとも思わせられる。勿論製作者側の意図はこのシーンで須藤は殆ど敗北しているのだということではあるにしても　しかしこの脚本ではこのシーンに終りまで須藤が殆ど敗北していると感じさせる具体的な箇所も科白もないのである。

そこで　この二つの場合に映画の大衆性と倫理の面の完全を考慮してもう少しだけ観客にハッキリするような表現或いは描写を希望したのであった。（法律）

これに対して改訂版の提出に際して製作者側では　脚本はこの二つの場合いづれかをそのまゝとし　たゞ赤及び須藤に対する製作者の意図を一般大衆に誤解せしめないような言葉を映画のはじめにタイトルとしてかゝげることにしたいかということであった。そこでそのタイトルに全部信頼を置くと云うのでなく　その上にも須藤の病室のシーンは出来るだけ須藤が殆ど完敗に近い状態であると思わせるように演出上の注意を希望した。

(三) 素人娘（ネスコ）　青年（チヨウコウ）　或いは女誘惑（ナオコロ）などの隠語は面白からず　これは止めて貰うことを希望した　そしてこれは改訂版において実行された

(法律)

(四) 須藤の父の遺影が欄間にかゝっているのであるが　その服装が海軍中将のものであるので　軍服でない服装にして貰いたいと希望した。そして改訂版では此の点は取除かれた。

(国家)

(五) 田上歯科医の私室で徳永という男が麻薬を売込みに来る処がある。これは麻薬でないようにして貰うことを望んだのであるが　改訂版においても　モヒとか麻薬とかいう言葉が除かれただけで　依然この場面は麻薬の取引のそれと感じられるものであった。そこで更に麻薬の取引でないものに改訂して貰いたいと要望した。(法律)

(六) アパートの一室で須藤が美紀子とラブシーンを演じたその後の状態が少しく猥雑に思われるので　演出上の注意を希望したが　この場面は改訂版においては脚本の上でも猥雑

な感のないように改訂された（風俗）

(七) 改訂版におけるその外の希望事項は次の如くであった。

シーン45　復員というのを慣例により別の言葉にしてほしい（国家）

シーン49　戦場の静かなひと時とあるが　戦闘場面とゆう感を全然なくしてほしい（国家）

シーン50　軍隊という言葉は慣例により別のものにして貰いたい（国家）

シーン74　美佐の科白に「××大将の奥様もし」とあるが　大将は現在なし　元大将とでもして頂きたい（国家）

シーン81　徳永の科白に「先方の人間が急に帰国する云々」の「帰国する」は面白からず　他の言葉にして欲しい（国家）

ことを希望し改訂してもらった。

愛の山河 自主改訂版	大映

企画　中代富士男

原作　小糸のぶ

脚本　館岡謙之助

演出　小石栄一

シーン61　女子の対抗陸上競技の処で四百米競走　百二十米障碍　三段跳びなど現在行わ

れていない種目が出て来るので　その点注意し　現在行われている種目のものに改訂を希望した。（教育）

殺人者の顔（自主改訂版）
東宝

三谷（靴磨き）は未成年者であるか。若しそうならシーン3の〝有難え酒か……〟というセリフは穏当ではない（法律）

シーン22〝戦争から帰って見たら〟の「戦争」シーン29の〝戦死の公報が……〟の「戦死」等はなくても意味は通ずと思う（国家）

シーン29〝みんな戦争のためよ〟は仕方ないとしてもシーン62の〝全く軍人として恥しい〟の〝軍人〟は他に適当に考慮されたい（国家）

其の他いたずらに戦争を想起させる字句は適宜考慮の上他の適当のものに代えてもらうことを希望した（国家）

殺人者の顔
部分改訂

東宝

シーン63 吉沢病院内に於ける会話で戦地（戦後）に於ける老紳士の不徳を責める所があるが これは戦争を特に讃美せず むしろ戦地に於ける不徳を鋭く衝いているので このまゝにしてもよいと思う。多少戦争を思い出させるとゆうことはこの場合致し方ない。
それ以上に戦争の不徳を衝いているからである。
但し シーン63の〝ダイヤの持主は貴族で惨殺されたのだ〟の惨殺という言葉は不穏当であるから削除して戴きたいと思う （残酷）

シミキンの
無敵競輪王

宝映プロ

企画 林大作
製作 轟龍太郎
・ 南里金春
原作 杉谷泉
〃 馬場和夫
脚本 悠大介
演出 西村元男

希望事項なし

備考　川宝映プロの解散により東宝福関大郎氏製作と変更になった。

人喰い熊	ラジオ映画

製作　今村貞雄
脚本　ジェームス多胡
演出　枝川弘

(一) 熊に殺された源造の死体　これは残酷な感じの死体に見えないように注意して貰うこと（残酷）

(二) 美代が風呂場にいるシーンの取扱いであるが　これは児童向きの映画でもあることゆえその点を考慮して卑猥の感のないようにしてほしい（風俗及教育）

(三) 牧場の女が熊に襲われる処は醜悪な又残酷な感じにならないようにしてもらいたい（残酷醜汚）

ことを希望し考慮してもらった。

危険な年齢	松竹

製作　小倉武志
脚本　新藤兼人
演出　原研吉

シーン60～61　浴室の場面　卑俗にならぬ様注意を希望す　（風俗）

シーン64　新型車は注意せられたい　（法律）

シーン76　強姦の場面　あからさまに卑俗感を出さぬよう希望　（風俗）

浅草の肌　大映

製作　小川吉備
原作　浜本浩
脚本　木村恵吾
　　　岸松雄
演出　木村恵吾

(一) シーン7　浅草の木馬館附近で行路病者がたおれているシーンあり　この行路病者余りに醜悪に見えないように注意を希望した。（醜汚）

(二) ライスカレー、うどん　なんでもあるという食堂が出て来るが主食の自由販売は面白からず　このうどんとライスカレーは除いてもらうことを希望した。（法律）

(三) カストリをやたらに飲む医者が登場するが　この医者のニックネームがカストリ先生はいゝとして　カストリを飲むのでなく普通販売されている酒を飲むことに改訂を希望した　（法律）

(四) 戸田医院の診察室で戸田医師が踊子のウララの脚部を撫っている処あり　残酷に見えないよう演出上注意を希望した　（残酷）

(10)

又注射の処もあるがこれも慣例通りの取扱を希望した。（法律）

(五) シーン25　クルミが香取の前でパッと肩を押えていた毛布をはずして裸体となる処あり
又そのクルミの影がカーテンに映る（これは裸体の影である）処あり　それぐ\風俗上、充分注意して欲しいと希望した　（風俗）

(六) 監獄と云う言葉が出て来るが　これは刑務所と改めて欲しいことと希望した　（法律）

(七) シーン13　支那そばとあるものを中華そばと改訂を希望した　国家

かつぽれ音頭 「スヰートホームオペラ」改題	東横

企画　吉田信
製作　マキノ満男
原作　サトウハチロー
脚本　山崎謙太
演出　渡辺邦男

シーン28 〝アドルムやヒロポンや……〟のセリフを削除して戴く　（法律）

未練の哲学 「アプレゲール戦后派娘と哲学者」改題	東宝

製作　田中友幸
　　　宮城鎮治
原作　佐々木邦
　「アパートの哲学者」より
脚本　松浦健郎
演出　小田基義

シーン19　浴室に入っているマリ子の描写は湯槽に肩までつかっているよう演出注意を希望した　（風俗）

このシーン19よりシーン22迄の件は　このアパートの風呂が男女それぞれ浴室が湯は壁の下で通じあっていることを条件として成立するギャグである点現在の警視庁保安風紀あるいは厚生関係者に　製作者側に於いてその責任をもって条令にふれざるか否かをたしかめられたいことを希望　もし抵触するときはこの四シーンの件を改訂され提出を乞うことにした　（法律）

シーン51　屋上でダルクローズをやっている〈裸女〉とあるのと　演出上注意を希望（風俗）

シーン54　藤本が純子に洗濯のパンツをぶらさげて見せるのは　他に何かの適当なものにするべく代えて欲しいが　なお完成映画においてみたい旨をつたえた　（風俗）

シーン77　小劇場のストリップショウの舞台は演出上注意をのぞむ　（風俗）

求婚の哲学 自主改訂版
東宝

これは製作者側において 当方の改訂希望にあわせて自主的に改訂されたものである。ところで残劇的な場面であるが 男二人が反吐（ヘド）をはく箇所があるが これは醜汚にならぬよう演出上注意してほしいとつたえた （醜汚）

将軍は夜踊る

東宝

製作　小川記正
脚本　丸根賛太郎
演出　丸根賛太郎

シーン24 「私はもちろん世話人一同大将であろうと元帥であろうと云々」とある元帥を「何であろう」と代えてもらった （国家）

不必要に軍国主義時代のシンボルを想起さす要はないとおもわれる。

製作者側はこゝに（これは大岡越前守のいた江戸時代）出てくる「爛漫教」と云うインチキ宗教団体（教祖祖相尊者 左大将太鼓山（相撲取） 右大将碁仙元（棋客）など）が現程 宗教の項にふれる懸念があろうが これはこゝに表現されている限り正統な宗教的なものと認めがたく かつ邪教的な犯罪などもあり（この点現在日本にあるいくつかの新興宗教を暗示するものとは必ずしも云いがたく（この程度ならば問題はなきものとおもう。ただ念のため残劇的な描写に終始されるものと考えられるべ [illegible]

(13)

しくないものとならざる様注意をのぞんだ　（教育）

このインチキ宗教は「裸になつて踊ろう」というモットーをかゝげるが　この踊りは演出上注意して卑俗にわたらざることを注意希望した　（風俗）

母	松竹

製作　中野泰介
原作　鶴見祐輔
脚本　長瀬喜伴
演出　佐々木啓祐

シーン67　弔合戦という言葉は他に適宜かえて欲しい　（国家）

美貌の海	大映

製作　須田鐘太
原作　舟橋聖一
脚本　館岡謙之助
〃　舟橋和郎
演出　久松静児

康之介が妻の霧子を虐待する場面が折々に出て来るが　度をすぎて残虐の感を出さぬよう注意を希望した　（残酷）

康之介に対して勧善懲悪的な解決を欠いているので　何等かの解決を希望したい　そうすることに依って霧子の解決にもなると考えられる　（社会及教育）

雪太郎（芸者）に康之介が二十万円与える件は人身売買とまでは解釈されない単なる取引と解されると思うので　この点に関しては不問とすることとする。

東京ルムバ

太泉

原作　中野　実

脚本　小崎政房

演出　鈴木重吉

(1) この脚本には性病が取扱われている。不品行な男に性病をうつされた女が重傷した男（これは犯罪者）を助けるためにその血を輸血して命を救うと同時に性病もうつしてしまう，そして女は責任を感じてその男の性病を全快させることにつとめると云うことになつているのであるが　「性病は人道的又は科学的観点から必要の場合の外は素材としない」という倫理規程からしても　第一稿ではもう少し性道徳の昂揚という点が強調されなければという感がするのであった。そこでその点の改訂を希望した。（第二稿に於てはその第一稿に相当加筆され　この希望は達せられた）　（性）

(2) シーン10の笙子が分娩のために刑の執行を停止される処から産院を逃げ出すまでの間 第一稿では刑務所及び警察関係が余りにも笙子に対して自由をゆるし過ぎているような感がするのでこの改訂を希望した（この点もしかし第二稿では改訂された（法律）

(3) 笙子が産院から行方をくらましてから終まで これも第一稿では警察の笙子に対する追求が弱いように思はれたのでこれをもつと強調することも希望した（第二稿においてはこの希望も実行された） （法律）

(4) シーン35、シーン49 シーン60の復員という言葉は慣例により改訂を希望した（国家）

(5) 第一稿のシーン74 笙子のイルユージョンとして両手錠をはめられた笙子が戒護課長にたっきつけられる処は 戒護課長が本当に囚人をたっきつけるのであるかの如くに誤解される懸念もあるので改訂を希望した （第二稿ではこのシーンは除かれた）（法律）

(6) シーン98 笙子の「抱いて抱いて抱きころしてやろうかな あたしの血がまじっているんだからね」という科白は少し風俗上どうかと思われるので改訂を希望した （風俗）

(7) シーン108（第一稿）
後藤の「とうとう…… だがこいつは正当防衛だね」と云う処 この正当防衛は後藤一人だけの考え方であり 事実は正当防衛ではないのである。

これは正当防衛と云うことに誤解を生ぜしめる懸念がある その点を考慮し改訂も希望

した。

（この点も第二稿で改訂された）　（法律）

(8) 医師鮎沢は第二稿では

「俺はもう廃業届を出しているんだからねえ」

という第一稿の時にあった科白が除かれているが　この脚本の場合もぐりの医者では不都合であると思われた。

従ってシーン43の鮎沢の科白「バカ野郎　こんなもぐり医者に転がり込みやがって」のもぐりは除いて貰うように希望した　（法律）

(9) 鮎沢がフラスコでアルコールを薄めてウイスキーをつくっている処は　普通に販売されている酒類を飲むことにして貰いたいと希望した。（法律）

(10) その他は演出上の注意を希望した点であるが　それは

イ．シーン43　笙子から佐伯に輸血する場面は注射の場合と同じように慣例どおりにしてほしい　（法律）

ロ．シーン43　佐伯の腕から血潮が吹出す処　残酷な感じのないようにしてもらいたい

（残酷）

(17)

ハ、シーン55　矢島のアパート　乱雑な部屋になっている。
阿子のだらしない姿態　矢島も酔っている
阿子「夜がわたしたちのものになるなんて云々」——このシーンは風俗上の点と考慮してもらいたい　（風俗）

ニ、シーン75　矢島のアパートで刑事が部屋を見廻す。
阿子が寝乱れた姿で顔を出すというシーンも風俗上の点を注意してほしい　（風俗）

ホ、シーン97　上半身裸体の男　いきなり女の髪の毛を引きずってと去り処は残酷な感じにならないようにして貰いたい　（残酷）

ヘ、シーン30　ストリップショウのシーンは無性に荒々しく煽情的な阿子の踊りなどとあるが猥雑にならないように注意してほしい　（風俗）

以上を希望した。

ペコちゃんとデン助	松竹

製作　小出孝
原作　横山隆一
脚本　中山隆三
演出　瑞穂春海

(18)

希望事項なし

但しこゝに出てくる「素人のど自慢大会」の場面は放送局と連絡その承諾をとくにえられたき旨をつたえた。

また「腹が減っては戦が」という文句あり　別に害ある言葉とは思はないが　製作者側において自主的に改訂された。

狸銀座を歩く
大映

製作　辻　久一

脚本　民門敏雄

演出　加戸　敏

(1) シーン1　「花聟は胸に短剣を突きさゝれて死んでいる」とある処　この花聟は狸が人間に化けているのであるから　人間が殺されたと云うのでなく　狸が死んだと云う感じを与えるように演出上工夫していたゞきたいと希望した。

それは殺人罪を軽々しく扱っているような感じに誤解される懸念もあるからである（法律）

(2) シーン4　滝姫の科白に「犯人を捕えてお恨みを晴しまする」とあるが「お恨みを晴し

まする」は別の言葉に改訂して頂きたいと希望した　（社会）

(3)　シーン57　青年の膝へ　老人の膝へ　種々な座席へ踊り子が飛んで来る　とあるが　風俗上の点を考慮して演出してほしいと希望した　（風俗）

(4)　シーン62　狸太郎を殺したテルという狸の処罰がたとえこれが狸の世界のことであるにしても何か然るべき処置があるべきであろうと思われた、

そこで　姫の「いやいや　そなたには私の不倖せを救ってくれた恩人だ　心無い男に身を仕すことなく倖せであった」

と玄うだけの解決でまく　このテルを処罰するという意味のことに改変していただくことを希望した，　（法律）

尚シーン31　夜の世界（アメリカ博覧会）とあるが　これは兵庫県西宮で開催されている博覧会の実写である。

審査集計

規程條項	関係脚本題名及希望個所数	集計
1 國家及社会	「怒りの街」(7) 「殺人者の顔」（自主改訂版）(3) 「浅草の肌」(1) 「将軍は夜踊る」(1) 「母」(1) 「美貌の海」(1) 「東京ルムバ」(1) 「狸銀座を歩く」(1) 「怒りの街」(3) 「殺人者の顔」（自主改訂版）(1) 「危険な年齢」(1)	16

(21)

	項目	作品	計
2	法律	「浅草の肌」(4) 「かっぽれ音頭」(1) 「求婚の哲学」(1) 「東京ルムバ」(7) 「裡銀座を歩く」(2)	20
3	宗教		なし
4	教育	「愛の山河」(1) 「人食い熊」(1) 「将軍は夜踊る」(1) 「美貌の海」(1)	4
		「私は狙われている」(1) 「怒りの街」(1) 「人食い熊」(1)	

番号	分類	作品	件数	計
5	風俗	「危険な年齢」	(2)	16
		「浅草の肌」	(1)	
		「求婚の哲学」	(4)	
		「将軍は夜踊る」	(1)	
		「東京ルムバ」	(4)	
		「裸銀座を歩く」	(1)	
6	性	「東京ルムバ」	(1)	1
7	残酷醜汚	「殺人者の顔」（部分改訂）	(1)	9
		「人喰い熊」	(2)	
		「浅草の肌」	(2)	
		「求婚の哲学」（改訂版）	(1)	
		「美貌の海」	(1)	
		「東京ルムバ」	(2)	

○希望事項総数……………六六

◎調査上特に協力を受けたる官庁及び団体

○最高検察庁
○日本音楽著作権協会
○日本放送協会考査課及び著作権課
○警視庁交通第一課
○東京都庁衛生局
○法務府特別審査局
○警視庁少年第二課
○文部省初等中等教育局
○文部省社会教育局
○厚生省公衆衛生局
○厚生省児童局

審査映画一覧

◎完成

審査番号	題名	製作社名	巻数	呎数	備考
一四四	淑女と風船	宝映プロ	八巻	七〇五〇呎	
一〇八	栄光への道	松竹	九巻	二、四五九米	
一〇一	俺は用心棒	東横	八巻	七、三七六呎	
一四一	女の四季	東宝	九巻	八、九八〇呎	
四六	春雪	松竹	十巻	二、三七八米	
一三七	戦（スリル）慄	東横	九巻	八、一六二呎	
一三一	遙かなり母の國	大映	十一巻	八、七九八呎	
九四	白晝の決斗	新東宝	十巻	九、八〇九呎	
一三三	屍獄	太泉	十一巻	九、四〇〇呎	
一二三	氷柱の美女	大映	九巻	七、八〇〇呎	
一二〇	夢を召しませ	松竹	八巻	一、九七二米	

一・四三	女性対男性	太泉	九巻 七、九〇〇呎	
一五三	湯の町夜曲 月の出の使者	新東宝	七巻 六、四九一呎	「湯の町夜曲」改題
九七	海のGメン 玄海灘の狼	新東宝	十一巻 九、五二九呎	
一四八	妻も恋す	大映	九巻 七、九五六呎	
一一八	右門捕物帖 伊豆の旅日記	新東宝	十巻 八、三一二米	「七いろの折鶴」改題
一四九	闇に光る眼	東横	八巻 六、二〇〇呎	

E―一〇	乙女の性典	松竹	八巻 一、九四六米	
E―一一	性と幸福	理研	二巻 二、〇〇〇呎	
E―一二	愛の道標	大阪映画人集団	三巻 五九三米	

◎旧作品

S―一七	青い山脈 大会	東宝	十五巻 一二、三五〇呎	総集版
S―一八	丹下左膳余話 百万両の壷	日活	十一巻 八、二九五呎	

S—一九	柳生月影抄	日活	十巻　七、六九七、五呎

映画審査概要

○栄光への道　松竹

主役の若夫婦二人が白浜温泉で家族風呂に入るシーンあり。しかしこゝは湯をかけあつて非常に無邪気に明るく、何ら邪推をおこすものなく　これでよいと思う　たゞこれが一つの先例となると云う意味ではない。このシーンは　その点慎重に考慮して演出されていて規程の面から云うべきことはない。

○戦（スリル）慄　東横

アスファルト伯爵がナナ子をつれて面白いものをみせてやると二階へ誘う件の階段を上るカットを適当に処理してもらつた。なほナナ子がギタ吉にそゝのかされて〝とんずらのおせい〟に仁義をきりかける件　これは決定稿にはなかつたもの（ギタ吉がナナ子に仁義のきり方を教へる件――それは何もしらない十々子を半ばからかう意味での画面だが　この件は不必要に封建的な慣習をとりあげるものとしてやめてもらったのであるからこの付近劇的な印象しかのこさず　さして害はなきものと認めてこの少しくはないが、このまゝにすることとした。

○白昼の決斗　　新東宝

この中に出てくるサニー化粧品工場（下請工場）の争議（門前）の表現について　関係当局にて一応疑義の提出があつたが　当審査員はこの程度のものにおいては何ら大きな影響をきものとみとめ　このまゝとすることに決定した。なおこゝで争議の工場員が門内に腕組みしてならび、町から村から工場から　と云う勤労者の歌をうたっているが（この合唱のかたちも関係当局にて蛇行デモの類似とみとめられないかの疑念をもたれたようであった。こゝは行進のデモでなく示威の意味でのデモとみなされる「暴力の街」や在来CIEのニユース映画に対する見解のいずれにおいても蛇行デモは出さないやうにその勧告があつたようである）この歌がNHKにおいて　いわゆる禁止歌曲の中に入っているとの資料ありこの点をNHK当該係およびCIE音楽部などに照会した所CCDに依って直接禁止された歌曲と云うものは現在ない旨が明かになったのでこのシーンについては全く問題ないも

のと考えてよいと思う
尚　製作者側のミスで「満洲で」新聞を経営していたとのセリフがあり　この満洲をとり除いてもらった。

○脱　獄　太　泉

問題なきものと思う　たゞ刑務所内部の描写に関しては　製作に対して指導をうけた官庁の一応の確認をもとめておかれたき旨を念のためつけ加へた
なお立会の関係当局より新吉が腕を支へる力をうしなって鉄橋の上で墜落あとに残った村上もついに力をうしなって腕をはなすが　脚の方がなお車体の一部にひっかかって枕木の上を凄惨にひきずられやがておちてしまうシーンについて　この役者があまりに残酷にすぎないかの見解があったが　もしこの部分をその理由によって（当審査員は必ずしも残酷とも考へないが）のぞいてもらうことにすれば　この脱獄の方法が一人でも成功したことを意味し　なお又この方法の暗示ともなりかねない恐れもあるし　これはこのまゝにすることと決定した。
なお追報として　法務府より右刑務所描写に問題なき旨製作者側に承認のあったことをきいた

○夢を召しませ　　松竹

弁慶をひっぱって鈴をならす芝劇的演技のシーン二ヶ所　影をうしなった者たち[illegible][illegible]の収容されている所にある丹下左膳の紹介のショット　十字架を先頭に立てゝ進軍するレビューシーンの後[illegible]人車をつくっての騎馬戦の十字架の出るショット等をのぞいてもらった。

以上は製作者側において談合の上自主的に切除されたものである　なおこの映画で丹下左膳の出るショットをこのましくないものとして処置を希望した理由は　別掲新版「百万両の壺」（日活）の審査評を参照せられると自ずと了解してもらえるとおもう　こゝでは丹下左膳が在来の「丹下左膳」として「姓は丹下名は左膳」と自己紹介すると共に　剣をぬき隻眼をみはる彼特有の演技をみせる。これは禁止映画に類するこのましからざる映画と指定された「丹下左膳」を想起せしめる　不必要にかゝるシーンを[illegible]敢てこゝに出さねばならぬ必然さは薄いものとみとめて善処を望んだ次第であった。

○女性対男性　　太泉

主射の場面（第二巻頭）を削除することとなった。

○乙女の性典　　松竹

この映画は倫理規程の管理実施前に製作の手続きをしたもので　完成映画によって審査を行うこととなった。即ち完成映画のみにおいて審査する場合の不便な條件に立つものであるが幸にも映画は題名のセンセエショナリズムにもかゝわらず　内容は予想に反して誠に清潔な印象があって問題となる点はまず下記の如きものであろうと　思う

この高校の職員室の空気が生徒に対する性教育が非常に消極的な態度しかしめしていない感があり　これでは現実に文部省に依って実施されている事実に反し　教育の点にもかなり重大な影響ありとみとめられるので放送討論会の数日後の職員室で立花哲也に対して教頭の云う台詞のうち「とかく我々はあゝ云うこと（性問題）にはふれないに限りますよ俗に云うじゃありませんか　臭い物には蓋をしめろと　性問題は教員にはタブラですよいけませんね」という否定の言葉をのぞいてもらい　又職員会議の終りの方で立花哲也から性教育の関心を求められた　次の以下の如き台詞　教頭「性教育ね……どうでしょうか」　教員C「さあむずかしいですね」　教員D「矢張りそういうことは家庭の方にまかした方がいゝちやないでせうかね」　教員A「賛成ですね」　までのぞいてもらう事

この教員Aの台詞はなおつゞいて　「いやこう考えると大変な問題ですからな」とあるがこれは　以上を取除くことに依って逆の肯定の言葉として生き　とにかく職員会議が性教

育への関心を持ったことを示すことになる　なおその外かくあって欲しかったという点はいくつかあるが脚本のときにすでにそれらは訂正されているべき事であって完成映画においてはそれが了然たる違法でない限り問題としてはとり上げえない事情にある　産院へ少女をつれていって堕胎未遂に終る件　問題となるのは婦人警官が目前における犯罪未遂に対し行う発言（警官としての）のない点であるが　このシーンで共にそこにある哲也が堕胎がはっきり犯罪であることを明言して居り　この犯罪に対する処置は描写省略されたものと考へられるのでこの件は十分ではないがこのまゝとすることにした　同じ警官としての行動に　不十分な印象があったのは　不良学生が哲也を刺す現場にあって（たとえ私服でそこに立会はしていたとしても）その学生をともかく（捕えようとする行動が描かれていなかった点も残念であるが　こゝは以上の場合とは異り　より印象はうすいものといえよう。

問題はいろ〳〵とあるであろうが　とにかく脚本審査から接歩していないため　ともかくこれだけの難点をのぞけばまず害のないもの　否少くとも何らかのよき印象をのこしうるものとなっているように思はれる　この映画に関しては以上にとどめる

（註）尚　文部省社会教育局から　純潔教育の基礎的な方法論を述べた「純潔教育基本要領」がパンフレットとして発行されている

○性と幸福　理研

本映画は「女性対男性」に併映される目的を以て審査を求められたものである
「性と幸福」は調節と人工受胎をテーマとして　受精の原理を説明する映画である　しかして「女性対男性」は人妻の倫理を説く真面目な劇映画であるが　これが併映されると「女性対男性」が忽ち不純なる印象を与えるようにする恐れがある
例へば「女性対男性」第十二景は次の如くなっているが「性と幸福」を見た後では　妙な想像力を醸成するのではなかろうか

(12)　塚越家の縁側

塚越夫人親しい調子で
「先生　まだお出きになりませんの」
先生さすがに一寸照れて
「私は駄目らしいわ　きっと内の人が三十五まで独身だったから精子がみんな死んじゃったのよ」
「まあ」
と夫人は笑いながら
「でもお宅の旦那様な人が　道楽をなすった訳じゃなし　真面目すぎて……」

「きつと誰も相手にしてくれなかつたんでしよ　私も結婚して[illegible]たので
すけれど……」

以上の場面は　真面目な人妻の倫理を説く映画として　軽い插子場面であると思つているが「性と幸福」を見た後としては変な先入主に観賞を邪魔されると思う

その他　温泉宿の場面にしても　同様の印象を受けるかも知れないと云つて「女性対男性」一本として審査するときは　別に不純な印象を与える場面ではないのである　二本併映するに起る問題なのである　従つて　こゝに番組という問題に関してもつと慎重に研究しなければならぬように考えられるのである。

○愛の道標

大阪映画人集団

この短篇自体には　問題はないとおもう　しかし　この産制を解説する映画と〈乙女の性典〉とが同時に上映されるのでその効果を考えると　幾分後者への観客の印象に逆の効果を生じかねない心配がある、後者は不良学生と少女とが妊娠にいたるその事実を如何に社会教育的に解決してゆくかが主題となつており　かつその訴えをしている　この両者を対照すれば　後者の少女の不幸はたゞ産制をしなかつたから起つた事実だとも云つて云えないことがないような甚だ印象の混乱をさえ生じかねないと思うのである　また両者の対象とする観客のそれ〴〵の世代にずれがあることも一応考えてみなければならぬであろう〈女性対男性〉に対する〈性と幸福〉の併映にも同類があったが同様の懸念がこゝにもあると云えよう

○ 丹下左膳余話　百万両の壷　日活

演出　山中貞雄
製作　昭和十年六月
CD番号　A七七号

この作品は　すでに一度戦後大映系に公開されているものである　見るところによるとこの作品は　いわゆる丹下左膳を主人物とした在来の映画とは直接的には何らの関連もなくむしろ製作者側はそれらから離れることをまず意図している故に　こゝに出てくる丹下左膳は　たゞそのマスクの人物が出てくるのみで　丹下左膳という名前によって想像されるがごとき演技　行動　台詞等をいささかも持っていない　ただの浪人でしかない人物である　しかもとかく浪人のいだく傾向のある虚無的な思想などの表現もない．いたって明朗な庶民としての人物としてあらはれている　つまり「おかみさん」の櫛巻お藤にいつても云いまかされている　昔のダークウッドとブロンディ的な間柄にある子供おもいの好

人物となつている　これは　いわゆる「丹下左膳」ではなく　たゞまずくが在来の彼のものであるだけとする所以である　作品の内容にいたつては　当倫理規程の面から見て　何ら抵触する箇所を見出すにくるしむが如き　まことに健全なものであると思われる　よつて　こゝにあらわれてくるいわゆる丹下左膳のマスクを問題とすればまた別だが　たとへこのましくはなくともこのマスク自体がこの映画によつて観客に悪影響を及ぼすものとは全然みとめがたいものと考へられる　それ故　あらためてこの映画の上映がCIEによつてみとめられるときは　特に宣伝の場合　在来の「丹下左膳」を思わすがごときスチル・ポスター・看板画・宣伝文句等の宣伝が絶対になされないよう提出者側の責任において十分配慮されることがのぞましい

なお　こゝに　害なきものとして丹下左膳のマスクを特にみとめたということは　将来「丹下左膳」を主人物とする映画を新に製作企画することが全く自由だと云う先例とならざるよう　かゝる企画はそのつどその梗概脚本において具体的に検討されるべきものであることは　いまさら言をまたないことである

○柳生月影抄

日活

原作　吉川英治

脚本　勝坂深二郎

演出　荒井良平
製作　昭和十六年五月
CCD番号　A一七四四号

この映画については　二回の審査試写に立会いが次の如き点に考慮をしてもらうことになつた　剣の讃美にふれる台詞および柳生但馬守の隠密に関する台詞を中心に全体にわたつて廿三ケ所の台詞をこのましくないものあるいは穏当をかくものにしてのぞいてもらうことを希望した。

各社封切一覧

封切日	審査番号	題名	製作社名	備考
松竹				
二月十九日	一三〇	女の流行	松竹	
二十六日	一〇八	栄光への道	〃	
三月五日	四六	春雪	〃	

日付	番号	題名	製作	備考
三月十二日	一二〇	夢を召しませ	松竹	
東宝				
二月二十一日	一四四	淑女と風船	宝映プロ	
二十七日	一四一	女の四季	東宝	
三月七日	S一七	青い山脈大会	東宝	総集版
大映				
二月十九日	一一九	魔の黄金	大映	
二十六日	六六	暴力の街	日映演	
三月五日	一三一	遥かなり母の国	大映	
十二日	一二三	氷柱の美女	大映	
東映				
二月二十一日	一〇一	俺は用心棒	東横	
二十六日	一三七	戦慄（スリル）	東横	

日付	番号	題名	製作
三月五日	一三三	脱獄	太泉
十四日	一四三	女性対男性	太泉
新東宝			
三月七日	九四	白昼の決斗	新東宝
十四日	一五三	霧の町夜曲 月の出の接吻	新東宝

(39)

映画倫理規程審査報告　第九号

昭和二十五年三月二十八日

発行責任者　野末駿

東京都中央区築地三ノ六

日本映画連合会

映画倫理規程管理部

電話築地（二八〇二・〇六九六番）

(40)

映画倫理規程審査報告

第 10 号

10

映画倫理規程

審査報告

25.3.17. 〜 4.17.

日本映画連合會

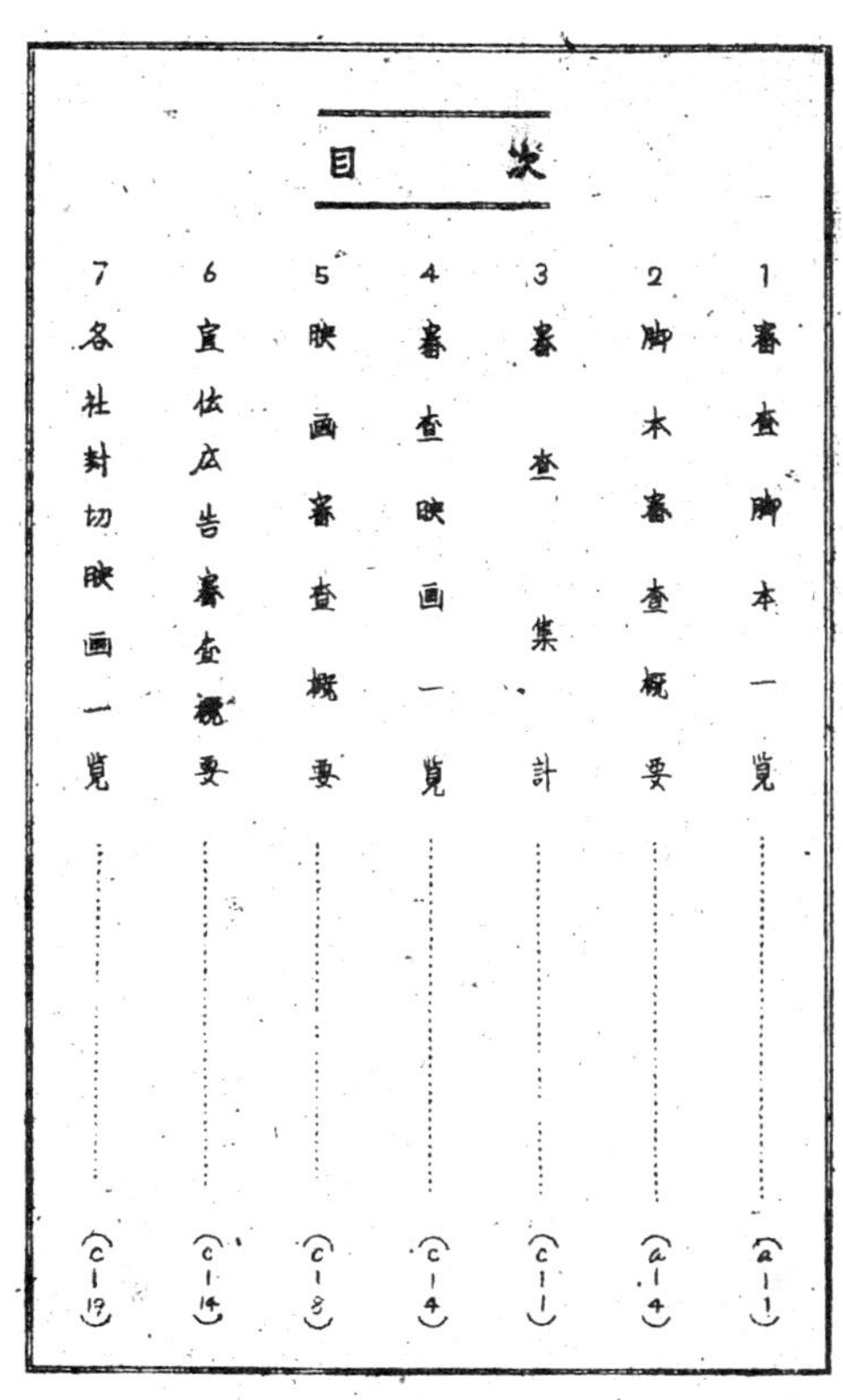

目次

審査脚本一覧

社別	題名	受付日	審査終了日	備考
ラヂオ映画	花嫁蚤と戯むる	三、一五	三、二〇	
東宝	恋しかるらん	三、一七	三、二二	
松竹	たそがれの湖	三、二二	三、二四	
映配	龍眼島の秘密	三、二二	三、二五	連続三篇
太泉	狼人街	二、一五		
	仝 改訂版	三、二三	三、二七	改訂第二稿
新東宝	いつの日君帰る	三、二二	三、二七	
同	群盗南蛮船	三、二三	三、二七	「ぎやまんの宿」改題
東宝	新聞小僧	三、二四	三、二七	
大映	禿コンドル鷹	三、二五	三、二八	「禿鷹北より来たる」改題

東横	獅子の罠	三、六	三、二八	
東宝	白い野獣	三、二四	三、二九	
東横	新粧五人女	二、二〇		
	仝 改訂版	三、二七	三、二九	改訂第二稿
松竹	童貞	三、二七	三、三〇	
えくらん社	フリスコ裏東京篇	三、二四		
	仝 改訂版	三、二八	三、三一	改訂第二稿
新東宝	東京のヒロイン	三、二九	四、一	「アイラヴユウ」改題
松竹	春の潮 前篇	四、一	四、五	
	後篇	四、一	四、五	
新東宝	山のかなたに 第一部 林檎の頬	三、一	四、五	
	仝 第二部 魚の接吻	三、一	四、五	
田中プロ 松竹	婚約指環	四、五	四、五	

a—2

太泉	青空天使	四、三	四、六
大映	蜘蛛の街	四、三	四、六
東横	いれずみ判官 前篇	三、一五	
	仝 改訂版	三、二三	四、七
	仝 後篇	三、一五	
	仝 改訂版	三、二三	四、七
新東宝	母情	四、一二	四、一五
東横	きけわだつみの声	三、三	三、二七
	仝 自主改訂版	四、一五	四、一七

◎新作品……………二六

シナリオ数……………三二（内改訂版六）

内訳 松竹 五（内提携一） 東宝 三 大映 二 新東宝 六

東横 九（内改訂四） 太泉 三（内改訂一） ラヂオ映画 一

映配 一 えくらん社 二（内改訂一）

◎審査シノプシス……………一八

松竹　一　東宝　二　大映　六　東横　九

脚本審査概要

花嫁蚤と戯むる	ラヂオ映画

製作　今村貞雄
原作　池田　愛
脚本　岡田　豊
演出　原　千秋

P18（七行目～十行目）

紳士「だけどさ……たまにゃこうガタ／＼揺られ乍らもオツなもんだぜ（と抱き寄せてベッドの方を見る）」

芸妓「嫌ッよ　そんなの　宿屋へ着いてから（と念を押し）早く寝ないと蹴飛ばすわよ」

は車中の性交を意味し　卑猥であるので削除を希望す　（風俗）

P13（終から二行目）ヅボンの下へ手を突込み……

P15（六行目）その太腿部　靴下吊りの辺りを登る蚤．

a―4

P19（裾から五〜六行目）搦み合った二人の裸の足が動っている 逃げる蚤から見た目のアングル）
P21（裾から六行目）パジャマの下――腰の辺り 蚤逃げ乍ら……
P22（二行目）乳のあたり
。（十行〜十一行目）美しい乳がのぞく その真珠のような円みの上に登る蚤
P23（裾から二行目）パヂヤマのズボンを脱ぎかゝる
P27（十一行目）半裸の寝巻姿……
以上八ヶ所卑猥にわたらないよう演出上注意を希望す （風俗）

恋しかるらん	東宝

製作 三木光明
原作 北條誠
脚本 斉藤寅次郎
演出 鈴木兵吾

北京へ行く飛行機――という台詞の中か北京（地名）ははずしていただく （国家）
弁護士となる手続、検事の職域についてもっと専門的に調査して書きなおしていただく
（法律）

問題なしと思うが　ここに出てくる芸能社社長藤田という人物がかなりぐうたらな人間に描かれているが、このため　映画にとっては密接な関係にある芸能社というものがまだ一般にはよく分ってない現状に加えてかゝる人物描写によっては誤解をうまないとも限らないのでその点この人物はこれでよしとしてもこれが全部でないことを知らしめるような考慮をはらって欲しい旨を希望した（社会）

たそがれの湖	松竹

製作　小倉浩一郎
　　　杉山茂樹
脚本　柳川眞一
演出　大曽根辰夫

龍眼島の秘密 全三篇連続劇	映配

製作　古田昂生
　　　東隆史
脚本　後藤信雄
演出　東隆史

1、丹那一味は八木原博士の人造血漿の研究の成果を験すために　その仲間から脱れんとする青年住吉に瀕死の重傷を負わせるのであるが　人造血漿の実験に供するためというのでなく　重傷を負わせた結果　偶然に実験にとりあげられたという風に改訂を希望し

た。（残酷）

2. シーン14　佳吉の負傷した姿を発見して抱き起した野元の手にベッタリと血がつく処があるが、このシーン残酷な感じのないように演出上の注意を希望した（残酷）

3. シーン17　「復讐が怖いんですね」という台詞は止めて欲しいと希望した。以上第一篇（法律）

4. シーン10　麻薬密売事件は止めて欲しいと希望した。以上第二篇（法律）

5. シーン17　沖で海女たちが鮑とりをしているシーン　海女の裸姿は演出に風俗上の点を考慮して欲しいと希望した（風俗）

6. シーン26　海上保安隊の出動があるが　その取扱いには正しく表現するように充分注意して欲しいと希望した（法律）

ユ—7

狼人街	太泉

製作　小崎政房
脚本　中川順夫
演出　佐伯幸三

細かい部分では初稿を訂正して当方の希望通りとなっている。全体として残虐場面を刺戟

的てないよう演出を希望した　（[illegible]）

いつの日君帰る

新東宝

製作　滝村和男
脚本　小国英雄
演出　佐伯清

1　中国の地名　実景はすべてやめていただくことにした　（国家）

2　佐竹なる人物はインチキ商売をしているとあるがその解決がない　依ってインチキ商売はせず　単なる恋愛のみに生きる男として戴く（法律）

3　道子が佐竹に「復讐する」という所はこれは復讐ではない　復讐とは相手を憎む行為であるが道子は佐竹を愛しているので〝復讐〟でなく〝見せしめ〟という言葉に代える

4　道子が自作の小説を放送して佐竹に私信を伝えることは　それが東京放送局である限り公共機関であるから不穏当である　従ってこの放送局は仮空の民間放送会社とするか又は改訂方を希望　（法律）

群盗南蛮船
「ぎやまんの宿」改題

新東宝

製作　佐藤一郎
脚本　三村伸太郎
演出　稲垣浩

江戸末期の長崎とおぼしき港町に背景をとつてあるため街頭の群衆のなかに例へば「派手な異国風の船来の姿」が見られるであろうが（この説明はシーン120にある）そのなかにとくに中国服のものはさけられた方が穏当ではないかとの感想をのべた。

シーン127に朝霞楼という宿屋に「御船改めの役人が手先をつれて入つてくる」が主人が「如才なく金包を役人の袂に放りこんでいる」とあるのは　こゝだけとり出せば違法を肯定して描いているかにみえるが　これはあとでこの海賊たちが就縛されるときの証拠として見せているものと思はれるので演出上注意して貰うことにとゞめた。（法律）

新聞小僧

東宝

製作　村治夫
原作　阿部知二
脚本　井手俊郎
演出　本多猪四郎

新聞小僧川上勇は新聞社で働いていることになつているが、この川上勇は小学生である。

それ故この新聞社で仕事を習っていることにして欲しい　（法律）
闇市が出て来るがここで主食を売ったりしている情景は出さないで欲し　（法律）
少年が若い男に頬をなぐられる処　ちっぽけな人間（少年）が身体より大きい荷物を運んでいる処　それから一郎という少年がガンと頭をやられて気絶する処は　何れも残酷に感じられないように演出上注意して欲しい　（残酷）
城の性格を表現する場面があるが　軍備に関する点などは説明を除いて貰いたい　（国家）
悪漢に散々利用された上捨て去られたオカヤマと呼ぶ少年に対して川上少年が「やつらにかたきうちをするんだぞ」と云う処があるが　「このかたきうち」は別の意味の言葉に改訂として貰いたい　（法律）
以上が希望事項である。

禿鷹（コンドル） 「禿鷹北より来る」改題	大映

製作　平尾善夫
脚本　倉谷勇
演出　安田公義

1　司法主任室と云うのが　この脚本に出て来るが　現在は司法主任でなく　捜査主任と

云っているのである・その室の表札などに司法主任室と書いてあったりしないように注
意を希望した　（法律）

2　「外地の大草原で砂塵を蹴って外地人の騎馬の一隊が馳ける」とあるが　外地人であ
ることはこの場合困るから外地人でないことにして欲しいと希望した（国家）

3　羊蹄山の禿鷹というのもやはり羊蹄山と云うように実在の場所でなく　この場合仮空
の場所に改めて貰いたいと希望した（国家）

4　なお　この禿鷹の十年前の生活を物語る字幕（シーン18　シーン20）については前述
の仮空の場所（外地の）とした場合に妥当でないと感じられる処もあるので改訂を希望
した　（国家）

5　天心園の園長の言葉に「市の主催の慈善事業団体の懇話会でした」と云うのがあるが
この慈善事業は社会事業団体という方が正しい。そのように改訂を希望した（法律）

6.　修平の台詞に「だが参夫君気をつけ給えよ　愈々戦斗開始だ」と云うのがあるが　戦
斗は別の言葉にして貰いたいと希望した（シーン26）（国家）

7.　さゆり「北京？　上海？　それとも満洲？」
修　平「あっちこっち」
これは北京、上海　満洲以外のあっちこっちと云う意味だと云うことであるが　このま
までは そういう意味に取らない人も多いから　慣例によりこれらの地名は止めてほしい

と希望した（シーン28）（国家）

8　脱走をはかった滝沢に対して徳山が鞭で私刑を加える場面があるが　これは残酷な感じを演出上注意して貰いたいと希望した（シーン54）（残酷）

9　高木一味の本拠に乗りこんだ修平がラヂオの受信機と発信機を改造し　放送局に当てS・O・Sの救助を送ると云うようなことになっているが　この処は更に無電に関する実状等を研究の上不都合と思われる点は改訂して欲しいと希望した（シーン113〜157）（法律及教育）

獅子の罠　東横

企画　坪井与
製作　マキノ満男
脚本　比佐芳武
演出　松田定次

シーン18　山鉄の台詞に「上等（ハク）の洋モクだが一本どうだね？」とあるが　上等（ハク）の洋モクは止めて貰うように希望した（法律）

シーン146　彦作の台詞に「あたしは約四ヶ月前から田上商事と共同で麻薬その他の密輸業を……」云々とあるが　この麻薬は止めて貰うことも希望した（法律）

シーン146　彦作が詰戸に対して云う言葉に「お蔭をもちまして本事件唯一の直接証拠たる真犯人の任意自白を全部頂戴いたしましたじや」とあるが　刑事訴訟法第三百十九條によればその自白に不利益な唯一の証拠である場合には有罪とされないとなっている。その点を考慮して「唯一」の字句は該の処の台詞から除くことを希望した。（法律）

○次の諸点は東京高検平出検事の意見を徴した結果の希望事項である（法律）（四ヶ所）

1. シーン83　シーン87の官選弁護人は国選弁護人と改訂のこと。

2. シーン87　平井弁護人が「ただ今事件当夜の行動について二、三尋問したいと存じますが」と江口検事に発言する処があるが　公判の冒頭において弁護人が被告人を尋問することは異例に属するので、この処は弁護人は検事に「本件の特殊な事情を御斟酌の上特に御諒解を得たい」という如き諒解を得ることが必要であろう。

3. シーン100「獅子内控訴権を放棄」とあるが「控訴せず」と改訂して貰いたい。

4 シーン112　全体として捜査当局の努力がやゝ充分でない感じあり　その点改訂をして欲しい。

○尚製作者側に於ても最高裁判所事務総局情報課長服部尚顕氏[illegible]に御本を見てもらって自主的に改訂した個所もある。

白い野獣

東宝

製作　田中友幸
脚本　西亀元貞
〃　成瀬巳喜男
演出　成瀬巳喜男

三浦光子渡米の為撮影中途で製作中止になっていた作品で多少の撮足しで完成しようという映画である。

○玉枝（軍の慰安婦の経験のある女）の台詞

「特攻の兵隊が突込む前の晩さ　酔っ払ったり泣いたりしてあたいの上に転がりこんで来たんだよ」

の「特攻」とか「あたいの上」とかは不穏当と思はれるので　この台詞を適宜に変えることを希望した　（国家及風俗）

○陽子が退寮してからバスの車掌になりたいというのを道子がひやかす台詞

「毎度御乗車有難うムいます　動きまあすってかい　おんなじようなもんじやないか」

の「おんなじようなもんじやないか」は人を乗せることを指し　卑猥であるので削除して貰うことを希望した　（風俗）

○なお　秀子がおどけた恰好で切る仁義はおどけているからいいように思うが　完成映画

a―14

において若し異様な効果が出るようであれば削除して貰うことを予め約束した・

○その外「アオカンのちよんの間」とか「どば口」とか隠語があるが 特に悪影響のある語とも またその使用法とも思われないので この点はこのまゝにしておくことにした、

新粧五人女　東横

企画　本木荘二郎
製作　マキノ満男
原作　田村泰次郎
脚本　八住利雄
演出　滝沢英輔

1　第一稿に於て改訂を希望した主なる点は次の如きものであった、

第一稿に於ては恋愛を抜きにした男女の肉体関係と それによって起る事件が大部分であった。この男女関係は非常に打算的な肉体関係なのであるが それにしてもこの打算的な肉体関係に対して批判する人物が登場するか 或いはそのような男女関係と反対の行動をとる人物が登場するかでなければ 余りにも観客に対して無責任でありすぎるように思われた、これでは おそらく大部分の観客は混乱した男女関係の連続としか感じないであろうからである、そこでこの恋愛を抜きにした打算の外には何もない肉体関係に対して批判する人物であるが　それには由紀という女医がその立場にいるようであり　又多少は批判らしいことを太つてはいるのであつた。

しかしそれが皮肉を太つていると思はれる感じで　それ故この由紀には皮肉でなくもつとはつきりした批判をしてほしい。又由紀という人物を全然打算のみの肉体関係を結ぶ人達とは反対の立場であることを徹底させて貰いたいと希望したのであつた（教育）

それから大屋社長が富子　牧子の姉妹に肉体関係を結び　その姉妹またその社長を本当に自分のものにするために相争うということになつているが　これは余りにも醜悪な関係であると思はれるので　この関係は何んとか改変して醜悪な感じのないことにして貰いたいと希望した　（風俗及教育）

2.
然で第二稿においては以上の希望は殆んど達せられた。ただ第一稿においてみのると共に最後には死ぬことになつていた山上が　第二稿では遂にみのると結ばれて更生するようなことになつているのであるが、その山上を更生させるために　その姉に当る由紀がついろいろな女の人達と接しながら　その実はあんたのはほんとうに好きなたつた一人の女の人を探していたんじやないかしら　それがみのるさんじやなかつたのかしら？」と励ましているのは、その時までずつと打算のみの肉体関係に反対である由紀としては甚だ奇怪な言葉のように思はれた。この由紀の言葉はどうしても山上のそれまでの肉体関係を去っているのでなく 山上の女との関係を恋愛という面だけで由紀はそういっているのであろうと思われる。それ故そのことをハッキリさせるようにこの科目の改訂を希望した（教育）

又、山上がみのるに無理矢理に肉体関係を結ぶ場面があるが（シーン49・50） この場面は卑猥な感じや残酷な感じのないように演出には充分注意して欲しいと希望した（風俗）

なお、これは第一稿の際にも改訂を希望したのであるが 第二稿でも（シーン11）社長とみのるが紡績糸の不正取引をする処が、そのまゝになっているので 改めて又 此の紡績糸は他のさし障りのない品目に代えて欲しいと希望した （法律）

童貞	松竹

製作 小倉武志
原作 吉屋信子
脚本 斎藤良輔
〃 中山隆三
演出 原研吉

希望事項なし

フリスコ襄
ー東京篇ー

えくらん社

製作　松本常保
原作　大月寒水
脚本　陶山鉄
演出　大曽根辰夫

主人物二人（山岡襄次と三上達夫）はアメリカから戦前（一九三七年のことになっている）日本の大学へ遊学する二世となっている点、及び山岡の父が桑港日本人街の顔役（シスコの虎）となっている点　これらは（遥かなり母の国）（大映）における関係当局の指示のあったシチュエイションとよく似ていることを考へ（とくに日本人街における顔役、あるいは全体にながれる封建的なかゝる顔役の存在を肯定的に描いてある点などを考慮して）これはアメリカであることをやめてもらい、南米の何処かということにしてもらいたいこと　（国家）

ただこの篇では南米は画面には現われず、ただ台詞の上にのみ取り上げられているのであるが……

またここに出て来る柔道に対する解決の仕方が暴力肯定とも見えるので　柔道本来の精神（常に受身で暴力を防ぐ立場）でいって貰いたいこと　ひいてはこの主人物たちが柔道を暴力に使わないこと。

また事件の解決を暴力や強圧で迫らないよう　身にふりかゝる火の粉を正義でもってはらうようにし　こゝに描かれている如く　敢て火を吹くような立場を止めて貰うことにした（社会）

また　篇中に出て来る日華事変や太平洋戦争への予感の台詞など成るべくとほざけて表現されたいこと　（国家）

さらにこゝに出て来る大学名が実在名であるのを仮空なものに変えて欲しいこと（社会）などを希望して全体に改訂してもらい　三月廿八日改訂本を提出して貰った。

改訂本ではなほ未訂正の語句など数ケ所を自主的に改訂して貰って審査を終了した。

東京のヒロイン
（愛してるわ）「アイ・ラヴ・ユウ」改題

新東宝

製作　野口久光
〃　小川吉衛
脚本　長谷川公之
演出　島耕二

希望事項なし。

a－1に続く

春の潮　前篇・後篇　松竹

製作　小倉武志
原作　富田常雄
脚本　新藤兼人
演出　中村登

シーン105の公園の場で不良の云う言葉で「ポリ公に代って見廻っている義勇隊だいの義勇隊を削除して貰う。同じく「キレイなスケを連れてよ　ヤチヨロクを極めこむお前達はいゝが……」のヤチヨロクは意味不明であるから調査した上淫猥の意味があれば削除して貰う

尚　此のシーンの隠語は大して害はないと思うのでそのまゝとする　不良の表現にこの程度は必要と思う。

シーン126の待合の一室「襖の向うの次の間に色模様の蒲団が乱れている」と云う描写は淫猥にならぬよう演出上注意するよう希望（風俗）

山のかなたに　第一部 林檎の頬　第二部 魚の接吻　新東宝

製作　藤本真澄
原作　石坂洋次郎
脚本　井手俊郎
演出　千葉泰樹

6—1

1. 第一に問題となるのは　引揚者である志村の軍國調である　この志村は　軍人そのまゝの軍國調を見せている。たゞこの軍国調はこの志村と云う人物の木訥な性格にユウモラスな感じを与えることに役に立つており　軍国調はこゝでは讃美されている訳ではないのである　しかし　なほ　軍國調が絶対に讃美されるような感じにならないために志村を軍國調を捨てようと　つとめている男であるように改訂されることを希望した　つまりこれは志村は「自分は」と云つてから「俺は」と云い直すような人物にすると云うことである（國家）

2 又　大助少年が軍国調を見せる場面なども（例えば、ハネツカエリのお多櫛殿　自分は云々」）の処などは志村の軍國調を嘲笑う意味のものであるように　演出上充分の注意を希望した（國家）

3. 予科練くずれのマサ公　チンチヤン　丸山その他の行動がこの脚本のまゝとすれば彼等の暴力及び予科練的風習を痛烈に否定するためには　絶対に彼等は悪漢の感じになり切つていて欲しい　これ等の人物に対してこの脚本では戦争の犠牲者であると云う見方をしている処もあるだけに彼等に同情をいささかでも与える感じがあるとすれば　彼等の暴力及び予科練的風習は肯定されると云う危険もあるであろう。　この点も演出上充分なる注意を希望した（國家）

4 予科練くずれの歌う予科練の歌（シーン8）は予科練、を讃美しているだけの歌詞のもの

←2

であるので　これは止めて欲しいと希望した（國家）

5. 次に山崎先生のことであるが　終戦直後の先生の一つのタイプとして決して不自然ではないと思はれる　しかし　この山崎先生に加えられる生徒達の散々な侮辱が殆んど当然だと観客に思われるような山崎先生にしてしまうことはせず　この侮辱によって却って生徒達に観客の批難が行く位いにして欲しいと希望した。そのためには山崎先生がこの脚本のまゝのタイプであるとすれば　山崎先生の尊敬すべき具体的な事実を何処かえ追加して欲しい・これは教育上の影響を考慮しての希望であり又予科くづれのマサ公その他を更に悪い者に見せるためでもあるのである。（教育）

6（シーン2）陸軍大佐（シーン14）傾頭、聯隊旗手（シーン18）志村少尉は慣例によりそれぞれしかるべく改訂を希望した（国家）

以上は第一部（林檎の頌）の希望事項である。

7. 第二部においても　大助やタケ子たちが　軍國調を見せたり　それらしい言葉を使ったりしているが　これも第一部の場合と同じく軍國調を嘲笑っている感じであって　いささかでも軍國調を讃美する感じのないものであるように演出上充分に注意して欲しい・さもなければ軍國調或いはそれらしい言葉を別のものに改めて貰いたいと希望した。

（國家）

8（シーン77〜シーン105）の二年生組が血桜団と格斗する処は志村の二年生組に対する

4—3

指揮振りの讃美される感じにすることは絶対に避くべきであるから　それがためには志村の指揮に対して　そのそばにその時附添っていることになっているタケ子が何等かの批判をするか　或は志村が指揮したら失敗に終り　その次にタケ子が指揮したら案外に成功したと云う程度に近い志村の指揮に対する戯画化をして欲しいと希望した（國家）

9 志村とタケ子のラブシーンで大助が手旗信号で志村に指示を与える処もこの脚本のまゝであるとすれば　これも前の場合と同じ意味で喜劇的であることを期待しなければならない。この点も演出上の注意を希望した（國家）

10 其の他（シーン52）陣頭指揮（シーン64）殊勲甲　陸軍の戦術には（シーン67）忠義は慣例によりそれぞれしかるべく改訂されることを希望した（國家）

以上は第二部（眞の接吻）の希望事項である

婚約指環
松竹 田中プロ 提携

脚本　木下恵介
演出　木下恵介

全体的には何ら問題のない作品であるが　以下の如き語句を訂正して貰うことにした

○シーン17　江間の台詞に「僕も軍隊時代には作りましたよ　戦地にゆくと不思議ですね　みんな歌を作りたくなるんです云々」の「軍隊」とその前行にある如く「兵隊」に「戦地」を「外地」にと改訂（国家）

○シーン62　典子の台詞のなかの「医者と云うものは病気に対する誠意と自分の欲望に対する誠実さとは云々」とある「欲望」はこの時の劇的シチュエジョンと雰囲気とを考慮して誤解をさけるため他の言葉――例えば「気持」と云ったものに代へて欲しい旨を希望

○シーン67　江間の台詞のなかの「戦地」を「そこで」に代えて貰うこと（国家）

後記　なほシーン17の「戦地」は製作者側よりの説明により　これは訂正希望を取消しもとのまゝにすることにした。又、シーン62の「欲望」は　演出　脚本の木下恵介氏より当方の懸念は該当しない旨の申出であり　製作者の責任において原型のまゝやってもらひ完成映画において　なほ検討の余地をのこしておいてほしいことを約束した。

6—5

青空天使	太泉

脚本　山下与志一

演出　斎藤寅次郎

希望事項なし

蜘蛛の街	大映

製作　三浦信夫
脚本　高岩肇
演出　鈴木英夫

希望事項なし

いれずみ判官（前篇・後篇）	東横

製作　マキノ満男
原作　郷田悳
脚本　八住利雄
　　　渡辺邦男
演出　渡辺邦男

1. このいれずみ判官に登場する遠山金四郎はやくざで町の人気者である遠山金四郎がそのまま判官になると云うのではなく、やくざの場合の遠山金四郎は義兄の九十郎によって「市井に世を罵るより権威ある立場を与えられてこそ大きく正義が貫ける云々」と批判され　金四郎も「暴力で勝つものは　又暴力で報いられる云々」とやくざの非をさとって精神的には更生して判官となることになっているのである。この点やくざの金四郎をやくざのまま出世した場合に起り得るやくざを讃美する感じについては懸念はないと思われる。

2. ただ気になるのは　そのいれずみである　いれずみは現代ではギヤングの一つのシンボルであると見るべきであろうから　たとえこの場合は時代劇であるにしても　又、このいれずみを金四郎は消すことが不可能なことを嘆き悲しむ意味の言動を示しているし　このいれずみあるがために　判官となってから非常に卑められ苦しめられる事件もあるにはあるのであるが　なおこの上に金四郎がいれずみを露出する場面は出来るだけ短くして貰うと同時に　いれずみを誇示することにならぬように　つまり止むを得ず出したと云う風に見えるよう演出に充分の注意を希望した（社会）

3. なお第一稿の際には　やくざの新次が金四郎に殺害されることになっていたが　判官がこのような人殺しをするのは困ると云う理由で改訂を希望した（法律）

又、宗次郎が拷問を受ける場面は残酷にならぬよう演出上の注意を希望した（残酷）

母情	新東宝

製作　岸松雄
脚本　岸松雄　清水宏
演出　清水宏

希望事項なし

きけわだつみのこえ
東横

企画 平井与
構成 八木保太郎
製作 マキノ満男
脚本 舟橋和郎
演出 関川秀雄

この作品は云うまでもなく全体に戦争批判とその反対がテーマとなってる点 かく描かれていることには問題はないであろう。勿論かかる映画であるからには完成された後に始めて決定さるべき点も多々あると思はれるので その旨は製作者側に了解しておいてもらった.

箇々のシーンでは以下の如き希望を出し すべて製作者側の承諾をえた.

1. 冒頭にある字幕「謹んでこの一篇を天皇陛下に捧げます」は勿論製作者の意図をくめば この作品のテーマからみて ひとつの献辞として認められないことはないが これは完成映画においてきめることにした

2 ラヂオのスピーカーから流れ出る軍艦マーチ(シーン26)は 特にこの歌曲でなければならない必要さが こゝではさのみ強くないからこの軍國主義時代の曲を他のものに代えて貰うことにした(國家)

か—8

3. 同様に（シーン34）の駅頭の出征風景と云うシーンには伴奏音楽 或いは実景的にでも「勝ってくるぞと」その他かって出征の時歌われた歌曲を遠慮して貰うように希望した（國家）

4. （シーン51）の品川駅で貨物列車の前で兵隊と家族とが別れの面会をしているシーンにも(3)に於けると同じ注意を望んだ（国家）

5 （シーン55）兵隊宿所での会話のなかに「つっかかりすりや 戦友の肉まで喰うようになりますさア……」とある戦友をより抽象的に「人間」と云う言葉に代えて貰った（残酷）

6 （シーン78）病兵宿所のシーンで木村見習士官が「海ゆかば」を歌い始め それが他の俗謡と声をきそい 遂に圧せられて消える件 この「海ゆかば」は批判の対象として描かれるもので これはこれで好いが 音楽伴奏をつけず且つ音楽的な美しさで歌われないように、素人の声のまゝであって欲しいことを注意するよう希望した（國家）

7 （シーン101）にある軍医が自殺のため自分で注射する件 例の如く演出上注意してやって貰うことをのべた（法律）

8 なお 戦争の残酷さは 云うまでもなくこの映画のテーマとしては或る程度出ていなくては 所期の効果がないであろうが完成映画に於てなおこの点は希望をのべるやもはかりがたいことを予約して承諾をえた

9 この結末は更に再考されるやも知れずとの製作者の附言あり その時は部分的にその箇

所を提出して貰うことにした。

きけわだつみの声
（自主改訂版）

当方の改訂希望事項と　製作者側の自主的な改訂とによって　この自主改訂版は作製されて提出されたのであるが　もはや問題はないと思う　たゞ以下の点で念のため注意をもとめておいた。

戦時中のニュース映画の部分使用は関係当局にその使用願をすまされておきたいこと。（それは製作者側より直接接渉のこと）

勿論軍國主義と戦争とを直接批判する主題の映画であるから　軍國主義的台詞あるいは批判の対象としてのその讃歌の台詞　あるいは戦陣訓等いまだ現下の日本において完全に払拭されているとは云いがたい　危険な言葉　行動があらわれてくるのは　上記の目的の映画として当然のことであるがそれはあくまで批判的なものとしてあらわしてほしい旨演出上くれぐれも注意を喚起しておいた　かゝる注意は勿論蛇足とは思うが　なお完成映画においても十分検討したいことを約束した。

審査・集計

	1
規程條項	国家及社会
関係脚本題名及希望個所数	「恋しかるらん」(1) 「たそがれの湖」(1) 「いつの日君帰る」(1) 「新聞小僧」(1) 「きけわだつみのこえ」(4) 「禿鷹（コンドル）」(5) 「白い野獣」(1) 「フリスコ裏」(4) 「山のかなたに」(9) 「春の潮」(1) 「婚約指環」(2)
集計	31

c—1

		「いれずみ判官」(1)	
2	法律	「竜眼島の秘密」(3) 「恋しかるらん」(1) 「いつの日君帰る」(2) 「群盗南蛮船」(1) 「新聞小僧」(3) 「きけわだつみのこえ」(1) 「禿鷹(コンドル)」(3) 「獅子の罠」(7) 「新粧五人女」(1) 「いれずみ判官」(1)	23
3	宗教		0
4	教育	「禿鷹(コンドル)」(1) 「新粧五人女」(3)	5

○希望事項総数……八一

番号	項目	作品	計
		「山のかなたに」(1)	-
5	風俗	「花嫁蚕と戯むる」(9)	15
		「竜眼島の秘密」(1)	
		「白い野獣」(2)	
		「新粧五人女」(2)	
		「春の潮」(1)	
6	性		0
7	残酷醜汚	「竜眼島の秘密」(2)	7
		「狼人街」(1)	
		「新聞小僧」(1)	
		「きけわだつみのこえ」(1)	
		「禿鷹(コンドル)」(1)	
		「いれずみ判官」(1)	

c—3

○ 調査上、特に協力を受けたる官庁、団体

○ 東京高等検察庁

○ 日本放送協会考査課

○ 法務府特別審査局

○ 総理府官房監査課

審査映画一覧

◎

審査番号	題名	製作社名	巻数	呎数	備考
一〇二	窓から飛び出せ	新東宝	十巻	七、二三五呎	
一二一	火山旅	大映	十三巻	一〇、〇五〇呎	
一二二	お富と與三郎 前篇	松竹 新演技座	八巻	二、二三四米	
一二九	憧れのハワイ航路	新東宝	八巻	七、〇四一呎	
一三二	エノケンのそこ抜け大放送	新東宝	九巻	七、五一九呎	
一三五	女医の診察室	新東宝	九巻	七、六九七呎	

一四五	また逢う日まで	東宝	十巻 九、九〇〇呎	
一五〇	殺人者の顔	東宝	九巻 九、〇〇九呎	
一五四	與太者と天使	東宝	八巻 七、三八三呎	
一五七	想い出のボレロ	松竹	九巻 三、二五〇米	
一五八	傷だらけの男	東日興業 新演技座	九巻 八、〇八二呎	
一五九	戦後派(アプレ)親爺	新東宝	九巻 七、六一二呎	「スピード夫人」改題
一六〇	愛の山河	大映	十巻 七、五九四呎	
一六一	エノケン十八番 らくだの馬さん	松竹 エノケンプロ	十巻 二、三一一米	
一六二	オオ!!細君三日天下	太泉	九巻 七、六五〇呎	「奥様十字軍」改題
一六三	放浪の歌姫	松竹	九巻 二、三九四米	
一六五	私は狙われている	大映	九巻 七、九五〇呎	
一六九	人喰い熊	ラヂオ映画	七巻 六、三八〇呎	
一七〇	危険な年令	松竹	九巻 二、三四五米	
一七一	浅草の肌	大映	十巻 八、二八六呎	

一七四	かっぽれ音頭	東横	九巻	七、三五九呎	
一八七	狸銀座を歩く	大映	九巻	七、〇〇二呎	
一九一	いれずみ判官 桜花乱舞の巻	東横	九巻	七、七五九呎	

◎

E―一三	サザエさん のど自慢歌合戦	東洋スタヂオ	八巻	六、九二六呎	
E―一四	大聖釋尊	三幸映画社	六巻	四、六七九呎	
E―一五	天皇陛下四国巡幸 第二集	松竹	一巻	五〇〇呎	
E―一六	バグダッド姫	三幸映画社	七巻	四、七六二呎	
E―一七	ガリヴァー奮斗記	近代映画社	一巻	八五〇呎	
E―一八	世界の音楽	東亜発声	二巻	一、九七〇呎	
E―一九	スポーツ・パレード 斗魂に燃えて	日映	三巻	二、一二七呎	
E―二〇	DDT物語	内外映画	二巻	一、八〇〇呎	
E―二一	娘道成寺	東宝	二巻	一、七九六呎	人形劇
E―二二	小麦粉物語	日映	二巻	一、四四六呎	

番号	題名	製作	巻数・尺数	備考
E—二三	ビスケット物語	日映	二巻 一、五三三呎	
E—二四	香川縣行幸	日映	二巻 一七〇〇呎	
E—二五	土佐路の春	日映	二巻 一、五六八呎	
E—二六	櫻島	東宝教育	二巻 一、七六三呎	
E—二七	空気と水の化学	日映	二巻 二、三一一呎	
E—二八	飛騨のかな山	日映	二巻 二、四一三呎	
◎				
P—九七	ムービータイムス第九七号	プレミア映画		
P—九八	〃 第九八号	〃		
P—九九	〃 第九九号	〃		
◎				
N—四一	日本スポーツ第四一号	日映		
N—四二	〃 第四二号	〃		
N—四三	〃 第四三号	〃		

◎旧作品

S―二〇	エノケンのざんぎり金太	東宝	九巻	七〇〇五呎
S―二一	河内山宗俊	日活	九巻	七、八七七呎

映画審査概要

○ エノケン十八番 らくだの馬さん　松竹

○長屋「浪人の家」二巻目

浪人の台詞「宮本武蔵の末孫」を削除してもらった。

○長屋「らくだの家」六巻目

らくだの死骸を半次が久六に背負はす処のらくだの死骸のアップを削除してもらった。

尚その他、製作者側の希望により自主的に削除された個所（五ケ所）が審査終了后届出られた。

○ 窓から飛び出せ　新東宝

さきに脚本審査の場合指摘した〈幸運の手紙〉の内容に関して某フランス将校とある〈フランス〉を除いてもらうことにした。なほこのなかに出て来る郵便配達夫が花火の研究に凝っていることになっているが（これは決定稿にはなかったもの）製作者側に確かめた処によると、個人でも届出あれば銃砲等所持禁止令によって許可になる場合があり、よってこれはこのまゝみとめることにした。

○危険な年令　　松竹

海岸格斗の場面、健太がなぐられて口の中から血が溢れ出るアップのカット削除。

○浅草の肌　　大映

1、食堂の看板にうどん、ライスカレーが除かれないでそのまゝ出ているが、ハッキリ読めない程度に遠景に出ているのでそのまゝにしておいた。

2、カストリを戸田医師が飲む処、これは普通の酒を飲んでいるので、この医師がカストリ先生と云うニックネームを持つために、ただ上等でない酒のことをカストリと呼んでいるだけのことである。そのようにその場面から感じてこのカストリもそのまゝにしておいた。

3、監獄と云う処を刑務所に改訂を希望したのも、そのまゝになつている。しかしこれもこの場面の監獄と云う言葉が目立つていないのでこれもそのまゝにした。

○傷だらけの男　東日興業　新演技座

さくらダンスホールの場面において重傷を負うた雅が、ジルバを踊つている処を警官が取巻いてボンヤリ見続けているのであるが、これは甚だ不都合に感じられるので削除を希望し、自主的に削除が実行された。

なお、この映画は、脚本審査の場合に提出された脚本と殆んど全面的に変つてしまつていることを三月十五日のラッシュ試写によつて知り、製作者側に脚本の再審査を希望し　翌日、それが実行された。

○戦後派(アプレ)親爺　新東宝

「大陸」と云う辞句は既に脚本審査の際、訂正を希望し、諒解を得て置いたにも拘らず実行されていないので、この部分を削除して貰つた。

○女医の診察室　新東宝

全体にわたって脚本審査のとき関心をいだいた箇所　シーン等少なからざる故をもって製作者側の希望もあり、ラッシュプリントにおいて二度前もって内審を行ない、その懸念される点について感想をのべておいた。完成映画においては、それらの点はことごとく除去され、もはや問題はなかった。

産婦人科の特殊な検診台は、冒頭の少女がみてもらうところのみ残されているが、ここの描写は（ラッシュプリントではあと四ケ所この描写シーンがなほあったが）直接聯想さすものなしとして　これのみは認めることにした。（脚本審査のこの点にふれる注意参照のこと。「審査報告」第七号）主役田島文子と云ふ女医が心臓を患っていて　病を押して診療に従うとき、しばしば強心剤を注射するシーンがあるが　これは注意して描写されていてこれ自体としては問題ないと思われる・たゞ七巻目の冒頭フェードで始まる部長室のシーン、田島が自分で注射をしたところから始まるが　注射筒をぬくところが全景でみえるが、これだけでは直接的には観客に印象を与えないであろうから　このまゝにしておくことにした。その他の注射シーンでも二、三気になる箇所がないでもないが、みな上記のごとく直接的描写でなく　何かによって部分的にかくされている点心配ないと思う、念のためつけ加へるならば、注射の直接的描写は、一般に及ぼす影響（PHWの指令　ことに注射を施行資格なき一般人が勝手にすることは違法となっている点）を考慮して従来からも不必要にこれを描出しないよう　注射を安易に考えさせないようとの考慮からであった。

○いれずみ判官（予告篇）　東横

いれずみを露出するシーンは出来るだけ短くして欲しいと云うのは脚本審査の際の希望でもあるので、いささか、いれずみを誇示していると思はれるシーンT8、双肌ぬいで大あばれ、十五呎の削除を希望し実行された。

○エノケンのざんぎり金太　東宝

製作　氷室徹平
原作　山本嘉次郎
脚本　小林正
演出　山本嘉次郎

製作　昭和十五年三月
CCD番号　A一〇、〇二四

○エノケンの替唄（西洋軽蔑の諷意あるもの）
○上野山下（勤王昂揚・王政復古を讃ふるセリフ）
○築地ホテル館（西洋軽蔑の諷意あるセリフ）
○明石町河岸（露人出場の場面）
○江戸幸（西洋軽蔑の諷意あるセリフ）

○居留地（露人出場の場面）

○中村座（西洋軽蔑、國粋思想の諷意あるオッペケペ節その他）

○中村座（外國排斥のセリフ）

以上、削除を希望した。總呎　四九五呎，

◎河内山宗俊

日活太秦作品

演出　山中貞雄

製作　昭和十一年四月

CCD番号　A一、三四三、

必ずしも好ましい主題とのみ云いきれないが、CCDも通過してゐることではあるし、この程度ならば問題なしとする。ただ、これと同じ主題がふたたび新企劃としてとりあげられる場合は、あらためて検討の余地があらうとおもふ。

宣傳広告審査概要

宣材種類	題名	理　内
ポスター（一）	脱獄「太泉」	「女の体臭を求めて脱獄すると云う宣傳文句は好ましからぬものと考へ提出者側に観告したが、すでに同ポスターは全國へ配布済みで處理不可能な点を遺憾とするとの返答あり、今後を約した。
プレスブック（一）	乙女の性典「松竹」	東京本社より発行のプレスブックはその宣伝文案に一、て審査をなし見解をのべ　それを参考として松竹大阪支店宣伝部において別に作られたプレスブックである。宣伝文案はすでに東京本社の分にて取除いてもりった部分が訂正されず　又「脱獄」には特に問題となる部分もあり、又決定脚本にはなかった処の、望ましくない箇所もある点などからして次の如く処置した。「今までになかった赤裸々な女体描写」の「体」の字を取って「女性描写」に：「日夜おそひかゝる男の毒牙」の「男」を除くことが好ましい。大阪版の「話題」と云うカコミ欄の、「見よ恐るべきこの事実」と云う小文は余り望ましいとは云えない，又「あらすじ」の内容はかなりセンセエショナルで完成映画の内容とはや、離れていないかを恐れる。最初の二行「青春を愉しむんだわ、ねえ抱いてわたしが好きなら接吻して……」と書かれている点「復員」と云う言葉（五行目）「体操の時間に」のあと二行

		（完成映画にないもの）等はこの映画に対しては好ましくないのではないかと考へられる。なほ、この見解は大阪支店当該責任者へ通達される旨を松竹より返答があつた。
プレスブック（一）	怒りの街「東宝」	この宣伝文案と　僕の云分、私の言分の殆んどは「怒りの街」の映画の一部分現われる戦後派大学生の性生活についてのみ刺戟的に宣伝している。これでは「怒りの街」の映画に醜悪な大学生の性生活を暴露したものの如き感じを与へるのみであらうと思はれるので　この文案と僕の言分　私の言分は全部文章を改訂して貰いたいと希望した。
撮影所ニュース（プレスブック原稿）（一）	窓から飛び出せ「新東宝」	製作者としての大日方傳氏の略歴紹介の部分に氏の戦時中中華に於て映画製作（大陸新戦場）にたずさわり、軍報導部にあつた点などが紹介されているが、これは氏にとつても、また大衆に対して宣伝することは好ましくないと思われるので善処を望んだ。

項目	題名	内容
撮影所ニュース（プレスブック頒布）（一）	毒牙「東横」	このニュースの「毒牙」のためにつけられた宣伝文句は過度にセンセエシヨナリズムに誇張されている点「毒牙！とぎすまされた慘忍な毒牙・闇の人生航路を辿る兇悪なスリ団に奪弄される女」「泥沼から這ひ上ろうとする若い女体に毒牙が挑む!!」は内容とやゝそぐわないし、またかゝる語句から想像されるような作品であってはならないと思う・なほ脚本は審査中のものであるから宣傳はつゝしまれたい旨傳えた。
スチール（スチール番号十八）（一）	夢を召しませ「松竹」	「地獄見学」の場面を（内容は丹下左膳が左端にありこれは映画に於ては自主的に切除されているもの）自主的に遠慮して貰った。
スチール（スチール番号二〇）（一）	オオ!!細君三日天下「大泉」	脚本審査に於いて注意した「夫が妻の裸体画を画くシーンでその裸体のシルエットが明瞭に窓ガラスに写っているシーン」このシーンのスチールはこれだけに関しては過度な煽情的シーンとは云へないが、これが上映館に配布され画看板等にかゝれる場合の原画となるときの結果

		を考慮し、しかもこのシーンは、映画にとって挿話として重要な点ではなく風俗上より併せ考へ注意を希望した。
スチール（一）	毒牙「東横」	「右太衛門の裸体私刑をされてゐる胸に女がとりすがっているスチール」の裸体の乳首は風俗上好ましくないので消して欲しい旨を希望した。すでにキャビネ判は頒布されてしまっているが、常設館向けの引伸し分には以上の配慮がされたいことをのべ承諾をえた。
スチール（一）	七妖星「松竹」	新人伊藤由利がストリップショウの女優に扮したと見られるスチールであるが過度に挑発的と見られるので見えている左の乳房にあたっているハイライトを消して印象を弱めて貰うよう希望した。
新聞広告（一）	女の流行「松竹」	二月十五日付東京新聞その他に掲載、同映画の場面にあらざる「婦人の背中に聴診器を当てゝいる医者」の図あり、その点に注意を希望した。

新聞広告（一）	性と幸福「東映」	三月十一日、時事新報 女性全裸の描図、風俗上好ましからず、今后の注意を希望した、
新聞広告（一）	傷だらけの男「東宝」	報知新聞三月十八日付、その他に「壮絶無比！ギャング対Gメンの凄然たる拳銃戦!!」の文章中の「ギャング対Gメン」と同一に取扱われていることは社会秩序上に於てGメンの地位を軽く見すぎる感を観衆に与えはしまいかと思うので、今後の新聞広告に於て注意することを希望した、
新聞広告（一）	千里の虎「東横」	東京新聞四月十三日、〃東映が誇る東横四大スター作品〃として「千里の虎」の製作開始が宣伝されたが、これは審査未了作品につき、東横及宣伝責任の東映に広告の中止を傳達した。
新聞広告（一）	殺人者の顔「東宝」	東京新聞四月七日「次々と人を殺すふてくされた街の暴れ者！だが……」以上の文の殺すは、リンク上に於ける致死であり殺人行為とは異るのでこの点注意を希望した。

○ポスター　一件
○プレスブック　二件
○撮影所通信（プレスブック原稿）二件
○スチール　四件
○新聞広告　五件
◎計　十四件

各社封切一覧

封切日	審査番号	題名	製作社名	備考
松竹				
三月十九日	E－一〇	乙女の性典	松竹	
三月廿六日	一六一	エノケン十八番 らくだの馬さん	松竹 エノケンプロ	
四月二日	一七〇	危険な年令	松竹	
四月九日	一六三	放浪の歌姫	松竹	
四月十六日	一五七	想い出のボレロ	松竹	
東宝				
三月十六日		（名画上映）		

c—19

三月廿一日	一四五	また逢う日まで	東宝	
三月廿七日	一五四	与太者と天使	東宝	
四月二日	七五	妻と女記者	新東宝	
四月九日	一五八	傷だらけの男	東日興業 新演技座	
四月十六日	一五〇	殺人者の顔	東宝	
大映				
三月十九日	一四八	妻も恋す	大映	
三月廿六日	一二一	火山脈	大映	
四月二日	一六五	私は狙われている	大映	
四月九日	一六〇	愛の山河	大映	
四月十六日	一七一	浅草の肌	大映	
東映				
三月廿一日	一七四	かっぽれ音頭	東横	
三月廿八日	S―一八	丹下左膳余話 百萬両の壺	日活	新版

月日	番号	題名	社名	
四月二日	一六二	オオ!!細君三日天下	太泉	
四月九日	一六九	人喰い熊	ラヂオ映画	
四月十四日	一九一	いれずみ判官（桜花乱舞の巻）	東横	
新東宝				
三月廿日		右門捕物帖 伊豆の旅日記	新東宝	
三月廿六日	一〇二	窓から飛び出せ	新東宝	
三月三十日	一一五	銀座三四郎	新東宝	
四月一日	一二九	憧れのハワイ航路	新東宝	
四月九日	一一五 一〇四	銀座三四郎 向ふ三軒両隣り（どんぐり歌合戦）	新東宝	

c—21

映画倫理規程審査報告　第一〇号

昭和二十五年四月二十八日

発行責任者　野末駿一

東京都中央區築地三ノ六

日本映画連合会

映画倫理規程管理部

映画倫理規程審査報告

第11号

映画倫理規程

審査報告

25.4.18 〜 5.17

日本映画連合會

目次

審査脚本一覧

社別	題名	交付日	審査終了日	備考
大映	ある婦人科医の告白 自主改訂版	四・一五	四・一八	改訂第二稿
東横	毒牙 自主改訂版	三・二四	四・一八	「静心なく」の改題改訂第二稿
東横	殺陣師段平	三・六	四・一九	
松竹	七妖星	三・二五		
	改訂版	四・一三	四・一九	「七つの妖星」の改題改訂第二稿
新東宝	青春デカメロン	四・一五	四・一九	
新光映画	当り矢金八捕物帖 千里の虎	四・一八	四・一九	
松竹	恋愛教室	四・二一	四・二三	
新世紀映画協会	日本開国史（伊井大老）	三・一五		
	改訂版	四・一二	四・二六	改訂第二稿

a—1

大映 新演伎座	城ヶ島の雨	四、二二	四、二六	
太泉	海を裂く女	三、三一		
	改訂版	四、一三	四、二六	改訂第二稿
大映	疾風佐助 千丈ヶ嶽の火祭り	四、二五	四、二八	
大映	復活	四、二五	四、二八	
松竹	無頼漢（ならずもの）	五、二	五、六	
東宝	熱砂の白蘭	二、二七		
	改訂版	五、四	五、九	
太泉	執行猶予	四、二四	五、八	
太泉	哀恋の港 やくざブルース	五、四	五、九	
東宝	メスを持つ処女（おとめ）達	五、四	五、九	
大映	拳銃の前に立つ母	五、八	五、一〇	
東横	ジルバの鉄	五、九	五、一一	

a—2

株式会社 新映画	肉体の白書	五、九	五、一一

◎新作品……………一八

シナリオ数……………二四（内改訂版六）

内訳　松竹　四（内改訂一）　東宝　三（内改訂一）　大映　五（内改訂一）　新東宝　一

東横　三（内改訂一）　太泉　四（内改訂一）　新光映画　一　新世紀　二（内改訂一）

新映画　一

◎審査シノプシス……………一八

内訳　松竹　一　大映　三　新東宝　二　東横　九　太泉　二　日映　一

脚本審査概要

ある婦人科医の告白（自主改訂版）	大映

製作　箕浦甚吾
脚本　依田義賢
演出　森一生

希望事項なし。
（註・審査報告第三号参照）

毒牙 「静心なく」自主改訂版	東横

製作　マキノ満男
原作　小島政二郎 ―静心なく―より
脚本　館岡謙之助
　　　高岩肇
　　　坂本忠士
演出　春原政久

「静心なく」はすでに部分改訂で昭廿四年十二月廿一日審査を終了（審査報告第七号参照）

製作者の都合によって着手せずそのまゝとなっていたが　このたび配役を一部変更（旧脚本では春江の方が主人物となっていて　一夫は副人物であったのが　一夫－市川右太衛門－が主人物となり春江は副人物に代えられた）のため　自然脚本は一夫をめぐって一部自主的な改訂がなされて提出された。

製作者側はこの原作「静心なく」（審査終了済）によってすでに撮影に入っていた模様であったが　この「毒牙」としては主人物の変更により審査の観点も変るべきが当然であり　とくにこの作品は悪虐なスリ団をとりあげている関係もあって　すでに撮影されてしまったものに関してはラッシュプリントを見て希望をのべ　なお完成映画において更に検討することを約束した

○この「毒牙」に対してはスリ団の悪虐な行動が余りにも警察力を無視した過度な描写にならないこと（法律）

○私刑は残酷にわたらないように注意（残酷）

○スリ団の親分の情婦の行動が性慾倒錯的に描かれないこと（性）

○なるべく不必要な仲間の隠語をさけてほしいこと（社会及教育）

などを特に注意してもらうことにした。勿論　全体的には必ずしも好ましい作品主題とは云いがたいが　これらも完成映画においてなお一層検討の余地を残して欲しい旨製作者側に承認をもとめておいた

「静心なくし」が「毒牙」に製作者側において変稿され 原脚本が審査ずみになっているがごときかゝる場合 製作者側においてこの変稿が善悪批判の観点も従って変ることを考え改稿の脚本をあたらしい審査対象と考え処置されることがのぞましい。かゝることは提出以前に製作者側において先ず気づかれねばならないことであろう

殺陣師段平	東横

企画　本木荘二郎
製作　マキノ満男
原作　長谷川幸延
脚本　黒沢明
演出　未定

こゝには実在した人物が実名のまゝモデルとなっているから 製作者側に於いて当人もしくはその関係者に一応承認をとっておかれたい旨を注意した。（社会）

全体的には問題とすべき点はないが 沢田正二郎一座が次第に世評をえてゆく経過描写に出てくるラッシユ的なカットに「月形半平太のポスター」その舞台（月形半平太の立廻り）「新選組のポスター」その舞台（寺田屋の立廻り）「大菩薩峠のポスター」その舞台（机竜之介の静かなポーズ）などが出るが この禁止映画と同じくする原作 戯曲の名の出るポスターは止めて貰い ただその舞台は特定の説明なくたゞ描写されるにとどめられたい旨を希望した（法律）

七ツ妖星　松竹

「七つの妖星」の改題

製作　中野泰介
原作　保篠龍緒
脚本　沢村勉
演出　芦原正

「復員」と云う言葉が二箇所出てくるが　わざ／＼軍隊用語を使用しなければならぬほどの必要さは認められず　日常語に代えてもらった（国家）

競輪場で金貸しの革カバンのひもを切って掠奪する件　その犯行の手口はなるべく見せないようにして欲しい　犯罪方法の具体的な暗示になりはしまいかと恐れる（法律）

後半のギャングのリンチに鞭が使用される件がしば／＼あるが　過度の残酷さと無法さが出ないよう注意を希望した（残酷）

ラストの警官隊の「ジープ」で追走するとあるのは勿論「軽トラ」の誤解と思はれるので訂正を希望（法律及教育）

青春デカメロン　新東宝

製作　井内久
脚本　井上梅次
演出　加戸野五郎

このなかに　ストリップショウがあらわれるが　その「名画アルバム」はたとえ劇場において裸体で表現され　それが法的には容認されたとしても　映画としては　現状の如きものでは困ると思はれるので　その点注意して演出されるよう希望した（風俗）

シーン5　牧場の件で　トン吉　アキ助　サブ公らと山高帽の老紳士との会話のなかに山高帽の男「コルサコフ病院」と云うと　サブ公「コルサコフ病院？」　トン吉「それはきつとアメリカに違いない！」　アキ助「えツ！　俺達がアメリカから招聘されるのかい！」云々とあるのは　勿論ナンセンスな喜劇的な台詞のやりとりにすぎないけれども　このアメリカは「外国」などの無難な言葉に変えて特定国名をむしろ出さない方が好ましいと思うことなどを希望（国家）改訂して貰うことにした。

なお上記の「名画アルバム」は製作者側の希望もあって　その原画となる「名画」を見せて貰って　どの程度までの裸体描写にとどめるかを検討することにした。

a―8

千里の虎

新光映画

製作　高村正次
脚本　佐伯清
潤色　荻原章
演出　中川信夫

シーン62の後半　無頼漢の吉五郎が浪江の肩に手をかけて

「ど盲の竹の市にお初さっまますなんて悪い了簡だ　どうせ散るならこの俺に……」

は卑猥感を催すと思われるので　穏当な表現に変えて戴く（風俗）

（お初を……以下削除して笑にまぎらすことに訂正するとの申出であった）

シーン75

「お六の奴は走り使いをしているのかと思ったら女衒の真似まで　してるんですね」

の「女衒の真似」は「そんな真似」と変へてもらった（社会）

シーン89

「獄中で死んだ按摩の与茂市とは義兄弟の約束をした仲」の「義兄弟の約束」は悪い制度習慣を思い出させて不穏当と思うので変へることを希望した（社会）

恋愛教室	松竹

製作　小出　孝

脚本　斉藤良輔

監督　池田忠雄

希望事項なし

日本開国史
井伊大老

新世紀映画協会

製作　志波西果
脚本　志波西果
演出　志波西果

第一稿本提出後　当方の希望をのべて協議　さらに訂正脚本を三月十五日提出を乞い　関係当局の意向もただして審査を終了した　問題となった点は大体下記の如きものであった
内容の時代的背景が　あたかも幕府末期であり　勤王佐幕　尊王攘夷の時論横行するときにあたり　仮空のフイクシヨンではなく　歴史的なひとつの事実でもあるので　とりあげ方如何によっては　必ずしも好ましい影響を与えないのではないかとの懸念がある　よって　歴史的な事実には違いないがこの主題の完全な効果のためには　敢て勤王佐幕の時論は背景えおしやって　開国するか鎖国をつづけるかの政論に限定して全篇をとおして欲しいこと　さもなくば　ひとたび勤王佐幕に描写が觸れるならば　それに対する現在からの十分な批判をやってゆかねばならないであらう（教育）
また第一稿本では　諸外国　ことにアメリカが武力を以ってしても開国させるかに表現されているようであるが　歴史的事実のいかんにかかわらず　現在（この作品の主題の線においてみるなら）かかる印象を一般に与えることはどうかと思われるので　これを平和的な外交接渉に訂正して貰った（国家）

また鎖国論（当時の尊王攘夷論）を天下の世論として　それを正しき世論とみなすが如き
台詞があったが　世論とはかかる一部の極端な煽動者の見解をのみ云うのではなく（後年
の歴史が　かく歪曲したとみるべく）一方には　その反対の開国論もまた当時の世論とし
てあったに違いなく　そのただしき均衡においてこれを取り上げて欲しい旨訂正を乞うた
（教育）
途中に自ら毒をあおって死す主膳の娘高女　切腹する寺田彌五郎のこの二つの自決を封建
的な慣習とみて　それぞれ訂正　高女はすでにその時　旅中憔悴の極にあり　自然死の如
く描いて貰い　後者は描写の背後にかくして貰うことにした（社会）
さらに　いわゆる安政の大獄の描きかたは　英雄化して描かないよう　開国反対論者とし
て時の政府より所断されたものとして描いて貰うこと（教育）
次に水戸浪士の脱藩に対して批判的であって欲しいこと　水戸老公の台詞としてでも　こ
の一群の企てんとすることに対して批判と心痛を出して貰うこと（社会及び教育）
最後の「櫻田門の変」の描きかたは　以上に連関して日本の歴史的な悲劇としてとりあ
げ　前後にわたってそれが批判の対象となるようにして欲しいこと　これは英雄化し讃美
して描かれては暗殺と云う不正解決の手段肯定となり　現在もっとも寒心すべきことであ
ろうから（社会及び教育）
なお　この作品は　外国関係の事項が少なくないので　それぞれの事項を関係当局の承認

をえられたき旨を注意しておいた（各国国旗使用の件）ハリスと云う実在したアメリカ総領事の名前使用承認の件　その他）（国家）

城ヶ島の雨	大映 新演伎座

製作　清川峯輔
〃　亀田耕司
脚本　八住利雄
演出　田中重雄

完二が発作を起したので　京子が注射の用意をする件　なるべく他のものに代えて貰うことを希望した（法律）（京子は医者ではないし　完二は精神障害であるから　飲薬などにして　注射を避けて欲しいと思う）

海を裂く女	太泉

原作　上田廣
——おちよろ姫——より
脚本　館岡謙之助
演出　山本弘之

「製作意図は「邪道の囚虜となっている恋人を改悛さすべく　努力する誠実子女の悲恋を

主題として」とあるが第一篇においては寧ろこの主題よりは「おちよろ姫」と呼ばれる密漁船相手の海のパンパンの生態に重点が置かれていた　そしてこの海のパンパンの生態は甚だ現実的に描かれていて　相当の改訂がなされたとしても風俗上又は性関係の点において無害なものになることは困難と思われた　結局　この脚本はあくまで製作意図の誠実な女の悲恋という主題と海賊を絶滅させる海のGメンの活躍に重点を置き　海のパンパンの生態はボンヤリとその背景に見せるように描写して貰うと云う風に大改訂をして慾しいと希望するより外には仕方がないのであった（風俗及び性）

2.
以上の如き当方の希望により改訂された第二稿が提出された　しかし海のパンパンの生態はより以上ボンヤリさせるために多くの科目を改訂するよう希望した．即ち「身体を責った」と云った言葉を穏かな調子のものに改めて　つまり．カフエーかバアの女給の程度に見せるようにして欲しいと希望した訳である．（社会及び性）　又海のパンパンが揃った制服を着る処などは　この海のパンパンに余りにも組織的な感じを与えるのでこの処も止めて貰うことを希望した（法律及び性）

なお　海賊に関することでは（シーン19）の「若旦那なる人物が注射でもしているらしく」――の注射は止めて貰うことを希望した（法律）それから（シーン62）のしづの科白「まるで戦争じゃないか」は海のGメンが海賊達を攻撃するシーンを殊更戦争にしてしまうものでもあるので　これも止めて貰うことを希望した（国家）

又（シーン44）の「戦友」「出陣の血祭」は慣例により　別の言葉に改訂して貰うこ

こと希望した（國家）

猿飛佐助 千丈ヶ嶽の火祭り	大映

企画　辻　久　一
製作　服部紳太
原作　富田常雄
脚本　秋篠冊次郎
　　　安達伸生
監督　安達伸生

室賀信賢が猿飛佐助を追い廻すのは復讐であるが　この程度はこの時代を描く以上仕方がない。しかし復讐の表現を余りドギツク出さぬよう　単なる斗争に終始するよう演出上注意されること（社会）

又、立ち廻りに於ては手裏剣の使い方　残酷にならぬよう演出上の注意を希望した（残酷）

a—14

復活	大映

製作　辻　久　一
脚本　依田義賢
演出　野淵　昶

南記の白浜口駅前で出征兵士を送る農民の一団が「天に代りて」の軍歌をうたっていると

あるが「天に代りて」の軍歌は止めて欲しい（シーン1）（国家）

「軍服がよくお似合で頼もしいですわ」と云う由岐の科白は　軍服が讃美されている感じでないように多少改訂して欲しい（シーン3）（国家）

村井邸の食堂で礼服や古風な洋服を着た客たちが　下司に酔って卑猥な俗謡をうたっているとあるが　この卑猥な俗謡は風俗上差しさわりないものにして欲しいと（シーン7）（風俗）

村井邸の表　客たちが軍歌をうたって去ってゆくとあるがこの軍歌は軍歌でないものに変更して欲しい（シーン9）（国家）

「華北に来てるんですって」と云う華北は慣例により改訂して貰いたい（シーン30）（国家）

「あなたの出征した年に云々」の律子の科白があるが　この出征は慣例により他の言葉にして欲しい（シーン43）（国家）

其他　出征兵士を送る場面や　軍服姿の村井邦彦などが出て来ることでもあるから　全体としてもっと戦争を否定する面を強調して欲しい（国家）

なお　由紀が無罪となった場合に　カフエーお多福の芳子と村上が有罪となる訳であるが　それがこの脚本では省略されている　しかしこれはやはり罪を犯したものが　ハッキリ罰せられたと云うことを観客に判らせるようにして欲しい（シーン85）（法律）

以上希望事項を諒承の上　しかるべく改訂された

七—15

希望事項　なし

無頼漢（ならずもの）	松竹

製作　小倉浩一郎
脚本　衣笠貞之助
　　　楠田清
演出　衣笠貞之助

熱砂の白蘭	東宝

製作　田中友幸
モオパッサンの「脂肪の塊」より
脚本　新藤兼人
演出　木村恵吾

（シーン70）白蘭が部隊長の私室へ行った後の会話
良枝「まさかあの人絞め殺されやしないでせうね」
永田「反対に絞め殺しまさあ」
瀬戸「はゝ　こいつはいい」
の三行は猥褻であるから削除又は適当変更を希望（風俗）
尚このシナリオには各所に「大陸」「ハルピン」「大連」等の地名が出て来るが慣例に依り　削除又は他の適当な言葉に変更し　万やむを得ない時は実存しない假空の地名を使用するよう希望した（國家）

執行猶豫

太泉

企画　岩井金男
製作　星野和平
原作　小山いと子
脚本　猪俣勝人
演出　佐分利信

(1)「昔なら閣下だ」（シーン8）だとか「あ閣下御無沙汰しています」或いは「ここの社長と云うのが維新の元勲でしてなあ」（シーン35）と云うのは民主的精神に逆行する感が強いと思われるので改訂を希望した（社会）

(2)中央工業とか日清紡績と云うような実在の会社名は実在しない假空の会社名にして欲しいと希望した　斜陽族だと云う中御門公久なる姓名も若し実在しているとすれば別の姓名にして貰いたい　とにかく一応この中御門公久が実在かどうかよく調査して貰いたいと製作者側え希望した（社会）

(3)君塚弁護士は統制法を批判する場合にこれを犯す者に同情していることを明示しているか（シーン39　シーン54）これは法の存在を嚴に尊重する点から改訂を希望した（法律）

(4)君塚弁護士が多大の成功報酬を得んとして弁護を引受けたその事件のうち食管の現行犯を証拠湮滅で無罪にした話と日清紡のヤミ事件に側面工作を試みる話（シーン37　シーン47）は　これらの工作のために遂に君塚弁護士も罰せられるのであるから　これらの君塚の工作の不正であることは勿論観客には判る訳であるけれども　かゝる犯行をこの

ようにハッキリ表現することは　或る人にはこの種の犯行を指嗾する結果もあると思われる。このニつの犯行については　もう少しボンヤリとさせて貰うことを希望した（法律）

(5) 復員と云う言葉が（シーン61）に出て来るが　これは慣例により　別の言葉に改訂して欲しいと希望した（国家）

(6) 君塚たちが同窓として集まつた時蛮声を揃えて「あゝ玉杯に花うけて」の寮歌を歌い出す処があるが（シーン82）この場合ハッキリ犯罪者達の出身校が判つてしまうので一高の寮歌でなく　何処の寮歌であるか判らない歌にして欲しいと希望した　その次の場面に歌われる寮歌と終の自動車の中のシーンで涌然とわきおこつて来る寮歌も　やはり特定高等学校の寮歌でない歌にして欲しいと希望した（社会）

(7) 君塚に対して末松検事が「検事正の命令です　逃げられんかつた」と云う台詞があるがこれは厳正なるべき検事の言葉としては不可であると思われるので改訂を希望した（法律）

(8) 次に性関係　或いは風俗上の点についてであるが

イ 君塚「さあ　此方も飯にして今夜は早く寝るか　久しぶりにな」

圭子「（夫婦にだけ分る感情で）え、……でも　今日はあたし……」

君塚「なんだ……そうか……（苦笑）あゝ疲れたな……」と云う（シーン32）は

6 — 2

醜悪な感じにならぬよう充分演出上注意して欲しいと希望した（性）
ロ. 君塚「……義理のお母さんとかね……カーム……とっちから誘惑したのかね。」
中御門「僕の方が悪いのかも知れません　一緒に逃げて呉れと云うものですから　黙
って家を出てしまったんですが……」と云う辺りの処（シーン56）はつまり一人の女
に対して親子が肉体関係を結んでいることを　ハッキリさせているのであるが　この
ような醜悪な関係はもう少しボンヤリと表現して欲しいと希望した（性）
ハ. 君塚の妻圭子と中御門のラブシーンは（シーン97　シーン102　シーン103）何しろ子供
もある圭子と青年中御門が接吻したり抱擁したりするのであるから　出来るだけ醜悪
な感じを避けるように演出上充分の注意を希望した（性）
ニ. ヌ　圭子と中御門との交渉であるが　中御門が圭子の夫である君塚に対して「つかえ
火遊びぢゃないと思います」と云い　ス「私は何も幸福を知らずに暮してる奥さんを
お慰めしたかったんです」などと云っており（シーン105）そうなると　この二人の交
渉は単なる火遊びではなく　中御門は単なる色魔青年ではない訳である　が大衆には
中御門の性格が非常に難解であるために　この場合色魔青年が気の毒な人妻を慰めよ
うと云う善行を敢てしたのであると感ずる危険は充分にあると思われた　つまり色魔
青年を讃美することにもなる訳であろう　それ故倫理の面の安全のためには　前記の
中御門の台詞などを除いて中御門を単なる色魔青年とし　圭子との交渉を単なる火遊

びとする方が望ましいのであるが　製作者側では中御門は単なる色魔青年にしてしまつては　この作品そのものを全然別のものにしてしまう　やはり中御門はあくまで終戦後の一つの複雑なタイプの青年として描きたいとの芸術的意図を主張され　又主役との関係も決して中御門が善行と云う感じにはならないように演出出来ると確信すると云うことであるので　脚本の上ではこの点の演出に充分なる注意を希望することに止めた（社会、性及び教育）

（哀愁の港）
やくざブルース　太泉

企画　望月利雄
製作　田村道美
脚本　木村千恵男
演出　鈴木重吉

シーン５　キャバレー奥の二階でポーカーをやつているシーン「五百円　十円と現金がはられ賭金せり上つてゆく」「場金を一挙に倍につりあげる」　シーン９　仝上シーン「那美の手許にかきよせられる夥しい紙幣　二三枚の十円札が那美の膝に辷りおちる云々」等　余りに賭博の現場を如実にみせすぎる嫌いがある　違法であるから　画面から　場金を見せないようにして描いて欲しい（法律）

シーン21 隼夫の台詞に「北京にいた時 李と云うイカサマの名人に教えられた手をしつかつてインチキをやったと云っているか この地名 人名 ともに外国関係であり かつよくないことを明かに口にしている点 地名 人名をぼやかせて 「外地で人におそわつた」とでも直して欲しい（国家）

シーン24 那美の台詞のなかの「上海から引揚げて来て云々」の地名は 敢て必要ではないので 外地にかえて欲しい またシーン53に那美の過去を説明する台詞に「上海おなみ」とあるのも 仝様適当に代えて欲しい またシーン26 那美の台詞に「同じ大陸からの」も同様「外地」などに代えて欲しい（国家）（三ヶ所）

シーン25より その前后 隼夫が麻薬をヤミ売りしていることになっている件は止めて欲しい（法律）

配役には「元伯爵」となっているのに シーン33以后 佳子を「前川伯爵のお嬢さん」と紹介し すでになき華族制をあたかも現存の如く讃美的に劇中に使うことは好ましくない（尚シーン53にも「人気歌手と伯爵令嬢」「伯爵」とあり）（社会）（三ヶ所）

シーン79 の未定稿の（歌意のみある）歌は 是非歌詞を提出されたい旨を附言した 以上製作者側の承諾によって改訂されることになった

6 — 5

メスを持つ処女(おとめ)たち

東宝

製作　本木荘二郎
脚本　松浦健郎
監督　小田基義

附属病院手術室に於ける子宮ガン摘出手術のシーン（シーン51　シーン77）は残酷醜汚の感じにならないように演出上の注意を希望した（残酷醜汚）

(2) 地図子（女子医学生）が愛人と結婚することになるのであるが（シーン53）病室の場面で地図子の両親から　結婚を許すの電報が来て始めて結婚が成立するかの如き感じになっている　これは地図子の年令では両親の許可なく結婚が出来ると云う法律を知る人には誤解させると云う懸念もあるので　適当の改訂を希望した（法律）

(3) 君江（堀家の女中）が酒に酔って向う鉢巻でデカンショを踊り　洗面器にゲエゲエやったりするシーン（シーン71）は醜悪な感じにならぬよう演出に充分の注意を希望した（醜汚）

(4) 浅川家の洋間で純に対して末子（女子医学生）と純の母が看病するシーン（シーン78）で純の母が注射器を消毒することになっているが　この消毒は末子がすることに改めて貰いたいと希望した（法律）

拳銃の前に立つ母

大映

製作　中代富士男
原作　川口松太郎
脚本　館岡謙之助
演出　小石栄一

シーン30　警察署の中に出て来る大野司法主任は　大野捜査主任と改めて貰う（法律）

やはり警察署の中のシーンで「何でもモルヒネはかり打つてそつて噂です」のモルヒネ及び（シーン33）地下室の中のシーン「あんなモヒ中は云々」の春吉の台詞があるが　そのモヒ中は麻薬でないものに改めて欲しいと希望した（法律）（二ケ所）

倉庫の地下室で健二が裸体の女の画をニタリニタリと見ている処　余り卑猥の感じが強くならないように演出上の注意を希望した（風俗）

（シーン82）アトラスの二階

お雪「お前サブをサシたのかい」

うなだれる繁　ハッとする俊枝

お雪「サシたんだね」

繁うなづく

お雪「どうして仲間を売ったんだ！」

と云う処　これでは全然お雪は悪漢共の仲間になっている感じである　その感じにならな

6―7

いように台詞の或る部分に改訂を希望した（法律）

ジルバの鉄
東横

企画　柳川武夫
製作　マキノ満男
原作　梶野真三
脚本　黒沢明
〃　棚田吾郎
演出　小杉勇

全体的に問題はないが　主人物であるジルバの鉄が　半は冗談まじりに「ヘン　たかゞ百五十噸の機帆船ぢやねえか　底抜けバケツを小指でひつかけるよか造作アねえ……俺アね　社長さん　シヤムの総理大臣から頼まれてよ　デッケエ軍艦一人で引揚げたことがある　だから……」とある特定外国名を出すことは好ましくないので「ある外国の」位にして貰うことにした（国家）

6—8

肉体の白書

新映画

企画　佐藤肇
製作　篠勝三
原作　雪吹周
脚本　山本嘉次郎
〃　　高柳春雄
演出　志村敏夫

製作者（篠勝三氏）は此の映画を以て「パンパン」は汚いものであり　人が寄りつかないようにしたい人種であること　及び性病の恐ろしさの二つを主張したいと云う　その意図は誠に結構で賛成であるが　尚

①パンパンを讃美した感じが残るので　この点留意して演出されたいこと（性及び法律）

②子供には見せられない映画のように思えるから　この点を考慮されたいこと（演出者は親子で揃って見て　性教育の参考となるよう　えげつなくないように演出すると意志表示した（教育）③全体として人生の隠すべきことをわざと掘起して　その暴露に興味を持つと云う感じがするが　これは製作者の意図と違うようである（性）（製作者は女の生態よりも　製作意図の方を強く出すつもりであると確約した）の三つについて希望を述べた

尚細かい点で次の点を注意してもらうことにした

1. 梗概中の「シベリヤ」より帰っての「シベリヤ」を削ること（国家）

2 シーン1「急所を蹴り上げ」の文字を削ること（醜汚）

3 シーン9 オシッコする演技は単なる話にする（醜汚）

4. シーン10 「バタフライ（演色的意味）」の言葉の使い方 注意して表現する（風俗）

5. シーン11 ペニシリンを薬局で打って貰うことは薬局へ行けは誰でも注射して貰えると云う観念を教えるので止めること（法律）

6 シーン12 「オトシマエ」「ラツ」の隠語は止める 「オシン」は好い（法律）

7 シーン19 「ラツ」及び「ヤキ」の隠語は止める（法律）

8 シーン30 注射の件は演出上●注意（法律）

9 シーン50 「御意見無用」の刺青は止める（法律）

10 シーン74 その位のこと 堅気の奥さんや娘さんだっていくらでもやっています」は夫婦生活の否定と云うようにとられぬよう念のため多少何か言葉を補促して表現されたいこと（性及び教育）

審査集計

※希望事項総数……………………九六

規程條項	一 國家及社会
関係脚本題名及希望個所数	「毒牙」(1) 「青春デカメロン」(1) 「千里の虎」(2) 「殺陣師段平」(1) 「七妖星」(1) 「井伊大老」(5) 「海を裂く女」(3) 「復活」(6) 「千丈ケ嶽の火祭り」(1) 「執行猶予」(5)
集計	36

c—1

1	2
國家及社会	法律
「熱砂の白蘭」 (1) 「やくざブルース!」 (7) 「ジルバの鉄」 (1) 「肉体の白書」 (1)	「毒牙」 (1) 「殺陣師段平」 (1) 「七妖星」 (2) 「城ケ島の雨」 (1) 「海を裂く女」 (2) 「復活」 (1) 「執行猶予」 (3) 「メスを持つ処女達」 (2) 「やくざブルース」 (2)
	25

C—2

2	3	4	5
法律	宗教	教育	風俗
「拳銃の前に立つ母」(4) 「肉体の白書」(6)		「毒牙」(1) 「七妖星」(1) 「井伊大老」(5) 「執行猶予」(1) 「肉体の白書」(2)	「青春デカメロン」(1) 「十里の虎」(1) 「海を裂く女」(1) 「復活」(1)
	0	10	7

c—3

5	6	7
風俗	性	残酷醜汚
「熱砂の白蘭」(1) 「拳銃の前に立つ母」(1) 「肉体の白書」(1)	「毒牙」(1) 「海を裂く女」(3) 「執行猶予」(4) 「肉体の白書」(3)	「毒牙」(1) 「七妖星」(1) 「千丈ケ嶽の火祭り」(1) 「メスを持つ處女達」(2) 「肉体の白書」(2)
	11	7

c—4

○調査上特に協力を得たる官庁団体

○外務省調査局第四課

○引揚援護庁復員局復員課

○最高検察庁

○東京高等検察庁

審査映画一覧

審査番号	題名	製作社名	巻数	呎数	備考
六一	われ幻の魚を見たり	大映	十二巻	九五五六呎	
九二	細雪（ささめゆき）	新東宝	十五巻	一三六三八呎	
一二四	毒牙	東横	九巻	七五八八呎	
一四六	醜聞（スキャンダル）	松竹	十一巻	二八六一米	
一四七	怒りの街	東宝	九巻	九四五五呎	

C—5

番号	題名	製作	巻数・長さ	備考
一五二	一谷嫩軍記 熊谷陣屋 生田森の場	プレミア	十二巻 約一〇、三四〇呎	歌舞伎記録映画
一五五	熱泥池（ねつでいち）	新東宝	十一巻 九、一二八呎	
一五七	お富と与三郎（後篇）	松竹 新演伎座	八巻 六、四四一呎	
一七二	素晴らしき求婚	東宝	八巻 七、二九〇呎	「求婚の特許」の改題
一七六	母	松竹	九巻 二、五〇六米	
一八二	東京ルムバ	太泉	九巻 七、八三二呎	
一八三	獅子の罠	東横 大洋興行	十二巻 一〇、三〇〇呎	
一八五	美貌の海	大映	十巻 八、〇七〇呎	
一八六	ペ子ちゃんとデン助	松竹	八巻 二、一九一米	
一九七	いれずみ判官 落花対決の巻	東横	九巻 七、八〇〇呎	
二〇二	兇鷹（コンドル）	大映	九巻 六、九〇七呎	
二一四	青春デカメロン	新東宝	八巻 六、六〇〇呎	

E-一三八	南海の情火	南海映画	六巻	五二〇〇呎	
E-一二九	天然痘	日映	一巻	六二六呎	大阪市衛生局企画
E-一三〇	天皇陛下をお迎えして	日映	一巻	八三八呎	日新化学(株)企画
E-一三一	あの山この水	日映	三巻	二四五七呎	東京都水道局企画
E-一三二	ポンせんべい	日映	二巻	二〇七五呎	労働省企画
E-一三三	伸び行く佐賀	日映	三巻	二四五八呎	佐賀県企画
E-一三四	奈落の舗道	大阪映画人集団	三巻	二、一一七呎	
E-一三五	こどもグラフ第六号	日映	一巻	七七三呎	
E-一三七	こんこん鳥物語	東宝教育	四巻	二、六一六呎	
E-一四〇	三十三号電話室	科学映画社	二巻	二、〇〇〇呎	電気通信省企画
N-一四四	日本スポーツ 第四四号	日映			

C-7

N-四五	日本スポーツ 第四五号	日映		
N-四六	〃 第四六号	〃		
N-四七	〃 第四七号	〃		
P-一〇〇	ムービータイムス 第一〇〇号	プレミア		
一〇一	〃 第一〇一号	〃		
一〇二	〃 第一〇二号	〃		
一〇三	〃 第一〇三号	〃		

映画審査概要

○ 怒りの街 （東宝）

（シーン92 銀座裏）

与太者の子分「須藤だな」

須藤「君は？」
与太者の子分「畜生ッ素人娘ばかり狙いやがって だませねえようにしるしつけてやる」
須藤「あッ――（うめき声）」
以上は与太者を讃美しているように感じられるので カットを希望し実行された

○東京ルムバ（太泉）

ストリップショウの場面 風俗上の点でカットを希望し 実行された

○毒牙（東横）

私刑のシーン（一夫と三人の子分が交々鞭をふるってリンチするカット）残酷にすぎる為処理を希望した

○お富と与三郎（右篇）松竹（新演伎座）提携

お栄の脱衣下半身のショットを除いて貰った
なお製作者側の都合により他に部分的に切除された旨申添えられた

c―9

○青春デカメロン　（新東宝）

「アメリカへ招聘される云々」の台詞のある件　特に外国名を具体的に表現する必要のないものと認め　ナンセンスな喜劇であり　その前後にコルサコフ病院など云う言葉にと（ひっかけての台詞）脚本に於いて希望した通り除いて貰った。

○禿鷹（コンドル）　（大映）

第四巻廊下及地下室（私刑のシーン）二ヶ所三三呎残酷な感じであるので削除を希望し実行された。

なお脚本に於て天心園の園長の言葉に慈善事業とあるを　社会事業と訂正を希望したのが慈善事業のまゝになっている　しかしこの場合　この天心園の園長は実は悪人であるし　前後のこの箇所の描写からしても慈善事業のまゝでも先づ悪い影響はなしと認めそのまゝにしておいた。

○獅子の罠　（東横）

（シーン146）「本事件唯一の直接証拠たる眞犯人の任意自白云々」の彦作の科白〝唯一〟は除いて貰うよう希望してあったのがそのまゝになっている。しかし　この場面の演出

C—10

はこの「唯一の」をそれ程ハッキリ感じさせてはいけないので　そのまゝにして置くことにした。

宣伝広告審査概要

宣材種類	題名	理由
プレスブック（一）	美貌の海「大映」	①新聞文案二の「恋と肉体の十字路——数々悶える五ツの女体——大井喬が描く情痴の真髄に於ける"女体"は好ましくないと云へるが適当な他の語句もなくこの二字を生かすことゝした。 ②文案2の十一文例〝激しき恋の俘虜か肉体のうずきか——外は注意を行つたが大映側より「この文案を使用しない」旨の返答あり諒解した。
通信広告（一）	インパール作戦「松竹」	広告文案中の「日本公開許可」の文字は未だこの映画が関係当局より正式公開許可となつておらずよつて文字の削除を松竹に希望した 松竹宣伝部長より至急処置する旨返答あり

○プレスブック　一件　○通信広告　一件

C—11

各社封切一覧

封切日	審査番号	題名	製作社名	備考
松竹				
四月二十三日	一一二	お富と与三郎 前篇	松竹 新演伎座	
三十一日	一四六	醜聞（スキャンダル）	松竹	
五月七日	一五六	お富と与三郎 後篇	松竹 新演伎座	
十四日	一七六	母	松竹	
東宝				
四月二十三日	一三二	エノケンのそこ抜け大放送	新東宝 エノケンプロ	
二十九日	八六	海のＧメン 玄海灘の狼	新東宝	
五月七日	一七二	素晴らしき求婚	東宝	
	一〇五	続向う三軒両隣り どんぐり歌合戦	新東宝	
十四日	一四七	怒りの街	東宝	

C－12

月日	番号	題名	製作
大映			
四月二十三日	一八七	狸銀座を歩く	大映
二十九日	一八五	美貌の海	大映
五月六日	一六一	われ幻の魚を見たり	大映
十三日	二〇二	禿鷹（コンドル）	大映
東映			
四月二十二日	一九一	いれずみ判官 落花対決の巻	東横
三十日	一二四	毒牙	東横
五月七日	一八二	東京ルムバ	太泉
十三日	一八三	獅子の罠	東横
新東宝			
四月十九日	一三五	女医の診察室	新東宝
二十六日	一五九	戦後派（アプレ）親爺	新東宝

C―13

五月一日	一五五	熱泥池	新東宝	
九日	二一四	青春デカメロン	新東宝	
	一〇三	処女宝	新東宝	再上映
十七日	九二	細雪（さゝめゆき）	新東宝	

映画倫理規程審査報告　第十一号

昭和二十五年五月廿八日

発行責任者　野末駿一

東京都中央区築地三ノ六

日本映画連合会

映画倫理規程管理部

映画倫理規程審査報告

第 12 号

12

映画倫理規程

審査報告

25.5.19 〜 6.18

-3.

日本映画連合會

目次

審査脚本一覧

社名	題名	受付月日	審査終了日	備考
新東宝	ビルマの竪琴	三、一	五、一八	
太泉	哀愁の巷 やくざブルース 自主改訂版	五、一六	五、一九	
シネ・アート	大佛紐育へ行く	五、一五	五、一九	
大映	拳銃の前に立つ母 自主改訂版	五、一六	五、一九	
プレミア映画	菅原傳授手習鑑 作生の里・寺小屋の場	五、一九	五、二三	
ラヂオ映画	裸スター殺人事件	五、一七	五、二四	
東宝	恋しかるらん 自主改訂版	五、二〇	五、二六	
東宝	女三四郎	五、二〇	五、二七	「濡れた拳銃(コルト)」と改題、更に「女三四郎」と元に改題
新東宝	有頂天時代	五、二四	五、三〇	
大映	轉落の詩集	五、二六	五、三〇	

a—1

新東宝	君と行くアメリカ航路	五・二九	五・三一	「アメリカ通いの白い船」の改題
松竹	新妻の性典	四・二八		
	改訂版	五・一八		改訂第二稿
	改訂版	五・二二	五・三一	改訂第三稿
太泉	突貫・裸天國	五・三〇	六・二	
新東宝	泣くな小鳩よ	五・三〇	六・二	
芸研プロ	アルプス物語 甦る野性	五・三一	六・二	
新東宝	鞍馬天狗 大江戸異変	五・三一	六・二	
新東宝	宗方姉妹	四・五	六・七	
大映	海賊島	六・六	六・八	
松竹	てんやわんや	四・三		
	改訂版	六・七	六・九	改訂第二稿
シネ・アート	裸の天使	五・一七		

◎新作品……二四

シナリオ数　三四（内改訂版一〇）

会社	題名	受付	審査終了	備考
	改訂版	六、八	六、一二	「汚れなき裸体」の改題、改訂第二稿
大映	東海道は兇状旅（いそぎたび）	五、三一		
	改訂版	六、一〇	六、一二	改訂第二稿
大映	羅生門	六、八	六、一二	「盗賊と美女」の改題、改訂第二稿
松竹	恋に泣く頃	六、七	六、一二	プロット「泣くな小鳩よ」改題
松竹	無頼漢（ならずもの）自主改訂版	六、一二	六、一四	「暴れ者（あばれもの）」と改題更に「無頼漢」と元へ改題 改訂第二稿
ラヂオ映画	新説 佐渡情話	六、一二	六、一五	
松竹	接吻第一號	六、一四	六、一六	
松竹	エノケン・ロッパの彌次喜多（前篇）	五、二二	五、二四	
全	ヴギウギ道中 自主改訂版	六、五	六、一二	
全	歌へば天国の巻（後篇）	六、五	六、一二	

内訳

松竹、一一（内改訂五）　東宝、二（内改訂一）

大映、六（内改訂三）　新東宝　六

太泉　二（内改訂一）　シネアート　三（内改訂一）

プレミア映画、一　ラヂオ映画、二

芸研プロ、一

○審査シノプシス……一五

内訳

松竹、一、　大映、六、　新東宝、一、

東横、五、　太泉、一、　芸研プロ、一、

a—4

脚本審査概要

ビルマの竪琴	新東宝

製作　井内久
原作　竹山道雄
脚本　和沢村勉
演出　田阪具隆

この作品の中心となる草野隊の隊員の一人水島が、やむを得ざる事情によって隊を離れ、隊と共に行動出来なくなる。その間に、各地の人跡まれな樹林のなかや、河岸に戦死した日本兵の屍体が放置されたままになっているのを見て、その慰霊の決心をする。その行動はたたえらるべきであるけれども、ただここに別の問題が起ってくる。

つまり敗戦となった現在、水島はその身柄を捕虜として収容所に入れらるべき位置にあるものであって、彼のこの決意とそれを実践してゆこうとするこれからの行動は、自然みづからの身柄を脱走として扱われざるを得ないことになる。國際法によれば中立國に脱走入國した場合は自由の身として、自由に行動出来るようであるが、ここでは背景はビルマであり、占領國側に当るから、水島の身の處しかた、及び旧草野隊員たちの水島に対して何らそれに触れるところなきは、違法とみない訳にはゆかない。よってこの作品に於けるが如き劇のはこびかたをしてゆくためには、その違法である点を十分考慮し、何らかの配意を製作者側に求めたいと思う。（勿論この水島がいつかは捕るかも知れないが、それまでの間でも慰霊をしてゆきたいと云ったような違法を自覚している型、或いは草野隊の方で、水島の身柄をそう云うものとして観客に印象づけるとか、色々な方法はあろうと思う。これは単にその例としてあげたまでであって　かくのごとくされたいと云うのでは決してない）。（法律）

その他の点では規程の面からは、勿論問題とすべきものはないと思はれるが、この作品はビルマにその劇的背景をとり、イギリス兵、グルカ兵、インド兵、カチン族等の外國人が現われてくるから、当該関係國よりの承認を製作者側に於いて求められたい。またこの中に（例えばシーン117の慰霊祭などに）イギリスの國旗などが使用されるときは、これもその使用承認を前もって得ておかれたいことを希望する。

この作品全体のもつ高貴なヒユウマニスティックな狙いは、勿論よくうなづけるところであるし、原作は読むものとしてそう云う深い感動を人々に与えたものと考えられるが、これがひとたび見るもの、聴くものとしての映画となった場合に、特にこの映画にとりあげられる歌曲の素朴なる陶酔美は、戦争に対するきびしい批判と否定の精神とをいくらかでも弱めるようなことのなきよう。この点特に切望してやまないものである。

哀愁の港 やくざブルース 自主改訂版	太泉

当方の希望條項にしたがい、かつ自主的にも改訂された第二稿本

希望事項なし。

大佛紐育へ行く	シネ・アート・アソシエート

原作　清水正二郎

脚本　中川順夫

これは一種の夢物語であって、大佛を使って社会諷刺を試みた映画の脚本であるが、シーン101の大佛渡海のことが、ライフやエスカイヤ等の有名誌に載ることは、假空の雑誌と云うことにして戴く。（国家）

シーン102以下、シーン111まで、外國に大佛渡海のポスターが貼られる所は、特定の外國、（例えばアメリカとか巴里とか）を明示せず、何となく、何處かの外國と云うことにして

戴く。(國家)

また、シーン102の母と子供の詞白はアメリカ人でなく表現して戴く。(國家)

尚、題名の「紐育」は実際には「紐育」へ行かず、且つ紐育を誹謗しているわけではないので、夢物語映画として差支えないものと考へる。(慎重討論の結果、外國名について、この映画の如き場合には、それほど神経質になる必要はあるまいと、審査室の意見が一致した。)

尚、このシナリオの冒頭には次のようなタイトルが挿入されている。

「この物語は奈良、東大寺の大佛の物語ではありません。若しこのような大佛が別に発見されたなら、こゝに物語られるようなドラマが現実として発展して行ったかも知れないと考えられる物語――」

拳銃の前に立つ母 自主改訂版	大映

製作 中代富士男
原作 川口松太郎
脚本 舘岡謙之助
演出 小石栄一

(1)、シーン25、アトラスの店、

a―8

健次「仲間の仁義に外れやがったんだ」

お雪「そいつはいけないねえ、立ち廻って来たらすぐ突き出してやるよ」（社会）

又（シーン33）のアトラスの店の場面でも、お雪は密造酒の売買をする仲間のために、仁義を守る女になっていて、この場面の台詞は全部その仁義の話ばかりである（社会）

更に（シーン65）アトラスの二階の場面にも、お雪は仲間のことを警察え密告した青木に対して、

「どうして仲間を売ったんだ！」

「馬鹿野郎、仲間を売ってまでずらかりてえのか、それが男のする事か、歯を喰い縛っても守ってやるのが男だぞ、そんな根性では堅気になったって、まともな人間になれるか！」

と云う台詞がある。（社会）

以上の台詞は何れもお雪が正しい人間である以上は、やくざ者の仲間と見られないように、改訂、或いは削除が必要であるのでそのように希望した。

(2)、シーン31、警察の中、毛利と云う刑事がお雪に云う

「ママの店え転り込むとは仁義を知らない奴だなあ」（社会及び法律）と、

「大目に見て置くところもあるんだから、こんな時には力を貸して呉れても　いいだろ。

う」（社会及法律）

又シーン38、大野刑部がお雪に云う、

「そうは云わせないぞ、闇の酒を売っていては、あんまり大きな口はきけまいて　たまには御用を云々」（社会及法律）

以上は何れもお雪がやくざの仲間ときめている点からも、又警察官の態度としてもよろしからず、改訂或いは削除を希望した。

(3)

シーンが、倉庫地帯、三郎が母のお雪に、

「親なぞいらねえ、親だと思うと殺してやりたくなる、いらねえッ」

と云うのは自分の犯行を、親と別れていたからと云うことに、つまりお雪にだけ責任を負わせると云う感じがあり好ましからず改訂或は削除を希望した（社会及び教育）

菅原伝授手習鑑 寺小屋 芹生の里・寺小屋の場	プレミア映画

製作　H・J・ウォーカー

原作　近松半二外

演出　マキノ正博

舞台の実字映画である、中村吉右エ門一座によって上演される歌舞伎の演技を後世に伝えるため、完全にフイルムに収録する企画の下に製作されるものである。よって歌舞伎上演の時の審査標準に従ってそのまゝ諒解することとした。

裸スタア殺人事件	ラヂオ映画

製作　今村貞雄
脚本　岡田　豊
演出　恒吉忠康

ストリップショウをやっているオリオン座、とあるが実在の映画劇場があるから　適当な假空名に改めて欲しい（社会）

恋しかるらん（自主改訂版）	東宝

製作　三木光明
原作　北條　誠
脚本　斉藤良輔
　　　鈴木兵吾

シーン２〃北京へ行く途中……〃の北京は止める（国家）

シーン６〃最高裁判所の検事〃と云うのは変であるので〃東京地検の検事〃と改める（法律）

シーン43　東京地方裁判所の場面で　過失致死罪で懲役になるのは変である（刑法二百十条で一〇〇〇円以下の罰金）から適当に考慮していただきたい（法律）　尚法廷の場面の演出は正確に願う

（尚　東宝側に於て　東京高検稲川検事の指導により　法律関係の正確を期した旨　報

a—11

告があった）

女三四郎	東宝

原作　小山内雅雄
脚本　渡辺邦男
演出　渡辺邦男

（女三四郎を濡れた拳銃にこれを更に改題）

「女三四郎」と云う題名は慣例により別のものに変更を希望し　製作者側に於て「濡れた拳銃」と題名された

花本と云う待合の一室で　鈴木の台詞に「私だけが　検事局（云々」とあるが　検事局は現在の名称ではないので　然るべく改訂を希望した（シーン9）（法律）

鈴木商事（鈴木の部屋）　シーン76　麻薬が入ってます」「麻薬の密売云々」の「麻薬」は止めて貰いたいと希望した（法律）

題名に関して

「濡れた拳銃」の題名は「女三四郎」の改題であるが　これは「女三四郎」が慣例により　好ましからずと云うことで担当専門審査員が　別の題名に変更することを希望したので　製作者側において　そのように改題　そして五月二十八日の映画倫理規定管理委員会においてこれを認めたものである

a—12

しかるに其後六月二日　製作者側において　都合によりこの「濡れた拳銃」を更に元の「女三四郎」に変更したいと云う題名変更届が提出されたが　これは倫理規程管理委員会において、一度認められた後に提出されたものであるので考慮の結果六月八日の倫理規程管理委員会に於て変更の承認を求めた。その結果「女三四郎」と云う題名は慣例よりして好ましからずと云う以外には倫理規程の面において「女三四郎」の題名に変更しても好ましからざるものとなる懸念なしと云う点から　出席者は「女三四郎」の題名を認めることを諒解した

有頂天時代	新東宝

製作　竹井諒
脚本　山下与志一
演出　毛利正樹

シーン92　の海岸で海女が出るが　猥褻にわたらないように表現を希望する（風俗）

転落の詩集	大映

製作　須田鐘太
原作　石川達三
脚本　館岡謙之助
演出　加戸敏

司法主任室と司法主任が　この脚本の各処に出て来るが　司法主任と云うのは現在の名称

a—13

でないので　然るべく改訂を希望した（法律）
美代「そうよ　私は泥棒よ　あんたはパンパンさ」
町子「自分の体で自分が稼ぐんだ　大きなお世話だよ　泥棒よりやましじゃないか！」
（シーン61　キャバレーの中）
町子の台詞はもう少し穏かなものにして貰いたいと希望した（性及び法律）
区裁判所の法廷（シーン79）とある簡易裁判所と改訂を希望した（法律）　又そのシーン
で検事の論告の中に「理性と感情の分裂せる行動は　終戦後の混沌たる世相を反映せる所
謂戦後派女性の通有性であります」と云う処があるが　戦後派女性の通有性と云うのは検
事として少しく云い過ぎの感があるので〃何んとか然るべく改訂して貰いたいと希望した
（社会）

君と行くアメリカ航路 「アメリカ通いの白い船」改題	新東宝

製作　野口久光
原作　赤坂長義
脚色　長谷川公之
演出　島耕二

シーン13　〃上海じゃ女泣かせの瀬さんで通ってたんだ〃の〃上海〃は特に必要と思わ

2—14

れまいし　慣例に依り削除又は他の表現にして戴く（國家）

新妻の性典

松竹

製作　石田清吉
原作　小糸のぶ
脚本　斎藤良輔
　　　光畑碩郎
　　　橋田壽賀子
演出　大庭秀雄

1　題名について　この題名は勿論前作「乙女の性典」につづく連作の一篇として企画されたものであり　それによってかく名づけられたと見るならば　前作の場合と同様に商業主義的なセンセエシヨナリズムに走りすぎた嫌いなしとはしまい　しかし前作がかく公開された以上　また原作小説が雑誌（平凡）にこの題名で載り　提携された企画とする以上　このまゝで認めることにした

2　この映画は　結婚適齢期の男女に正しい結婚の意識を与へるために作られるものであるなら　こゝにとりあげられる二つの結婚のケースは　余りに特異な場合であり（殊に雪江の気持など）あるひは直也と佐和子の場合も　佐和子の過去の過失の説明不足のため　これも偏つたケースとみられ　かゝる二つのケースに対して　製作者側が云う正しい結婚にめざめさす雪江の姉夫婦の場合は　殆んど量的にも説明が少なく両者対照の意味と均衡とを果していないため　このようなかたちでは　はたして正しい結婚をこ

とに精神と肉体との合一と云う意味での結婚　或いは女性と貞操の問題など　十分ただしく観客にをっとくがゆきかねて　結局　歪められた　或は封建的な在来の男女観の批判にならぬ恐れがある（社会及び教育）

3.　ここに現われる直也・や浩は　女性に対して在来の封建的なにおいをもった考えかた言動を無批判に肯定している人物として描かれていて　それに対する批判は　まことに弱い　かゝる企画の作品であるならば　せめて女性を男性と対等においてながめ描かれることが好ましいのではないだろうか　封建的な女性観をもつ男が現われるならば　それは批判さるべき人物として描かるべきではないだろうか　これが新憲法による結婚の解釈だと思う（社会及び教育）

4　「君の体がすでに汚されていたなんて……」とか「結婚前に処女を失ったり」とか云う在来の日本の貞操観念は　まさに封建的な男尊女卑にたつ慣習的な女性観であり　これは日本映画において正しいとりあげかたのされねばならない問題であるが　この観念がこの映画では重要な劇的モメントとなるにかゝわらず　解決されずに終っている（社会及び教育）

5　佐和子の過去の過失（それは　この場合はたして本当に過失と呼ぶべきか否かに問題があろうが）の説明不足は前にふれたが　佐和子の七年前の回想として出てくるシーン11より12にいたる描写だけでは　これがのちに結婚に対して重大なはたらきをするだけ

a—16

の十分な説明がされていない為　佐和子とこの男（雪江の兄）との関係が　相愛では
あるが　まだ肉体関係にまで佐和子の気持がすゝんでいないのに男によって合意をえず
強要されたのか　或いは　戦争に明日出てゆくと云う切迫感から男が無理無態にそれほ
どの間柄でもなかった佐和子を汚したと云うのか　何れとも分りかねる　勿論これは演
出者の演出によって　いづれかに描写出来ることではあろうが　これが不充分なままで
は　結婚や貞操に対して佐和子のいだく考えかた自体をあいまいなものにし　ひいては
全体が企画にのべられるような目的を観客に果さないことになり　たゞセックスをとり
あつかったセンセエショナリズムの映画にのみ終ることになって　我々としては　好ま
しくない作品になってしまうこととなる（性　社会及び教育）

6.　佐和子の過失を　ただ〈戦争のため〉だとするのはこゝでは安易な劇的方便にしかす
ぎなく　かゝる態度で戦争をとりあつかうことは　問題が問題であるだけに好ましくな
い　シーン11より12　及びシーン40　42の雪江の兄を　士官服で出すことも考えて欲し
いと思う　シーン45の「雪江の兄の帰隊の日である――歌っている人たちにかこまれ
て兄が出てくる」に始まる送別の行列　歌の合唱は止めて欲しい　旗その他　過度な戦
争想起はこの際止めて戴きたい（国家）

7　シーン17　の小料理屋のおかみは　直接的には売春媒介をやってはいないが　間接的

に岩や直也に二人の間の女をしめし　すすめている　これは好ましくない性及び風
俾い

8. シーン20　岩が洗面所で「女中のお尻をポンと叩いて　文や　いゝ体になったな」と雪江へのいやがらせを云う件　お尻を叩くのは　肩とか　或いは他の場所にして欲しい
（風俗）

9　シーン48で直也が「佐和子を追いかけ　その頬を打つ」とある件　もし直也が封建的な人物として　こゝに出てくるのなら　これでもいゝが　むしろ反対の人物として出さなくてはこの結末はつかないだろうから　それならこの頬を打つのは止めて欲しいと思う（「宗方姉妹」「恋愛行進曲」（新東宝）などのそれぞれの場合を参照されればこの判定はいっそう明らかになるであろう）（社会）

以上の各項についての希望を述べて容れてもらうことにした

改訂　第二稿

当方の改訂希望にしたがって　改稿された第二稿が提出されたが　全体的に云って　結婚と処女と云う日本在来の貞操観念に対する批判は必ずしも充分に達せられたとは云えないが　これ以上の希望は審査の限界を逸脱する恐れがあるので　これにとどめたいと思う

貞操　処女と云った女性に対する男の封建的な要求は　なおこの脚本及び演出に際して深甚な関心を求めておきたいところである　そういう点から　例えば

シーン11　ホテルの部屋　直也の台詞に「君の体がすでに汚れていたなんて……そんな」とか（社会）　或いは

シーン40　雑誌社　浩の台詞に「君がどうしても佐和子さんを許さなければ　俺があの人を拾ってやる……云々」と直也に云っている「拾ってやる」と云う男尊女卑の言葉（社会）

シーン64　山下屋ホテルの階段　直也の台詞　佐和子に「身体は汚されていても云々」（社会）　など別の表現であって欲しいものである　これらの点は以上にとどまらないことを念のため申添えて考慮されるよう希望した

a—19

部分的には　シーン13　納屋　入口に男の姿が現われる　士官とある二箇所（画家）（二ケ所）　またシーン57　回想の林（七年前）の士官（画家）　これらはすでに第一稿本に於いて注意を希望した箇所である

シーン18　小料理屋　女Eの台詞のなか「おにいさん　あそばない……お安くしとくわよ」は売春行為を明示しすぎるので「お安くしとくわよ」は省略して欲しい（性及法律）

なおこれにつけられた梗概は余りに内容とちがっているので　内容に忠実な梗概に訂正して欲しいことを希望した

改訂　第三稿

第三改訂稿は当分の希望に従って改稿されたものであるが　一部分はこの改稿以前に撮影ずみの箇所があり　また僅かではあるが　十分希望に副いえぬ箇所も残っているが　これらは完成映画に於いて当方の希望をのべ協力して貰うことにまった

突貫裸天国　太泉

脚本　安嶋太郎
演出　大谷俊夫

これは喜劇映画であるが　余りに過度なナンセンスや逸脱のないよう　また画面になつて見なければ　決定できかねる動きもあろうと思えるので　演出に注意を乞い　完成映画に於てなお検討を約した

泣くな小鳩よ　新東宝

製作　望月利雄
脚本　佐谷流平
演出　毛利正樹

「学徒出陣」と云う言葉が　梗概に一ヶ所　シナリオに二ヶ所出てくるが　この言葉はややヒロイックなニュアンスもあり　この場合は　他のものに代えて貰うことになった（國家）（二ヶ所）
なお　歌詞が未提出であるので　これは後に出して貰うよう約した

あ—1

アルプス物語 甦る野性	芸研プロ

製作　熊谷久虎
脚本　新藤兼人
演出　熊谷久虎
　　　沢村勉

鞍馬天狗 大江戸異変	新東宝 綜芸プロ 提携

製作　竹井諒
脚本　友田冯二郎
　　　鏡二郎
演出　並木鏡太郎

希望事項なし

東京に現われた倉田典膳（実は鞍馬天狗）が　世は民主時代であり　武士の特権意識は時代後れだと言って　自ら両刀を捨て　浮浪児の更生を計る話であって　所謂勤王佐幕の鞍馬天狗ではないので　その点は諒承した　従って〝鞍馬天狗〟なる傍題は小さく書くことを希望した　それから浮浪児も敢えて現代の浮浪児を彷彿させて現代と明治初年とを同視する如きは止めるよう希望した（国家社会及び法律）

シーン1　上野戦争の錦絵は敢えて残虐なもの　勤王佐幕を明らかに表す如きものは止めるよう希望（残酷及び国家社会）

シーン48　〝宮さん宮さん〟の音楽は歌詞を出さぬこと（国家社会）

シーン22　浮浪児のセリフで〃兄貴〃と云うのは殊更現在の浮浪児の言葉使いと似ている
ので変更を希望（國家・社会及び法律）
シーン28　徳兵エが子供を殴る所は　表現上残酷にならぬように希望（残酷）
シーン73　ボロ切れを徳兵エと　おぬいの口に押込むところは残酷にわたらぬよう希
望（残酷）

宗方姉妹	新東宝

製作　児井英男
〃　肥後博
原作　大佛次郎
脚本　野田高梧
〃　小津安二郎
演出　小津安二郎

大佛次郎の小説より脚色されたものであるが　この脚本に於て　次の如き三ヶ所が懸念されたが　製作者側との数次の懇談によって下の如く決定した

第一に「大連」の地名が出　かつ別のところでその大連の思い出として、星ヶ浦の海辺、のこと　手風琴のうまい白系露人のことなどが対話の話題になる　この大連と云う外國地名は満洲とか　ハルピンとか或いは旅順とか云う日本の軍國主義時代の関連ある地名と異り　この「大連」によっては何ら直接そう云う聯想をよびおこさないし　かつ対話の上でのべられる思い出にしても　懐しみを以ってその風光が語られるに止っている点問題なし

ト—3

ところでここでは認めることにした
次に「満鉄」と云う固有名詞が出てくるが　映末はかかる言葉は　日本の軍閥主義　侵略主義時代に密接に関連ある言葉として　不必要に使用されないよう特に注意して貰い　きるべくかかる場合善處して貰うことになっていた　ここでの使われかたは　亮助の父がへ忠親じかつて在職し　そのために現在追放の身分になっていることの暗示説明として　昔満鉄にいたとき人にすすめられて読んだ本といった表現がされるに止まり　必ずしも好ましくない影響あるものとのみは云えないし　かつ　この人物が京都に閑居していることのひとつの説明材料ともなっているので　これも製作者の責任に於いて　このまゝ認めることにした　これがもし終戦まで満鉄に勤めていて引揚げて来たのだとか　満鉄に附随して想像される軍の特殊機関に動らいていたとか　かかる直接的な表現であるならば　それに対して批判的なとりあげかたが　十分になされねばならないであろう　またとりあげかたは観客えの影響を考え　十分慎重であるべきこと勿論である　けれどこの作品に於ける場合は　如上に引用した如きものであるので　先例としてではなく　かく処置したのである
次に節子の父亮助が怒り泣くで節子の頬を殴けてなぐる件がある　決末これは封建的な女性観のあらわれとして訂正されることを希望してきたことであるが　ここでは亮助が批判さるべき男としてかかる行動もその批判の対象として取りあげてしかるべきと考えられこれはこゝまゝにして貰うへこの作品と前後して男が女の頬をなぐるシーンがいくつか出

てきた 個々の場合を参照して貰えると幸いである 如何なる場合 我々は認め 或いはこれを止めて貰ったかと云うことを）

次に満里子と節子との会話の中に 前島の前身を「特攻隊」として説明され それが時代批判の材料となってい別の処で満里子はこの前島と酒を飲みながら「特攻隊」と呼びかけている件 これは製作者の時代批判として 時に批判の首尾がとどめえられているのでこの言葉も将来なるべく不必要に取り上げたり 特攻隊自体をあげつらったりしない慣例になっていたが この作品ではこの内容と批判との両方からみてこのまゝにして貰うことにした

以上の外には問題とすべきものはない なおこれらの点については完成映画について更に確かめてみたいと思う

海賊島 大映

製作 平尾善夫
脚本 倉谷勇
演出 安田公義

海賊の本拠の一室で女頭目がさわりを鞭うつ処（シーン84）（残酷）又廊下（シーン86）で海賊の神戸と云う男に五郎と云う少年がひっぱたかれる処（残酷）いづれも残酷な感じにならないように演出上の注意を希望した

浮浪児五郎は売薯に協力して活躍しているが　このような浮浪児に何んの批判も与えていないことは　教育上の点において難点とも感じられるので　脚本の何処かにその点の補足を希望した（教育）

てんやわんや　松竹

製作　山本武
原作　獅子文六
脚本　斉藤良輔
　　　荒田正男
演出　渋谷実

全篇民主々義に反する思想を持つ人物が多数活躍するのでこの民主々義に背馳する思想を大衆に誤解させないように　タイトルを挿入することを希望した（社会）
例えばこの映画に登場する民主々義のバスに乗りおくれた人々を大いに笑うと同時に　又我々も考える可きではないか・・・・と云う意味●の

斗牛の場面があるが（シーン44・46）動物愛護の精神から　残酷な感じに見せないように希望した（残酷）

田鍋と云う和尚の取扱いは　故意に悪人として表現しないように充分注意して欲しいと希望した（宗教）

順吉とアヤメが肉体関係を結ぶ前後の処は（シーン36・38）は猥褻にならないように演出上の注意を希望した（性）

順吉の鬼塚社長から預っていた秘密書類が暴露されると〃それが人体のアラベスク模様で。〃などとあるが風俗上の点を注意して欲しいと希望した（風俗）

裸の天使 「汚れすぎ裸体」改題 自主改訂版	シネアート アソシエーツ

脚本　伊世亜夫
　　　清水正二郎
演出　中川順夫

楽屋で与太者二人が経営主遊谷の前ですごんでいる処借金の催促にしては与太者二人の態度は少し凄味があり過ぎるので　なるべく借金の催促らしく演出上注意して貰いたいと希望した（法律）

遊谷の「そのかわり（乳の所を指して）ここの立派な子を頼みますぞ　女の魅力は全てオッパイに集中しとるからなアッハハハ」と云う台詞があるが　風俗上少しく好ましからざる感じにつき削除又は改訂を希望した（風俗）

舞台（シーン19）のラン子の下品な煽情的な踊り　海辺（シーン24）の波打ち際に立つラン子の裸の姿　及び看板（シーン27）のラン子の姿態の似顔は風俗上の点を充分に注意して貰いたいと希望した（風俗）（三ケ所）

なお　この映画はストリップショウを主題としたものであるので　刑法一七五条の関係と

考慮し　関係当局への諮問試写と　完成試写の前に行うことを製作者側と確約した

東海道は兇状旅

大映

製作　根岸省三
原作　秘田余四郎
脚本　成沢昌茂
演出　久松静児

梗概の提出されたとき　当方の申出でた希望に十分副っていない点もあって　製作者側と協議の上　脚本は全体的な改訂を加えられたい限り　好ましいものとは云いがたい　要はこの無智な封建的な「やくざ」気質に対して盲目的な肯定をしている主人物が　やくざの義理と云う封建的慣習によって思慮なき人の命をあやめて何らの反省もなくただ旧愛の女にひかれて逃走し　最後までさらに人間的な自覚にめざめるでもなく　また自己の行動に悔恨をもおぼえず　ヒロイックな北斗のの5死す　それだけの暴力と無智との行動だけを描き終り　何ら観客にへ例えば松竹、森の石松」のごとき）批判の対象ともなりえないものになり終っている　例えば　いかに悪者無智の男でも　その行動がヒユウマニステイツクならうらづけでももって　最後にその自己反省の批判にでももっていっているならば又考えなおされるけれど　残念ながら　これはかゝる顧慮がはらわれていないことであるよって　製作者側にさらに一考をこうて　何分の処置をとられることを希望した（社会）

羅生門 「盗賊と美女」改題	大映

企画　本木荘二郎
製作　箕浦甚吾
原作　芥川龍之介
脚本　黒沢明
　　　橋本忍
演出　黒沢明

改訂第二稿

第一稿本に対する当方の希望にしたがって　改訂本がこゝに提出されたが全体的にみて前本に比しすぐれて首尾がとゝのえられ　個々の点を除いては問題はない　部分的には以下の件を訂正して貰うよう希望した

シーン40萱橋の木賃宿で　逃げている義介をも[illegible]の仲間が小矢野とともにヒ首でおそいかゝる件　過度な立廻りとならぬよう（社会）またシーン76　義介を追いつめてテキ屋の一群がおそいかゝるシーンも　全上の配慮を演出上望みたい（社会）シーン46万次の台詞（P−27）「（義介と）サツへ渡す前に」を除いて貰うこと（法律）

シーン15に出てくる義介と雪枝が自転車に乗っている（回想のシーン）背景を　戦時風景として出征兵士を送る一団が通ってゆく件「露営の歌」を歌ってとあるのは　止めて貰いその行列も余り刺戟的でないように　かつ　伴奏の音楽に「この辺から音楽は戦争を暗示するようなものに変って」とある件　禁止歌曲的なメロディを遠慮して欲しい旨希望（国家）

8−9

この脚本で見る限り　問題はない　たゞ完成映画に於て　シーン（林の中（C・V）の夫武弘の縛ばられてある前で　その妻真砂が盗賊多襄丸によつて手ごめにされる件は演出によつて　いかようにもなるもの故、決定的な見解はそのときにゆづつた（性）　この件がまた本篇の主題の焦点となるものでもあり　画面の上において慎重に検討すべきが本当であろうと思うからである

恋に泣く頃	松竹

企画　杉山茂樹
製作　星月利雄
脚本　八住利雄
演出　斉藤寅次郎

全体的に問題はないが　一ヶ所「ダンサーなんかしているから　ばかにされるのよ」と云う職業侮蔑の感のある台詞は訂正して貰うことになつた（社会）

無頼漢（自主改訂版）	松竹

シーン45のうち　産婆の言葉で
「ほほづきの根も呑んだんだね」は堕胎の方法を暗示し　社会風教上面白からずと考えられるので削除し　またその薬棚の薬缶も同じ意味で注意して表現されることを希望した
（法律）

新説佐渡情話	ラヂオ映画

製作　今村貞雄
脚本・構成　室町京之助
潤色　岡田豊
演出　伊賀山正徳

1. 全画的に少しく封建的であるような感じがあるので　何処かにその封建色を批判する画面を見せて欲しいと希望した（社会）
2. おしまが重傷をおう場面　残酷な感じにならぬよう　演出上の注意を希望した（残酷）

接吻第一號	松竹

製作　久保光三
脚本　斎藤良輔
　　　鈴木兵吾
演出　佐々木康

8—11

希望事項なし

エノケン・ロッパの
弥次喜多（前篇）
ブギウギ道中

松竹

製作　小倉浩一郎
脚本　藤田潤一
　　　古川緑波
演出　大曽根辰夫

シーン47で　狐にだまされた弥次が女と思いこんで肥桶とだいてのラブシーンは　この桶を空の桶でやって欲しい（醜汚）

つゞいて喜多が　同じくだまされて肥桶のなかへ入って顔を洗ったり　頭をこすったりする件　それが明らかに人糞と分るように前に説明があるだけに　余りに醜汚の感がありはしまいか　他に適当な方法に代えて欲しい（醜汚）

シーン48辻堂での立廻りは　勿論この作品が喜劇である以上　なるべく喜劇的に処理せらるることを望む（社会）

8—12

エノケン・ロッパの 弥次喜多（前篇） ウキウキ道中 （自主改訂版）
松竹

喜劇映画であるから　演出上いかにでもなるであろうから　決定的なことは完成映画において　なお検討すべき余地があろうと思われるが　以下の点について訂正を希望した

シーン16　小田原屋のシーンで女賊お雪のうたう唄の第二節目は　たとえ喜劇のなかの唄とは云えや、逸脱の傾向あり　（盗賊行為の肯定讃美と云えよう）除いて貰うことにした（法律）

シーン33　風呂場のシーン　弥次喜多共に裸体での演技　風俗上演出の注意を望んだ（風俗）

シーン34　音楽「箱根の山は天下の険……」の件はメロディのみにとゞめること　（社会）

シーン71　田圃の中のシーンで　狐に化かされたのち　喜多が　馬の尻をのぞいているとあるのは止めて貰った（風俗）

α—13

エノケン ロッパの
弥次喜多（後篇）
殺さば天国の巻

松竹

前篇同様　喜劇映画に対する一般的な注意を望み　以下の点を検討希望した

シーン26　斗牛場控室　お爺の台詞のなかの「武運長久を祈る」を除いて貰い（国家）

一同の祈りの「アアメン」二ヶ所は喜劇のため誤解されるおそれがあるので止めて貰った（宗教二ヶ所）

シーン29　追分川の河原の喧嘩仕度の追分　山鳥両やくざの対峙は　かつて東宝「俺は用心棒」のときと同様　ロングショットで出して　決してセンセエショナルに出さないことを望んだ（社会）

シーン48　以後の天上界での雷の母親と子供　卑俗にならぬ扮装と工夫されたき旨希望した（風俗）

審査集計

規程條項	関係脚本題名及希望個所数	集計
1 國家及社会	「大佛紐育へ行く」(3) 「拳銃の前に立つ母」(7) 「裸スタア殺人事件」(1) 「恋しかるらん」(1) 「轉落の詩集」(1) 「君と行くアメリカ航路」(1) 「新妻の性典」(6) 「新妻の性典」(改訂版)(6) 「泣くな小鳩よ」(2) 「大江戸異変」(4)	43

c—1

一
國家及社会

「てんやわんや」	(1)
「東海道は兇状旅」	(1)
「東海道は兇状旅」(改訂版)	(3)
「恋に泣く頃」	(1)
「新説佐渡情話」	(1)
「エノケン・ロッパの彌次喜多」(前篇)	(1)
「エノケン・ロッパの彌次喜多」(前篇)(改訂版)	(1)
「エノケン・ロッパの彌次喜多」(後篇)	(2)
「ビルマの竪琴」	(1)
「拳銃の前に立つ母」	(3)
「恋しかるらん」	(2)
「女三四郎」	(2)
「耕落の詩集」	(3)

c—2

番号	分類	作品	件数	計
2	法律	「新妻の性典」	(1)	19
		「新妻の性典」(改訂版)	(1)	
		「大江戸異変」	(2)	
		「裸の天使」	(1)	
		「東海道は兇状旅」(改訂版)	(1)	
		「無頼漢」	(1)	
		「エノケン・ロッパの彌次喜多」(前篇)(改訂版)	(1)	
3	宗教	「てんやわんや」	(1)	3
		「エノケン・ロッパの彌次喜多」(後篇)	(2)	
4	教育	「拳銃の前に立つ母」	(1)	6
		「新妻の性典」	(4)	
		「海賊島」	(1)	
		「有頂天時代」	(1)	

c—3

5	6	7
風俗	性	残酷醜汚
「新妻の性典」(1) 「てんやわんや」(1) 「裸の天使」(4) 「エノケン・ロッパの彌次喜多」(前篇)(改訂版)(2) 「エノケン・ロッパの彌次喜多」(後篇)(1)	「轉落の詩集」(1) 「新妻の性典」(2) 「新妻の性典」(改訂版)(1) 「てんやわんや」(1) 「羅生門」(1)	「大江戸異変」(3) 「海賊島」(2) 「てんやわんや」(1)
10	6	9

c — 4

(1)	「新説佐渡情話」	
(2)	「エノケン・ロッパの彌次喜多」(前篇)	

○希望事項総数……九六

●調査上特に協力を受けたる官庁団体

○法務府特別審査局第二課

○最高検察庁

審査映画一覧

審査番号	題名	社名	巻数、呎数	備考
五〇	ある婦人科医の告白	大映	八巻、六、七〇〇呎	
一六四	狼人街	太泉	九巻、八、二〇一呎	
一六八	シミキンの無敵競輪王	東宝	九巻、七、六八六呎	

番号	題名	製作	巻数・長さ	
一七三	大岡政談 将軍は夜踊る	東宝	十巻、八、六六三呎	
一八〇	日本戦没学生の手記 きけわだつみの声	東横	十一巻、九、七七〇呎	
一八九	花嫁蚤と戯むる	ラヂオ映画	五巻、三、二〇〇呎	
一九四—一	竜眼島の秘宝 第一篇 闇に躍る魔手	映配 秀映社	四巻、三、二八〇呎	
一九五	いつの日君帰る	新東宝	十二巻、一〇、三二三呎	
一九六	群盗南蛮船 ぎやまんの宿	新東宝	十巻、八、五二八呎	
一九八	白い野獣	東宝	十巻、八、九八七呎	
二〇三	童貞	松竹	九巻、二、三四四米	
二〇六	春の潮（前篇）	松竹	十巻、二、五一四米	
二〇八	青空天使	太泉	九巻、七、三〇〇呎	
二〇九	蜘蛛の街	大映	九巻、七、〇九〇呎	
二一六	当り矢金八捕物帖 千里の虎	新光映画	九巻、七、七七七呎	
二一七	恋愛教室	松竹	九巻、二、二三四米	

番号	題名	製作	巻数・長さ	備考
二一八	城ヶ島の雨	大映 新演伎座	九巻 七、五四六呎	
二二一	猿飛佐助 千丈ヶ嶽の火祭	大映	十巻 八、七〇二呎	
二二二	復活	大映	十二巻 八、三〇〇呎	
二三五	女三四郎	東宝	九巻 八、〇三〇呎	
E－三六	東南アジヤ方面軍ビルマ奪還記録 インパール作戦	日映	六巻 五、五六七呎	
E－四五	石中先生行状記 仲たがいの巻	新東宝	三巻 三、〇八六呎	
E－三九	争覇	日映	一巻 九三四呎	
E－四一	首都建設法	東京都	一巻 三〇〇呎	名古屋市、愛知県、愛知県自轉車振興会
E－四二	新しい歩み	東京都	一巻 七二二呎	東京都ニュース 民主教育特集号
E－四三	わが輩はこうして生きている	國際映画社	二巻 一、六〇〇呎	
E－四四	墮胎	理研	二巻 一、八〇〇呎	

c—7

E―四六	こどもグラフ（No.7）	日映	一巻 七九三呎	
E―四七	県民の皆さんへ	茨城県弘報課	一巻 三一〇呎	参議院議員選挙啓蒙映画
E―四八	貨車物語	日映	三巻 二、五五九呎	
E―五〇	昭和二十五年夏場所 大相撲	大日本相撲協会	二巻 一、八五〇呎	
E―五一	笑いごとじゃないですよ	モーションタイムス	一巻 九四〇呎	
E―五二	古橋一行遠征記 飛魚南米を行く	世界映画社	四巻 二、九五〇呎	
N―四八	日本スポーツ 第四八号	日映		
N―四九	〃 第四九号	〃		
N―五〇	〃 第五〇号	〃		
N―五一	〃 第五一号	〃		
N―五二	〃 第五二号	〃		
P―一〇四	ムービータイムス 第一〇四号	プレミア		

P―一〇五	〃　第一〇五号	〃		
P―一〇六	〃　第一〇六号	〃		
P―一〇七	〃　第一〇七号	〃		
P―一〇八	〃　第一〇八号	〃		
S―二二	夢よもういちど	新東宝	六巻　五、一三〇呎	
S―二三	歌ふエノケン捕物帖	新東宝	六巻　四、四〇六呎	
S―二四	仇討禁止令	日活	七巻　五、二六九呎	
S―二五	花嫁選手	東横	六巻　四、七一〇呎	

映画審査概要

○ 将軍は夜踊る（大岡政談）　　東宝

審査終了の脚本にはなかった箇所で額ブチショウがあり、全裸の男女のシーン二ケ所（アダムとイヴの最初の遠写のみは残した）好ましくないので除いて貰った
なほ製作者の都合で他に自主的に切除されたようである。

○ 童貞　　松竹

「キャバレー」のシーン、ストリップ・ガールのカット切除を希望し実行された

○ 白い野獣　　東宝

シーン42資室、玉江のセリフ「特攻隊の」と「あたいの上に」を削除希望したところ「特攻の兵隊が……あたいの上に輾りこんで来たんだ」「わかってるよ」まで削除された
シーン52食堂、「おんなじ様なもんじゃないか」の削除を希望したところ　その次のセリ

ンまで自主的に削除された

タイトルバックの裸女の削除を希望したところ、無地バックに変更された。

○　恋愛教室（予告篇）　松竹

踊子が片脚を腰から下部を出して、しどけなく腰かけているショットは、こうして部分的に摘出して出されると、やや醜悪な感があり、製作者側よりの申出もあり、他のものに代えて貰うことになった。ただし本篇に於ては、このショットはそれが如何なる印象を与えるかを改めて検討の上決定することとした。

○　きけわだつみの声（予告篇）　東横

解説の台詞のなかに「現在、戦争のきなくさい臭いが　再びしはじめている」云々の（大意）言葉があったが、この言葉は決して一方的な相手國を想像さすような言葉とは解しえないので、心配ないものと認めた。

東南アジヤ方面軍ビルマ作戦記録

○　インパール作戦　日映

屍体で顔面の明瞭に出ている場面が二ヶ所あるが　これは死者に対して残酷に感ぜられるので削除を希望し、実行された。

○　仇討禁止令　日活

原作　菊地寛　製作　昭和一一、九月
脚本　小磯夏男　CCD番号　A一〇三一六
演出　益田晴夫

第六巻画面中の歌の中に、

「心悲しき　きんのうだすき泣いて人斬るこの心云々」とあるが、思想上好ましからず削除を希望、実行された。

○　一谷嫩軍記　プレミア

熊谷陣屋生田森の場

「審査報告十一号既報」この映画は、歌舞伎の舞台をそのまゝ記録した特殊な映画なので歌舞伎を知らない観客、特に青少年に封建的な印象と影響をあたへることを考慮して、その公開上映に當つては、一般映画と同じ上映方法によらず歌舞伎愛好者にのみ見せるような特別の上映方法によられたい旨の希望を傳達し、諒解してもらつた。

宣傳広告審査概要

宣材種類	題名	理由
新聞広告（一）	女三四郎「東宝」	五月二十五日附毎日、東京両新聞に「東宝ファンの皆様へ」の広告文中に製作中として「女三四郎」の題名が上げられているが、脚本未審査につき審査終了前の宣傳を遠慮される様に傳達した。
新聞広告（一）	狼人街「東映」	時事新報の広告文に「復讐に燃える波止場やくざ！」とあるが、"復讐"は倫理規程に否定する事が明文化されてをり"やくざ"と云う言葉も好ましくない、よつて東映宣傳部にこの旨傳達訂正を希望した。

C—13

新聞広告（一）	狼人街　「東映」	五月三十日付「朝日芸能」の広告文に五月二十六日付使用を遠慮されたい旨傳達した「復讐に燃える波止場やくざ！」の広告文を再使用されているので重ねて勧告した。なほこの〃朝日芸能〃は二十四日印刷二十五日発送したもので連絡不充分のため、削除されず発売されたもので、これ以外には出ていない旨通知があった。
新聞広告（一）	復活　「大映」	六月七日付朝日新聞広告文に「千人の男に汚された女の瞳に宿るたゞ一つだけの恋」とあるが少し誇張されすぎ、風俗上良い影響がないと思われる。よって〃千人の男に汚されたた〃の言葉の使用は遠慮されたい旨を傳達した
スチール（一）	猿飛佐助 千丈ヶ獄の火祭り　「大映」	この映画は脚本審査に於て諧謔趣味の時代劇として希望し、スチールにする場合もこの線を希望したが「信賢と佐助の立ち合い」の一枚はこの線より外れる恐れ

		あり遠慮されたい旨を希望．
プレスブック（一）	白い野獣「東宝」	(1) 登場人物のプロフィル欄に三好秀子（千石規子）の云分として「ズベ公の仁義」が有るが映画中のセリフは一応良いがこれを書抜きして宣傳文案として使用することは止めてほしい旨希望． (2) プレス附録〃物語〃文中の「以前特攻隊の慰安婦だつた云々」は映画に於ても〃特攻隊〃は止めて貰うことを希望した点でありこの字の削除を希望した．
プレスブック（一）	東京の門「東宝」	プレスブック広告 脚本未提出作品に付き審査終了前の宣傳は遠慮されたい旨を伝達した．
プレスブック（一）	忠直卿行状記「大映」	プレスブック広告 脚本未提出作品に付き審査終了前の宣傳は遠慮されたい旨を伝達した．

プレスブック（一）	火の鳥「大映」	プレスブック広告 脚本未提出作品に付き審査終了前の宣伝は遠慮されたい旨を伝達した。
プレスブック（一）	猿飛佐助 千丈ヶ嶽の火祭り「大映」	プレスブック表紙写真 五月三十一日付使用を遠慮されるよう要望したスチールで重ねて勧告した。

○新聞広告 四件、○プレスブック 五件、○スチール 一件。

◎計 十件。

発足一ヶ年集計

自昭和二四、六、一四
至昭和二五、六、一三

一、脚本受付本数 二三三本

及改訂版 六三本

松竹	東宝	大映	新東宝	東横	太泉	その他	計
五二	一四	四三	四七	二五	一六	三六	二三三
一五	六	一三	九	六	五	九	六三

二、シノプシス審査本数　八三本

松竹	東宝	大映	新東宝	東横	太泉	その他	計
六	二	三七	四	二一	六	七	八三

（註）他に「原作」の審査四本

三、審査終了脚本数　二一一本（改訂版を除く）

松竹	東宝	大映	新東宝	東横	太泉	その他	計
四六	一三	三九	四四	二三	一五	三一	二一一

四、映畫（劇）審査本数　一五六本

松竹	東宝	大映	新東宝	東横	太泉	その他	計
三五	一〇	三二	三一	二〇	一一	一七	一五六

五、短篇映画審査本数　四七本（二四年十一月十九日より審査開始）

日映	東宝教育	松竹	東宝	理研	その他	計
一七	三	四	三	二	一八	四七

（註）松竹、東宝等の短篇は「喜撰」「田中絹代帰朝ニュース」等の類

六、スポーツニュース映画審査本数　二二本

（二五年三月三十一日より審査開始）

1、日本スポーツ　2、ムービータイムズ

七、豫告篇審査本数　一二〇本

松竹	東宝	大映	新東宝	東横	太泉	その他	計
二〇	四	三四	二六	二一	一一	四	一二〇

八、新版映画審査本数　　二五本

松竹	東宝	大映	新東宝	東横	日活	その他	計
五	五	一	三	一	八	二	二五

九、宣傳広告改訂削除注意希望件数　　二六件

（二五年二月二十七日より審査開始）

プレス	新聞広告	スチール	撮影所ニュース	脚本未提出宣傳	計
七	八	五	二	四	二六

十、脚本審査集計　　六三〇件

（改訂及注意希望事項件数）

國家及社会	法律	宗教	教育	風俗	性	残酷醜汚	計
二四三	一五二	四	五七	九六	二五	五三	六三〇

各社封切一覧

封切日	審査番号	題名	製作社名	備考
松竹				
五月二十一日	一八六	ペ子ちゃんとデン助	松竹	米漫画・同時上映
二十八日	二〇三	童貞	松竹	
六月四日	E—三六 E—三八	インパール作戦 南海の情火	日映 南海映画	
十一日	二一七	恋愛教室	松竹	
十七日	二〇六	春の潮（前・後篇）	松竹	
東宝				
五月二十日	一六八	シミキンの無敵競輪王	東宝	
二十七日	一七三	将軍は夜踊る	東宝	
六月三日	一九八	白い野獣	東宝	

十日	／	荒野の抱擁	イタリア映画	
十七日	二三五	女三四郎	東宝	

大映

五月二十日	二一八	城ヶ島の雨	大映 新演伎座	
二十七日	五〇	ある婦人科医の告白	大映	
六月三日	二〇九	蜘蛛の街	大映	
十日	二二二	復活	大映	
十七日	二二一	猿飛佐助 千丈ヶ嶽の火祭り	大映	

東映

五月二十日	二〇八	青空天使	太泉	
二十七日	一六四	狼人街	太泉	
六月三日	二一六	千里の虎	新光映画	
十日	一四九	闇に光る眼	東横	

	S—二五	新版花嫁選手		
十五日	一八〇	きけわだつみの声	東横	

新東宝

五月十七日	九二	細雪	新東宝	五月十七日より続映
六月三日	一九五	いつの日君帰る	新東宝	
十三日	一九六	群盗南蛮船（ぎやまんの鎖）	新東宝	

C—22

映画倫理規程審査報告　第十二号

昭和二十五年六月二十八日

発行責任者　野末駿一

東京都中央區築地三ノ六

日本映画連合會事務局

映画倫理規程管理部

電話、築地(55)二八〇二
〇六九六番

映画倫理規程審査報告

第13号

13

映画倫理規程

審査報告

25.6.19 ～ 7.17

日本映画連合會
映画倫理規程管理部委員會

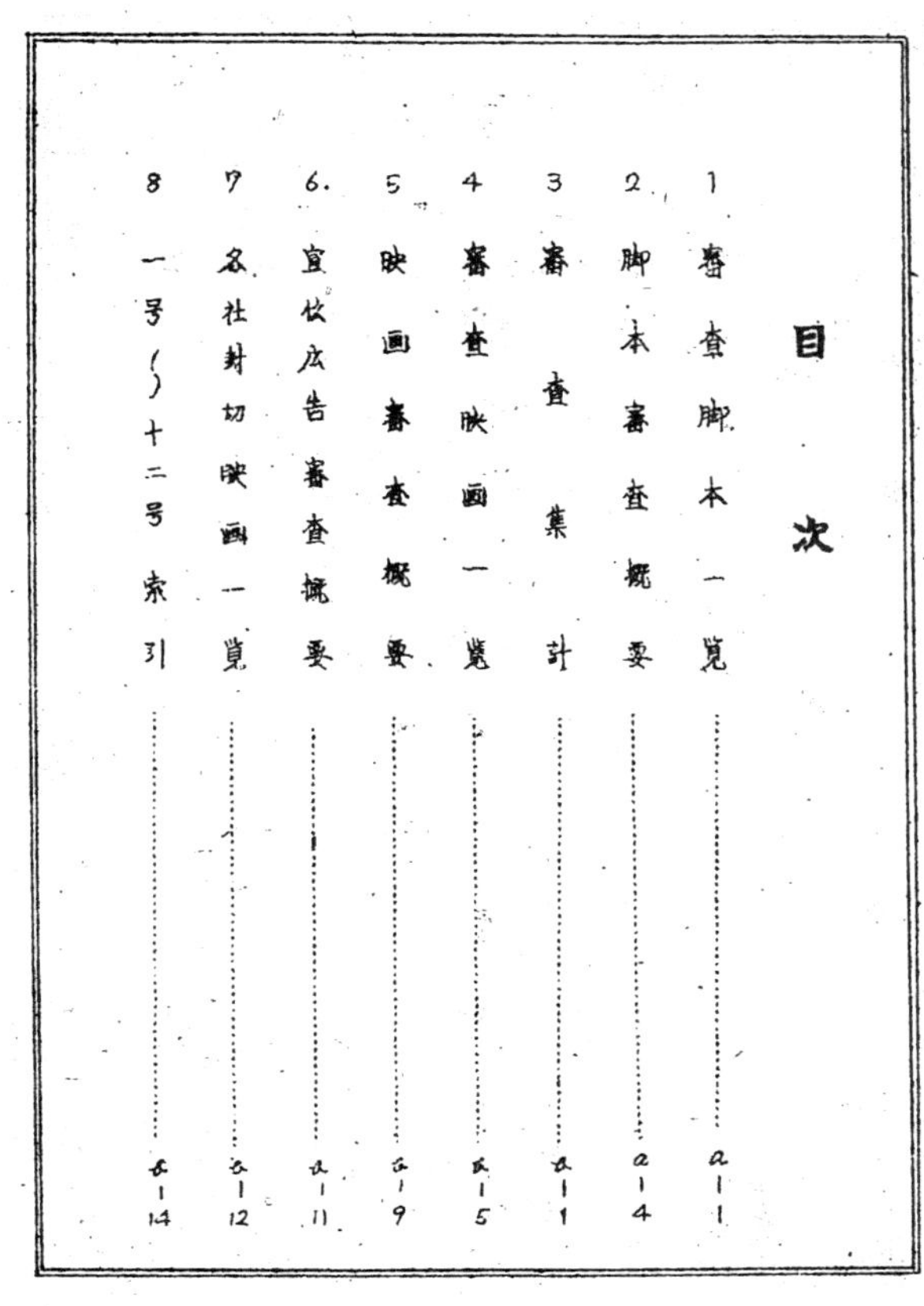

目次

審査脚本一覧

社名	題名	受付月日	審査終了日	備考
太泉	突貫裸天国 自主改訂版	六、一九	六、二一	改訂第二稿
東横	天保人気男 妻恋坂の決闘	六、一九	六、二一	
松竹	大学の虎	六、一九	六、二一	
松竹	七つの宝石 自主改訂版	六、一九	六、二二	「七妖星」の改題、改訂第三稿
東宝	夢は儚（はか）く	六、一九	六、二二	「涯なき恋」の改題
東宝	東京の門	六、二二	六、二四	
ラヂオ映画	新説佐渡情話 自主改訂版	六、二三	六、二六	改訂第二稿
大映	密林の女豹	六、二三	六、二七	
芸研プロ 太泉	アルプス物語 野性 自主改訂版	六、二四	六、二七	「甦る野性」の改題 改訂第二稿
新東宝	バナナ娘	六、二四	六、二七	

製作会社	題名			備考
東興映画	蛇と美女	六・二二	六・二七	
新東宝	こゝろ妻	六・二六	六・二八	
大映	千両肌	六・七		
大映	〃 改訂版	六・二八	六・二八	改訂第二稿
大映	戦火の果て	六・二八	六・三〇	
東横	レ・ミゼラブル（あゝ無情）第一部 神と悪魔	六・二二	七・三	
東横	レ・ミゼラブル（あゝ無情）第二部 愛と自由の旗	六・二二	七・三	
日本国際文化協会	妖夢	七・三	七・七	
大映	南の薔薇	七・六	七・一〇	
芸映社	東京十夜	七・八	七・一二	
大映	午前零時の出獄	七・一〇	七・一二	
東宝	歌姫都へ行く	七・一一	七・一三	
松竹	長崎の鐘	七・三	七・一三	

新映画	くれない二挺拳銃	七、一〇	七、一三
大映	指名犯人	七、一四	七、一七

◎ 新作品……………………二〇

シナリオ数……………………二五（内改訂五）

内訳—松竹　三（内改訂一）　東宝　三　大映　七（内改訂一）

新東宝　二　東横　三　太泉　一（内改訂一）

ラヂオ映画　一（内改訂一）　芸術プロ　一（内改訂一）　東興映画　一

日本国際文化協会　一　杏映社　一　新映画　一

×　×　×

○ 審査シノプシス……………一八

内訳—松竹　六　大映　四　東横　一　太泉　七

※　※　※

ロ—3

脚本審査概要

突貫裸天国（自主改訂版）	太泉

脚本　淀橋太郎
演出　大谷俊夫

製作者の都合によって部分的に改訂され　提出された脚本であるが、脚本の面からは別に云うべき問題はないが　とにかくこの映画はスラプスティックな喜劇映画であるため演出によっていかようにもなると思われるので　完成映画においてなほ検討の余地を残して貰うことを先づもって約束した。

天保人気男　妻恋坂の決闘	東横

企画　マキノ満男
製作　柳川武夫
脚本　八尋不二
演出　渡辺邦男

五段目の表現については「忠臣蔵」が映画製作の上に於いて問題となるべき性質の題材であることを考慮して「忠臣蔵」の持つ復讐・忠義・結党等の封建的思想は些少なりとも

2―4

表現しないように注意されたい。此の脚本に関する限りその心配はないと考えられるので五段目が「忠臣蔵」の一部であるけれども　問題とせぬこととした。何故ならこの五段目はこの脚本では「忠臣蔵」の表現よりも　仲蔵の芸の工夫（有名な逸話である）に重点が置かれているからである。

シーン100その他の決斗の場面は　立ち廻りの表現に注意し　殺の美とか残酷とかの意味を表現しないように希望する（社会及び残酷）

大学の虎　松竹

製作　久保光三
原作　岩井良平
脚本　池田三郎
演出　岩間鶴夫

暴漢が手拭の先に石を包み　それを鞭のように一回転させて相手の頭に打ち下すと云う処があるが、これは残酷な感じであるので　止めて貰いたいと希望した（残酷）

なおこのシナリオに於いては早稲田大学　明治大学の拳闘試合が行なわれ　早大　明大の選手と云う役の人物も登場するのであるが　このことについては製作者側に於て　両校の関係責任者と了解済みとの由である。

七つの宝石
（自主改訂版）

松竹

製作　中野泰介
原作　保篠龍緒
脚本　澤村勉
演出　芦原正

製作者側の都合によって更に改訂された第三回目の脚本であるが　このたびの改稿は前稿に於いてはその心配のなかった面が筋立ての改変によってあらたに起ってきた。と云うのは　品川と云う人物が　この稿では結末近くまで「刑事」である身分が秘されていてしかもギャング団は警察力を無視したような悪虐を奔放に重ねてゆくように描かれてあって　これでは在来のギャング映画に於ける場合と同じような注意を喚起したいと思う　たとえ品川が刑事であってもさながら単独で個人的にこのギャングを追求しているような印象しか与えなく　かゝる事件が起ったとき当然とらるべき警察力の行動及びそれに対するギャング団の反応が次々と描かれてあって欲しい。（法律）

又この悪虐ぶりにしても　シーン33の社長室での脅迫にその必要もないのに無辜の市民である吉田社長に「鉄がピストルを発射し」したり（社会及び残酷）清子から秘宝の在所のカギを聞きたださんとして井ノ頭公園のくぬぎ林の中でギャング団はシュミーズ一枚にして更に樹に吊りあげたりする（残酷）また例によって鞭がしきりと使われ（残酷）　同じ仲間の五郎の反逆に対して（私刑と

して）ピストルをうち　更に倒れる五郎に一その体に更に三発のピストルの弾丸がうちこまれる」と云う残酷（残酷）

等々、これらは十分注意して処理してほしい。

なほ、この五郎が（多分ヒロポンと思われるが）注射の中毒になっている点　これは殺人マキによって批判されてはいるが　具体的な描写でないようにして欲しい（法律）よって「毎日　あんな注射してたら」と云う台詞を除いて貰う。更にマキの前で注射器と注射薬とを取り出して「アンプルをきる」とあるしぐさのアンプル以下は除いて貰った。

以上によっても分る如く　前稿と筋のはこびが組みかえられ　品川の身分を観客に秘した為に起る警察力の存在がかくれる点　前半窮地におちいってゆく焦燥の為ギヤング団の悪虐が無軌道になり、警察力無視ともみえるその描きかたに問題はあると思われる。この点充分注意して演出してもらうよう希望した。

a—?

夢は儚なく	東宝

製作　三上訓利
原作　北條誠
脚本　長瀬喜伴
演出　野村浩将

希望事項なし

東京の門

東宝

製作　小川記正
原作　田村泰次郎
構成　小川記正
脚本　八住利雄
　　　杉江敏男
演出　杉江敏男

（シーン18）時田が愛人の千加子に対して「俺はお前を俺以外の男にふれさせたくはねえんだが　こうなったら仕方がねえ　一ったのむ」と云い　これに対して千加子が「それじゃ私に身体まで提供しろと云うの？」と云う処　こゝまで云ってしまっては風俗上一寸どうかと思われるので　改訂或は削除を希望した（風俗）

戦争に関する言葉が出て来るが　そのうち（シーン33）「戦斗開始」とか（シーン72）「戦友愛」は慣例により別の言葉に改訂を希望した（国家）（二ヶ所）

又（シーン47・50）「復讐」と云う言葉は別の言葉にして貰うことを希望した（法律）

（シーン27）眞紀の室で朝代が八木沢から無理に肉体的関係を迫られるシーン（風俗）及び（シーン35）八木沢の部屋でパジヤマ姿の八木沢とダンサー風の女がシミーズ一枚でいるシーン（風俗）は風俗上の点を充分注意して演出して貰いたい。

又後者のシーンはダブルベッドで男女が寝ていることになっているが　これは止めて欲しいと希望した（性）

（シーン50）九鬼の「食うために肉体は売っても魂は売ってないんだ」云々の台詞は、売春を肯定しているので　「食うために肉体は売ってもいゝ」を削除するよう希望した。（性及び法律）

新説佐渡情話 自主改訂版	ラヂオ映画

吾一の「あの一家ににらまれては　この土地で漁はまず出来ねえ」の台詞は網甚をひどく勢力のあるボスにしてしまうし　少しく全体として封建的な感じであるという懸念もあるので　その上この網甚をボスらしくすることは止めて貰いたいと希望した（社会）

密林の女豹	大映

製作　土井逸雄
脚本　木村恵吾
演出　木村恵吾

全体的には問題はないであろうが　この脚本中に主人公の野性の女の台詞のなかや　描写の文面で「一糸まとわぬ真裸体（まっぱだか）だ」　「半裸に近い一人の女が躍り出る」「見れば幻のように月に浮んだ裸身の女　たけなす黒髪をさっと流して無心に体を洗っている（水浴のシーンらしい）」　「スヤスヤ眠る女のスクスクのびた脚や手が獣のように長々と草の上に投げ出されている」　等々とあって　その扮装がいかなるものか　これらをなほ確かめて卑猥にならぬよう演出上注意してやっていただくよう希望した（風俗）

アルプス物語 野性　自主改訂版 「甦える野性」改題	芸研プロ

製作　熊谷久虎
〃　沢村勉
脚本　新藤兼人
〃　沢村勉
演出　熊谷久虎

希望事項なし

バナナ娘	新東宝

製作　青柳信雄
原案　佃順
原作　サトウ・ハチロー
脚本　中田晴康
演出　志村敏夫

シーン5「どすけべ」　シーン44「淫乱阿魔」「淫乱」という言葉と（風俗）（三ヶ所）
シーン17「部屋の中えゲーッ、ペッと唾を吐きこんで行く」という個所（醜汚）は醜悪と思われるので改訂或は削除を希望した。
シーン30「出征」という言葉が出て来るので　これは別の言葉に改めて貰うことを希望した（国家）

蛇と美女

東興映画

製作　大谷　隆
企画　松岡新也
脚本　冨　久三
演出　松岡新也

美女と蛇を使用するスペクタルであるから　エロとグロとが濃厚になり易いと思われるので　その点を注意して表現されたい（風俗）
キャバレーの場面のタイトル「妖しく燃える欲情の原始境」の「欲情」はその意味で他の温和な言葉に変化されるよう希望（風俗）
又　花売少女や学生の取扱いも注意して表現することを希望　（社会及び法律）

×　×　×　×

こころ妻

新東宝

原作　小島政二郎
脚本　中田晴康
演出　毛利正樹

希望事項なし

千両肌

大映

企画　清川峯輔
製作　亀田耕司
脚本　八尋不二
演出　冬島泰三

脚本全体には問題がないが　部分的に現在の社会状勢に酷似した材料がととのいすぎ、政治的に刺戟的である点が懸念される。製作者はむしろそれを狙ったかにも考えられるが現下の状勢の変化によっては　更にセンセエショナルになる恐れもある。

原作「きつね雨」の時代背景が何時であったかは、今詳かではないが、例えば製作者側の例示するが如き、これがもし五代将軍綱吉時代を背景とするならば　庶民の反抗もうなづけ　また刺戟的でなくありうるであろう。かゝる方向になるべく政治的なにほいを背後へおしやって欲しいと思う　（国家）

もしこのまゝで（時代背景を）ゆくならば「攘夷」とあるのは「鎖国」に（国家）結末の白狐の新三が松平肥前守を刺さんとする処を暗殺肯定　暗黒政治の肯定とならぬように（法律及び国家）　描きなおして欲しい。

また白狐の刺青は劇のなかで誇示的に示されることのないよう（社会）くれぐれも注意を希望する

以上の点はすべて製作者側の承諾を乞い　部分的に改訂された脚本が提出される予定である。

改訂版	大映

このたびの改訂版に際しては冒頭のビラの件その他現在の政治的な環境にやゝ類似した形であるが　これだけでは勿論何ら政治的目的でもってなされているとは見えず　刺戟的にならぬよう描写されたいと希望（国家）

刺青を誇示的に見せないよう注意を希望した（社会）（シーン120、河原で白狐が水浴する件）

シーン148にある肥前守に迫る白狐の新三が云う台詞のなかの「天に代つて除くのだ」の

6―13

「天に代つて」を他に代えて貰うこと（法律及び社会）又は　完成映画において（ことに冒頭のナランの件など演出いかんによること大であるから）″検討の余地を残したい旨約束した。

戰火の果て	大映

企画　絲屋寿雄
製作　服部静夫
脚本　新藤兼人
演出　吉村公三郎

古城（元大佐）の主観で唱える軍艦マーチは逆効果にならぬよう表現に注意せられたい
（国家）

レ・ミゼラブル（あゝ無情） 第一部 神と悪魔 第二部 愛と自由の旗	東横

製作　マキノ満男　構成　八木保太郎
企画　坪井與　脚本　棚田吾郎
〃　西原孝　〃　舟橋和郎
〃　岡田寿之　演出　伊藤大輔

原作はフランス革命時代をその背景としたユーゴーの〈レ・ミゼラブル〉より翻案脚色されたものであり、その主題に関する限り 主人物の人間的な追究に何等問題のあるべくもないが ただ現在の日本として この翻案脚色が 明治初年のいわゆる西南戦争時代を前後とした激動の時代を背景としている点に種々刺戟的な印象を与えるものがあり たとえそれが歴史的な事実であるにしても そのとりあげかたいかんによっては倫理規程の面からも懸念されるものがあるので 製作者側とこの脚本の責任者である八木保太郎氏と協議の上 大体下記のような処置をとって貰うことになった。

〈征韓論〉と云う言葉は全体にわたって数ヶ所現われてくるが これはすべて時の政治家の一人である西郷隆盛とその相手大久保参議との政見の対立のかたちとして 表面には一切この征韓論の言葉を出さないことにして貰った（国家）

また 西郷の行動に対し 或は彼の政見に対して 批判的なとりあげかたをより完全にして貰い ゆめにもその英雄化，讃美化等の片鱗もなきよう特に注意を願った（国家）

第二部になって出て来る国会開設請願の運動と 反政府的行動等 時局的にみてやゝ刺戟的にみえかねない面を（安藤をめぐるエピソード 或はシーン31の三太の台詞等々）やわらげて貰うこと（国家）

これは八木氏より一部反説をあげられたが その云われる如く 映画となった場合 これらの漢語まじりの台詞と それを喋る人物らの扮装 風俗の時代的な距離によって脚本

の文字面で読みとるほどには刺戟的ではないかも知れない・要はたゞ現下の状勢に何ら通ずるが如き印象を与えなければよいのであるから。

第一部、第二部ともに戦争のシーン　戦禍の描写が出てくるが　これらはもっとも慎重になるべくその残酷さを過度に出さぬよう演出上考慮を払われたき旨を希望した（残酷）

その点に連関して　冒頭の会津戦争のフラッシュ的な描写につけられた導入解説中「この新しい兵器は無残にも多くの人々を殺戮し、会津の城と共に町々を焼払った　云々」とある二節を改訂して貰い、そこに該当するシーン「炸裂する砲弾　大木を倒す。その木の下で会津軍の死屍累々　炎上する会津城、焼ける民家」の件を　演出上注意を希望した。（残酷）

なお、この解説につゞく新政府の樹立の説明に相応する「凱旋する官軍の隊列によって奏でられる凱歌云々」とあるそのメロディは　戦時中　戦意昂揚のために使われた当時の歌曲となるべく連想せしめないようなものにして欲しい旨を希望した（国家）

第二部シーン14のお新が西郷軍に従って負傷した愛人村上に云う台詞の「負傷した者は切腹させられるんだって――云々」とある「切腹」の言葉を訂正して貰うことにした（社会）（こゝは〈銃殺〉と代えられる旨申出あり）

そしてシーン18の「泉のほとりに自決して仆れている村上」とある件　この自決をいわゆる切腹の型式を想起せしめないような演出によって欲しい旨希望（社会）

a—16

その他個々の部分では第一部シーン45の女達が通行人を呼びかけている台詞のなかの「あったためてあげるよ　にいさん」（風俗）

第二部シーン3の士官（薩軍）の演説のなかの「皇国を危急存亡より救う急務でござる」等を訂正して貰った（国家）

また　第二部シーン32の終り　天狗印の煙草の広告に続いて　シーン33煙草工場が現われるが　ここでお新の台詞を通して「主人」があしざまに云われている関係上これが天狗印などの特定の工場と思はせない為に　シーン32の広告に天狗と並んで別の煙草の広告看板を並べ（天狗煙草の経営者の子孫実在す）それと指示出来ない描写にして貰うことにした（社会）

第二部シーン36の賭場の描写には場金を直接的に描写しないよう注意を望んだ（法律）なほ上にのべた村上の「切腹」或は「自決」をその封建的慣習を不必要に想起せしめない為訂正して貰ったのに引きかえ　第二部ラストのシーン128熊谷警部の遺品としてその手紙が出るが　その中に「依ッテ小官は自決ス」とある　この言葉はこの熊谷の人物説明として残すことにした。

念のためこれは附言しておく。

＊　　＊　　＊

妖　夢

日本国際文化協会

企画　今泉俊一
製作　酒井知信
構成　小宮譲次
　　　夏樹虹児
　　　松田知己男
演出　根本久

舞踊をレビュー映画的にとつてゆくもの故　シナリオ面からのみでは決定的なことは云い難いし　これは完成映画に於て検討したい旨を伝えた。
なほ　演出に際し　煽情的ならざるよう注意を望み（風俗）部分的に懸念あるときはその都度照会されたい旨伝えておいた。

南の薔薇

大映

製作　服部静夫
脚本　依田義賢
演出　森一生

シーン36　免税興行のことが出て来るが　このような社会事業のための免税興行は現在は行われていないので　その点然るべく改訂を希望した（法律）

東京十夜　秀映社

製作　住田暎介
原作　木崎恭三
脚本　沼波功雄
演出　沼波功雄

第一夜の話のうち笛子（妻）の貞操を調べると云って俊哉（夫）が衣類を脱がせる所は　乳バンドとズロースの姿までになるが　それは余り行きすぎであると考えられるので注意を希望した。（風俗）

又　このシナリオはベッド・シーンが多いが卑猥感を出さないよう注意して表現され度い（風俗）

午前零時の出獄　大映

製作　辻久一
原作　島田一男
脚本　成沢昌茂
演出　小石栄一

シーン71　亀田（新聞記者）が用便する所は　卑猥な印象を受けるので　他の演技に変更して戴く　（風俗）

歌姫都へ行く	東宝

製作　三上訓利
原作　サトウ・ハチロー
脚本　陶山鉄
演出　佐藤武

希望事項なし

長崎の鐘	松竹

製作　山口松三郎
原作　永井隆
脚本　新藤兼人
演出　大庭秀雄

原子爆弾に関する場面以外の処は問題はない
又　原子爆弾に関する場面については　演出上充分に注意して出来るだけ印象的でない
ように　そして深刻な感じにならぬように取扱うことを希望した　（国家）

※　※　※

a—20

二挺拳銃	新映画社

製作　篠勝三
脚本　村松道平
潤色　高柳春雄
演出　小田基義

この中で密輸団が「薬品類」を取扱い、それと分る描写があるが　物品は何か分明しまいまゝに描写されたい旨を希望（法律）

なほ　この密輸団の首領が世間的には法律事務所一角弁護士と云うことになっており結末でそれがわれているが　これは正当な弁護士であっては困るので　モグリのそれと分るように説明をいれておいて欲しい旨を望んだ　（社会及び法律）

こゝに使用される〈二挺拳銃〉の唄は〈ボタンとリボン〉そのものでなく　ポリドオル売出しの版を使用する旨であるが　着作権等に正しい手順をふまれておきたいことを念のため希望しておいた。

指名犯人	大映

製作　加賀四郎
脚本　高岩肇
　　　山本嘉次郎
演出　久松静児

a--21

犯人である水沼隆のニヒリステイックな人生観とその行動が悪の肯定や犯罪者の英雄化にならないよう注意して演出を望みたい（法律）

これは副主人公とも云える無職放浪の宮崎太一の存在があわせて作品全体をニヒリステイックな空気にすると思われるので　念のため以上の如き注意を喚起した次第である。

審査集計

規程條項	関係脚本題名及希望個所数	集計
1 國家及社会	「恵恋坂の決斗」(1) 「七つの宝石」(1) 「東京の門」(2) 「新説佐渡情話」(1) 「バナナ娘」(1) 「蛇と美女」(1) 「千両肌」(4) 「千両肌」(改訂版)(3) 「戦火の果て」(1) 「レ・ミゼラブル」(8)	25

a—1

	國家及社会	「長崎の鐘」(1) 「くれない二挺拳銃」(1)	
2.	法律	「七つの宝石」(2) 「東京の門」(2) 「蛇と美女」(1) 「千両肌」(1) 「千両肌」(改訂版)(1) 「レ・ミゼラブル」(1) 「南の薔薇」(1) 「くれない二挺拳銃」(2) 「指名犯人」(1)	12
3	宗教	なし	0

8—2

4	教育	なし	0
5	風俗	「東京の門」(3) 「バナナ娘」(3) 「蛇と美女」(2) 「密林の美女」(1) 「レ・ミゼラブル」(1) 「妖夢」(1) 「東京十夜」(2) 「午前零時の出獄」(1)	14
6	性	「東京の門」(2)	2
		「大学の虎」(1)	

8—3

7	残酷醜汚	「妻恋坂の決斗」 (1) 「七つの宝石」 (4) 「バナナ娘」 (1) 「レ・ミゼラブル」 (2)	9

○希望事項総数……………六二

◉調査上特に協力を受けたる官庁・団体

○大蔵省主税局税関部

○法務府特別審査局第二課

審査映画一覧

審査番号	題名	社名	巻数・呎数	備考
一七八	山のかなたに 第一部 林檎の頬	新東宝	十巻、八、三三一呎	
一九二	恋しかるらん	東宝	九巻、七、六三九呎	
一九四—二	龍眼島の秘密 第二篇 天馳ける乙女	映配 秀映社	四巻、二、四七〇呎	
一九四—三	龍眼島の秘密 第三篇 涙の凱歌	〃 〃	四巻、三、〇四二呎	
二〇七	春の潮（后篇）	松竹	十巻、二、五一三米	
二一一	婚約指環	松竹 田中プロ	十一巻、二、六四四米	
二一三	母情	新東宝	九巻、七、四九一呎	
二一九	執行猶予	太泉 芸研プロ	九巻、八、五〇〇呎	
二二三	新妻の性典	松竹	七巻、二、〇〇四米	
二二五	哀愁の港 やくざブルース	太泉	九巻、七、二五〇呎	

番号	題名	会社	長さ	
二二七	拳銃の前に立つ奴	大映	九巻、七、二八七呎	
二二八	肉体の白書	新映画	九巻 七、九二〇呎	
二三三	裸の天使	シネアート アソシエーツ	六巻 四、五九八呎	
二三六	エノケン・ロッパの弥次喜多 ブギウギ道中	松竹	九巻 二、一八五米	
二三八	轉落の詩集	大映	九巻、七、五六四呎	
二四〇	突貫裸天國	太泉	八巻、七、〇〇〇呎	
二四一	泣くな小鳩よ	新東宝	九巻 七、二三三呎	
二四六	海賊島	大映	八巻、六、五〇〇呎	
二四七	千両肌	大映	九巻、七、九〇〇呎	
二五四	天保人気男 妻恋坂の決斗	東横	八巻、六、五一八呎	
二五五	夢は儚(はか)なく	東宝	八巻 七、一九二呎	
E—四九	私達の新聞	日映	二巻、一、九九二呎	

E—五三	津軽海峡を結ぶ	日映	二巻、一八五〇呎	電気通信省企畫
E—五四	避姙の話	東京映画	二巻、一四七〇呎	
E—五五	天皇陛下四國御巡幸記録	日映	四巻 三二〇八呎	四國鉄道局企畫
E—五七	大学の虎	プレミア	一巻 八四〇呎	
N—五三	日本スポーツ第五三号	日映		
N—五四	〃第五四号	〃		
N—五五	〃第五五号	〃		
N—五六	〃第五六号	〃		
P—一〇九	ムービータイムズ第一〇九号	プレミア		
P—一一〇	〃第一一〇号	〃		
P—一一一	〃第一一一号	〃		
P—一一二	〃第一一二号	〃		

S－二六	白鷺	東宝	十巻、九一一四呎	
S－二七	「四つの恋の物語」より 初恋	東宝	四巻、三二四四呎	
S－二八	エノケンの天晴れ一心太助	東宝	八巻、六二一五呎	
S－二九	かごや判官	松竹	七巻、一七〇一米	
S－三〇	蜀[illegible]銭	日活	十一巻、八二七〇呎	
○予告篇				
一七八－T	山のかなたに	新東宝		
二一〇－T	てんやわんや	松竹		
二一二－T	宗方姉妹	新東宝		
二一三－T	母情	新東宝		
二一九－T	執行猶予	太泉		
二二八－T	肉体の白書	新映画		

二三六－T	エノケン・ロッパの弥次喜多 ブギウギ道中（[illegible]編）	松竹		
二三八－T	大映ニュース第九九号	大映		
二四一－T	泣くな小鳩よ	新東宝		
二四三－T	大映ニュース第一〇二号	大映		
二四六－T	大映ニュース第一〇〇号	大映		
二四七－T	大映ニュース第一〇一号	大映		
二五四－T	天保人気男 妻恋坂の決斗	東横		

8－9

映画審査概要

○ 新妻の性典　　　松竹

審査の結果　下記二ケ所切除を希望し実行された。

(1) 納屋のシーン、清「基地え行くんだ『國の爲に』生きて帰れない体なんだ」……『國

の為に』の台詞切除・

②納屋のシーン、佐和子が清に強引に押し倒されてもみ合う場面切除・

○　裸の天使　シネアート・アソシエーツ

金貸しの一党が楽屋の畳の上え短刀をつきさしてすごむ場面、短刀をつきさすことは、シナリオの際にもカットを希望したものであるが、画面で見てもやはり金貸しの一党を無暗にギャング扱いにする感じで好ましからず、カットを希望、実行された・

○　エノケンの天晴れ一心太助　東宝

脚本　黒沢明　製作　昭和十九年十二月

演出　佐伯清　CCD番号　A００九

「お国のためにと云う台詞（エノケンの歌の中及び長屋のシーン）二つを除いて貰った。

○　遊姫の話　東京映画

8—10

男子の生殖器の一部が膣に挿入される線画 カットを希望し、実行された。なおこの避妊の話は内容の関係上、劇映画と併映の場合に入場者年令制限の処置を自主的に講ぜられるよう希望した。又、女性の裸体写眞などは宣伝に利用されないよう希望した。

宣傳広告審査概要

宣材種類	題名	理由
通信広告（一）	愛人「東宝」	脚本未提出作品に付き審査終了前の宣伝は遠慮されたい旨を伝達した
通信広告（一）	愛と憎しみは彼方へ「東宝」	脚本未提出作品につき審査終了前の宣伝は遠慮されたい旨を伝達した。

B―11

各社封切一覧

封切日	審査番号	題名	製作社名	備考
松竹				
六月二十五日	二〇七	春の潮（后篇）	松竹	
七月二日	二一一	婚約指環（エンゲージリング）	松竹 田中プロ	
十日	二三六	エノケン、ロッパの弥次喜多 ブギウギ道中	松竹	米短篇特選漫画
十七日	二二三	新妻の性典	松竹	
	E—三四	奈落の舗道	大阪映画人集団	
東宝				
六月二十四日	一九二	恋しかるらん	東宝	
七月一日	S—二六	白鷺	東宝	新版 関西地區
	S—二七	「四つの恋の物語より」初恋」	東宝	新版 関東地區
	S—二八	エノケンの 天晴れ一心太助	東宝	新版 関東地區
七月八日		王様	フランス映画	

公開日	番号	題名	製作	備考
七月十五日	二五五	夢は儚なく	東宝	

大映

公開日	番号	題名	製作	備考
六月二十四日	二二七	拳銃の前に立つ母	大映	
七月一日	二三八	轉落の詩集	大映	
八日	二四六	海賊島	大映	
十五日	二四七	千両肌	大映	

東映

公開日	番号	題名	製作	備考
六月二十七日	二二五	哀恋の巷 やくざブルース	太泉	
七月四日	二二八	肉体の白書	新映配社	
十一日	二五四	天保人気男 妻恋坂の決斗	東横	
十八日	二四〇	突貫裸天國	太泉	

新東宝

公開日	番号	題名	製作	備考
六月二十一日	E・一四五	石中先生行状記（仲たがいの巻）	新東宝	新版

b—13

六月二十一日	S—二二 S—二三	夢よもういちど 唄うエノケン捕物帖	新東宝	新版
六月二十八日	二一三	母情	新東宝	旧作名画上映を含む
八日	二四一	泣くな小鳩よ	新東宝	
十五日	一七八	山のかなたに（前篇）	新東宝	

審査報告（1号～12号）索引

○松竹

題名	号	頁	改訂 号	改訂 頁	映画宣伝 号	映画宣伝 頁
母呼ぶ鳥	1	1.4				
父は海の彼方に	1	6.9				
花の素顔	1	5.6.7				
悲しき口笛	2	3				

題名	号	頁	改訂 号	改訂 頁	映画宣伝 号	映画宣伝 頁
まぼろし婦人	2	4	3	4		
薔薇はなぜ紅い	2	8				
破れ太鼓	2	11				
生さぬ仲	3	3	3	3		

題名	1	2	3	4	5	6	7	8	9
鐘の鳴る丘 第三篇	3	6	3	7					
七色の虹	3	10							
探偵は地獄から来る	3	10							
春雪	3	13							
女人哀愁	3	15							
ロマンス航路	3	16							
若草乙女	4	10							
恋愛三羽烏	4	14			6	32			
今宵別れて	5	8							
花も嵐も	5	10							
栄光への道	5	18			9	27			
頓珍漢桃色騒動	6	6							
宵待草恋日記	6	6			8	c-6			

題名	1	2	3	4	5	6	7	8
影法師	6	8			7	b-20		
続影法師	6	8			7	b-20		
初恋問答	6	16						
夢を召しませ	6	21			9	30	10	c-16
刺青判官 上中下					6	34		
母の調べ	7	a-3						
女の流行	7	a-7					10	c-17
愛艶草紙					7	b-24		
スキャンダル醜聞	8	a-7						
肉体の盛装	8	b-1						
想い出のボレロ	8	b-3						
君が心の妻	8	b-6						
エノケン十八番 らくだの馬さん	8	b-8			10	c-8		

8—15

○新東宝

題名	号	頁	改訂 号	改訂 頁	映画 号	映画 頁	宣傳 号	宣傳 頁
頓珍漢子宝騒動	8	b-10						
危険な年令	9	9			10	c-9		
母	9	14						
ペ子ちゃんとデン助	9	18						
乙女の性典					9	31	10	c-14
たそがれの湖	10	a-6						
童貞	10	a-17			12	c-10		
春の潮 前後	10	b-1						
婚約指環	10	b-4						
七妖星	11	a-7					10	c-17
恋愛教室	11	a-9			12	c-11		

題名	号	頁	改訂 号	改訂 頁	映画 号	映画 頁	宣傳 号	宣傳 頁
無(なら)頼(ず)漢(もの)	11	a-16	12	b-10				
お富と与三郎 前 新演技提携	7	b-4			11	c-9		
お富と与三郎 后 新演技提携	8	b-4						
新妻の性典	12	a-15	12	a-19				
		三稿	12	a-20				
てんやわんや	12	b-6						
恋に泣く頃	12	b-10						
接吻第一號	12	b-11						
エノケン・ロッパの弥次喜多 ウギウギ道中 前	12	b-12	12	b-13				
エノケン・ロッパの弥次喜多 歌えば天國の巻 後	12	b-14						

b—16

野良犬	鍋島怪猫伝	あきれた娘たち	いつの日君帰る I	美貌と白痴	その後の蜂の巣の子供達	帰國（ダモイ）	石中先生行状記	極楽夫婦	影を慕いて	人生選手	妻と女記者	私刑（リンチ）
1	1	2	2	3	3	3	3	3	4	4	4	5
2	7 8 9 10	8	9	1	2	7	9	19	8	11	14	3
						3			4			
						8			9			
											7	1
											e-22	33

細雪	白昼の決斗	東京カチンカ娘	お染久松	玄海灘の狼	續向う三軒両隣り 右前	右門捕物帖 七いろの折鶴	處女宝	窓から飛び出せ	憧れのハワイ航路	エノケンのそこ抜け大放送	女医の診察室	銀座三四郎
5	5	5	5	6	6	6	6	6	7	7	7	7
10	11	13	14	4	14	17	20	23	a-6	a-6	a-10	e-7
	9							10			10	8
	28							c-8			c-10	c-6
								10				
								c-15				

e—17

題名	号	頁	改訂 号	改訂 頁	映画 号	映画 頁	宣伝 号	宣伝 頁
石中先生行状記					7	b-19		
月の出の接吻	8	a-9						
熱泥地	8	b-2						
スピード夫人	8	b-4						
雪夫人絵図	8	b-6						
いつの日君帰る II	10	a-8						
群盗南蛮船	10	a-9						
東京のヒロイン	10	a-20						
山のかなたに 一部 二部	10	b-1						

○東横

題名	号	頁	改訂 号	改訂 頁	映画 号	映画 頁	宣伝 号	宣伝 頁
獄門島	1	2 3 10						
無頼漢長兵衛	2	6						

題名	号	頁	改訂 号	改訂 頁	映画 号	映画 頁	宣伝 号	宣伝 頁
母情	10	b-7						
戦後派親爺（アプレ）					10	c-10		
青春デカメロン	11	a-7			11	c-10		
ビルマの竪琴	12	a-5						
有頂天時代	12	a-13						
君と行くアメリカ航路	12	a-14						
泣くな小鳩よ	12	b-1						
鞍馬天狗 大江戸異変	12	b-2						
宗方姉妹	12	b-3						
新妻と乱入者	2	11						
大菩薩峠第一話	2	12						

b—18

題名	号	頁	改訂 号	改訂 頁	映画 号	映画 頁	宣伝 号	宣伝 頁
獄門島（解明篇）	3	19			6	32		
妻の部屋	4	16	5	14				
弥次喜多猫化道中	5	7						
ホームラン狂時代	5	9						
俺は用心棒	6	10						
難船崎の血斗	6	12						
毒牙	7	a-11	11	a-4	11	c-9	10	c-16 c-17
続不良少女	7	a-8			8	c-7		
彼と彼女と名探偵	7	b-3						

○大映

題名	号	頁	改訂 号	改訂 頁	映画 号	映画 頁	宣伝 号	宣伝 頁
大都会の丑満時	1	3						
透明人間現はる	2	1						

題名	号	頁	改訂 号	改訂 頁	映画 号	映画 頁	宣伝 号	宣伝 頁
戦慄（スリル）	8	a-4			9	27		
闇に光る眼	8	a-7						
かっぽれ音頭	9	11						
獅子の罠	10	a-12			11	c-10		
新粧五人女	10	a-15						
いれずみ判官 右前	10	b-6			10（予）	c-12		
きけわだつみの声	10	b-8	10	b-10	12（予）	c-11		
殺陣師段平	11	a-6						
ジルバの鉄	11	b-8						

○大映

題名	号	頁	改訂 号	改訂 頁	映画 号	映画 頁	宣伝 号	宣伝 頁
痴人の愛	2	1	2	3				
愛憎の港	2	11						

b—19

題名								
愛染草	2	12						
女殺し油地獄	3	5	3	5				
涙の港	3	6						
白雪先生と子供達	3	13	4	7	6	32		
ある婦人科医の告白	3	15	11	a-4				
待って居た象	4	4						
われ幻の奥を見たり	4	5						
母燈台	4	5						
母椿	5	6						
歌の明星	5	8						
蛇姫道中	5	15	6	12	7	b-21		
月の出船	5	17						
笑ふ地球に朝が来る	5	18						

題名								
魔の黄金	6	25			8	c-11		
続蛇姫道中	6	19			7	b-21		
火山脈	6	21						
氷柱の美女	6	22	7	b-2				
わが胸に秘めし思いは	7	a-12						
一匹狼	7	b-1			8	c-7		
遥かなり母の國	7	b-6						
妻も恋す	8	a-8	8	a-8				
愛の山河	8	b-4	9	6				
私は狙われている	9	3						
浅草の肌	9	10			10	c-9		
美貌の海	9	14					11	c-11
狸銀座を歩く	9	19						

b—20

題名	号	頁	改訂 号	改訂 頁	映画 号	映画 頁	宣伝 号	宣伝 頁
禿鷹(コンドル)	10	a-10			11	c-10		
蜘蛛の街	10	b-6						
城ヶ島の雨	11	a-12						
猿飛佐助 千丈ヶ嶽の火祭り	11	a-14					12	c-14 16
復活	11	a-14					12	c-14
拳銃の前に立つ母	11	b-7	12	a-8				
轉落の詩集	12	a-13						
海賊島	12	b-5						
東海道は兇状旅	12	b-8						
羅生門	12	b-9						
忠直卿行状記							12	c-15
火の島							12	c-16

○東宝

題名	号	頁	改訂 号	改訂 頁	映画 号	映画 頁	宣伝 号	宣伝 頁
女の四季	7	b-5						
殺人者の顔	8	a-9	第三稿 9	7, 8				
また逢ふ日まで	8	a-9						
与太者と天使	8	a-10	9	8				
怒りの街	9	3			11	c-8	10	c-15
素晴らしき求婚	5	11	9	12				
将軍は夜踊る	9	13			12	c-10		
恋しかるらん	10	a-5	12	a-11				
新聞小僧	10	a-9						
白い野獣	10	a-14			12	c-10	12	c-15

題名	号	頁	改訂 号	改訂 頁	映画 号	映画 頁	宣伝 号	宣伝 頁
エノケンのざんぎり金太					10	c-12		
殺人者の顔							10	c-18
熱砂の白蘭	11	a-16						
○太泉								
女の顔	4	11			6	30		
おどろき一家	4	14						
歌うまぼろし御殿	5	10						
をやまし五人男	6	13	6	14				
東京無宿	7	a-5						
脱獄	7	a-9			9	29	10	c-14
女性対男性	8	a-6			9	30		
オオ細君三日天下	8	b-9					10	c-16

題名	号	頁	改訂 号	改訂 頁	映画 号	映画 頁	宣伝 号	宣伝 頁
メスを持つ処女たち	11	b-6						
女三四郎	12	a-12					12	c-13
東京の門							12	c-15
東京ルムバ	9	15			11	c-9		
狼人街	10	a-7					12	c-13,14
青空天使	10	b-5						
海を裂く女	11	a-12						
執行猶予	11	a-1						
やくざブルース	11	b-4	12	a-7				
突貫裸天国	12	b-1						

b—22

○その他

題名	号	頁	改訂 号	改訂 頁	映画宣伝 号	映画宣伝 頁	映画宣伝 号	映画宣伝 頁
足を洗った男 新演伎	2	6						
マドロスの唄 N.C.S.	2	7						
快傑ハヤブサ 映配	3	2						
湖上の誓 新映画研究所	3	3						
シベリヤ悲歌 宝塚	3	11						
大岡政談 こけ猿の巻 前・后 和光プロ	3	17						
海魔陸を行く ラヂオ映画	4	6						
ペン偽らず 暴力の街 日映演	4	8			8	c-8		
甲賀屋敷 新演伎	5	8			5	31		
暁の大地に咲く 大成共業	6	7			7	b-19		
ヒットパレード レネアート	6	17			7	b-20		

題名	号	頁	改訂 号	改訂 頁	映画宣伝 号	映画宣伝 頁	映画宣伝 号	映画宣伝 頁
牢獄の花嫁 日活					6	35		
関の弥太っぺ 日活					6	35		
銀座の踊子 宝映プロ	7	b-3			8	c-7		
豪侠村越三十郎 大映共業					7	b-22		
鞍馬天狗 角兵衛獅子の巻 日活					7	b-23		
右門捕物帖 十万両秘聞 日活					7	b-24		
淑女と風船 宝映プロ	8	a-6						
一谷嫩軍記 熊谷陣屋の段 プレミア	8	b-2			12	c-12		
レミキンの無敵競輪王 宝映	9	8						
人喰い熊 ラヂオ映画	7	9						
性と幸福 理研	9	33			10	c-18	10	c-18

b-23

愛の道標 大阪映画人集団	丹下左膳 百万両の壷 日活	柳生月影抄 日活	花嫁蚤と蔵せる ラヂオ映画	薄眼島の秘密 映配	フリスコ裏 えくらん社	傷だらけの男	河内山宗俊 日活	千里の虎 新光映画	井伊大老 新世紀
9	9	9	10	10	10		10	11	11
34	35	36	a-4	a-6	a-[illegible]		c-13	a-8	a-10
						10			
						c-10			
						10		10	
						C-18		c-18	

肉体の白書 新映画	大佛紐育へ行く シネアート	菅原伝授手習鑑 プレミア	裸スター殺人事件 ラヂオ映画	野性 アルプス物語 芸研プロ	裸の天使 シネアート	新説佐渡情話 ラヂオ映画	インパール作戦 日映	仇討禁止令 日活	
11	12	12	12	12		12			
c-9	c-7	a-10	a-11	c-2		c-11			
					12				
					c-7				
							12	12	
							c-12	c-12	
							11		
							c-11		

c—24

映画倫理規程審査報告　第十三号

昭和二十五年七月二十八日発行

発行責任者　野末駿一

東京都中央区築地三ノ六

日本映画連合会事務局

映画倫理規程管理部

電話　築地(55)　二八〇二番
〇六八六番

映画倫理規程審査報告

第14号

14

映画倫理規程

審査報告

25.7.18 ～ 8.17

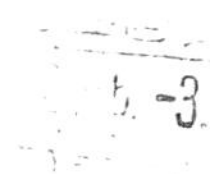

日本映画連合会
映画倫理規程管理委員会

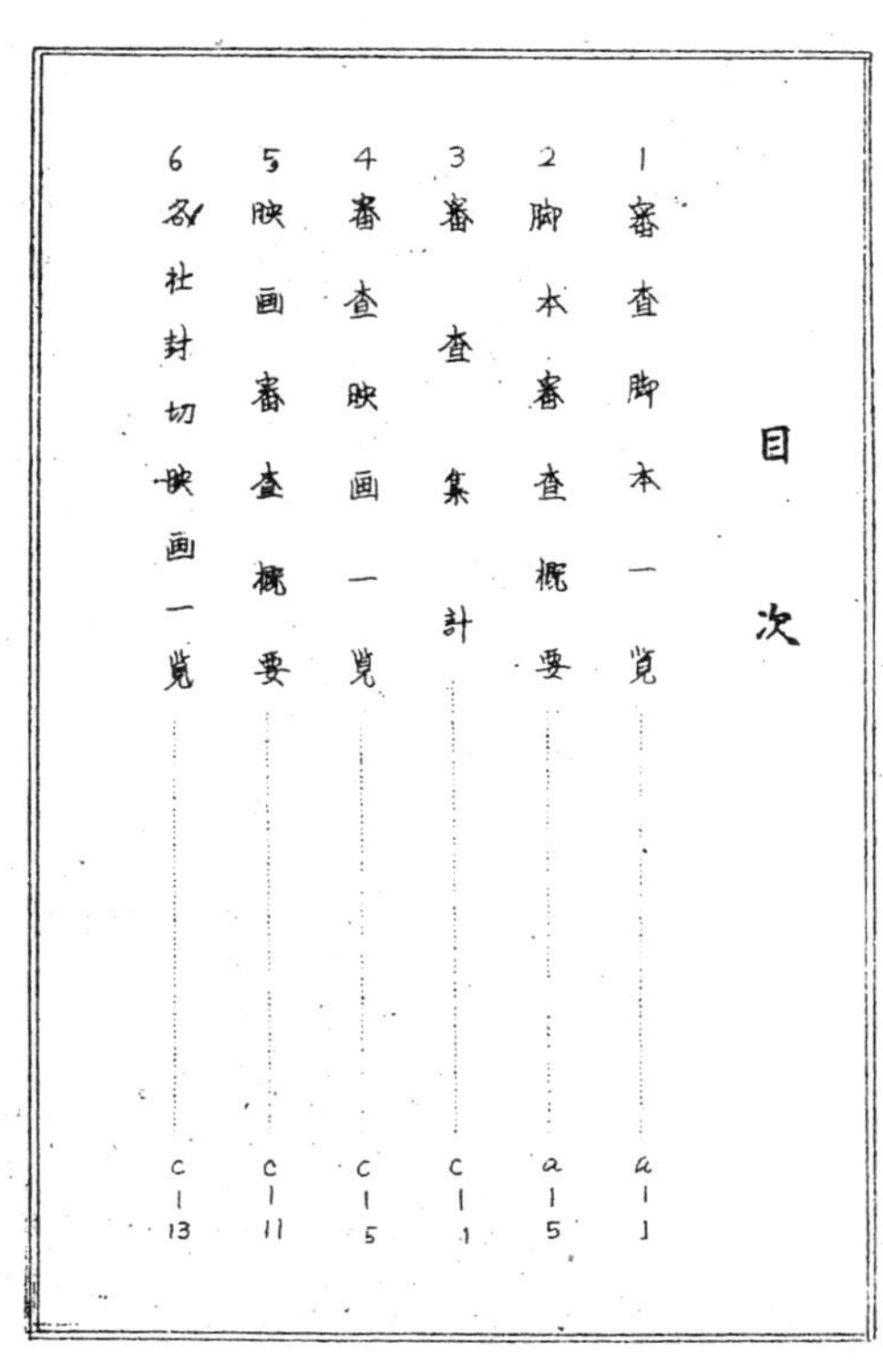

目次

審査脚本一覧

社別	題名	受付日	審査終了日	備考
松竹	奥様に御用心	七・一八	七・二〇	
日映	その瞬間あの瞬間	七・二〇	七・二一	「アッ瞬間」の改題
松竹	悲恋華	七・二〇	七・二五	「悲母観音」の改題
東宝	燃ゆる牢獄	七・二一	七・二五	
松竹	女性三重奏	七・二四	七・二七	
新東宝	暁の追跡	七・二四	七・二七	「暁の非常線」の改題
大映	赤城から来た男	七・二二	七・二九	
大映	火の鳥	七・二六	七・二九	
大映	虚無僧屋敷	七・一七		
	改訂版	七・二九	七・三一	「逢魔天狗」の改題 改訂第二稿

a―1

東宝	女死刑囚	七・二七	七・三一	
大映	二十歳前後	七・三一	八・二	「若い嵐」の改題
松竹	風雲金比羅山	八・三	八・五	「素っ飛びの安」と改題 更に元に改題
東横	女学生群	八・四	八・七	
銀星プロ 東宝芸能	ストリップ・東京	八・四	八・七	「はだかパレード」の改題
松竹 芸術協会	薔薇合戦	八・二	八・七	
新東宝 エノケンプロ	エノケンの豪傑一代男	八・四	八・七	
新東宝	雪夫人絵図 自主改訂版	八・三	八・八	
松竹	東京キッド	八・七	八・九	
芸術協会	愛と憎しみの彼方へ	八・七	八・九	
東横	七色の花	八・八	八・一〇	
太泉 第一協団	戦火を越えて	七・二四	八・一一	
松竹	吾子と唄はん	八・九	八・一一	

a―2

社名	題名			備考
松竹	白夜行路	八・一二	八・一六	
大映	海上保安隊出動 海峡の鼓	八・一四	八・一六	「海上保安隊出動」の改題
大映	真珠夫人	八・一四	八・一六	
新東宝	影なき侵入者	八・一五	八・一七	
東横	旗本退屈男捕物控 七人の花嫁 毒殺魔殿	八・一二	八・一七	
大映	みどりの唄	八・一六	八・二一	

◎新作品 …………………… 二七

シナリオ数 …………………… 二九（内改訂二）

内訳 —— 松竹 八　東宝 二　大映 八（内改訂一）

新東宝 四（内改訂一）　東横 三　太泉 一　日映 一

銀星プロ 一　映画芸術協会 一

a—3

○審査シノプシス　一二

内訳──松竹　四　東宝　大映　一　新東宝　一

東横　四　理研　一

脚本審査概要

奥様に御用心	松竹

製作　久保光三
脚本　清島長利
演出　瑞穂春海

結婚数年後の夫婦の愛情の問題を描く風俗喜劇

シーン20「駄目だよ　自殺じゃ保険金はとれないんだから」という台詞があるが　自殺でも保険金はとれることになっている　その点からこの台詞は然るべく改訂を希望した。
（法律）

シーン11　愛犬を思いきり蹴飛ばす箇処あり。
動物愛護の精神よりして然るべく演出上の注意を希望した　（残酷）

その瞬間あの瞬間 「アッ！瞬間」の改題	日映

企画
製作　大峰淑生
脚本
演出　伊勢長之助

a—5

映画に於ける瞬間的描写を集録構成したもの

希望事項なし

悲恋華（「悲母観音」の改題）　松竹

製作　石田清吉
原作　吉川英治
脚本　鈴木兵吾
演出　原研吉

幕末より明治初年にかけての動乱を背景とする母性愛メロドラマ

希望事項なし

燃ゆる牢獄　東宝

製作　渡辺邦男
脚本　民門敏雄
〃　渡辺邦男
演出　渡辺邦男

火災のため牢屋敷から「切りほどき」を受けた囚人をめぐる時代活劇物語

シーン91にある「忠義」という言葉及び「忠だの義だの」という言葉は封建的な意味をもつので代の言葉に代えて貰う　（社会）
またこの映画の立廻りに於ては　主役の弥吉が罪を重ねることは　倫理規程的解決を阻害するので　人を斬らぬよう希望する　（法律）

女性三重奏	松竹

製作　久保光三
脚本　斉藤良輔
演出　佐々木康

女性歌手をめぐる学友たちの友情を描くメロドラマ
シーン12の中に〝昔の仇討は草鞋はいて日本中捜し廻つた……〟の台詞があるが〝仇討〟の文字は不穏当であるから　考慮されたい　（法律）

暁の追跡 「暁の非常線」の改題	新東宝

製作　田中友幸
企案　中川淳
脚本　新藤兼人
演出　市川崑

犯罪検挙に当る警察官の労苦を描き　その公僕性を強調せるものの

これは国警本部中川淳氏企案とまっているが　麻薬の密売をやっているギャングを検察側がいかにして検挙してゆくかの経路を描くものであって　その点問題は少いが　ただこの「麻薬」をとりあげることは　從来とも止めて貰っているのでまでもこれは麻薬でないものとして表現して貰っているので　こゝでもこれは麻薬でないものとして表現して貰うよう配慮を願った

在来かゝるとき麻薬は宝石その他に代えられるのが例であったが　こゝでは麻薬ではない何かの薬品と云うことにして　製作者側の意図を尊重することにした　いかなる薬品になるか　また何か假空のものになるかは製作者側に考えて貰うことにし　これが麻薬でないことを検察側の台詞で助言して貰うようにした　（法律）

なお　その他個々の点では以下の項目にそれ〳〵に注意を望んだ

シーン29「路上でバクチをやっていた半裸のチンピラ」とあるバクチをそれと分らぬよう表現して欲しいこと　（法律及び教育）

シーン32　珍々亭の料理場で炊飯を作っている所え　知合いの石川巡査が入って来ての台詞をとり止め　かつ店の方から客の註文である「炊飯まだ」と聞く友子の声も他の品（主食関係以外）に代えて貰うこと（法律）

シーン35の砂浜で石川巡査と友子のラブシーンで

「轟々と飛行機の爆音　石川空を仰いで轟音を追う」　友子「青い海　飛行機　思い出す？中尉殿」　とある轟々たる爆音は旅客機などの如き単機の音に　機影は絶対に出さぬことを條件としてこのまゝにして貰った（国家）

シーン39より40の争議中の工場の描写は刺戟的でないよう描写して欲しいこと（社会）

シーン74の川底に「惨殺された女の屍――雪江」とあるのを残酷ならざるように描写をされたいこと（残酷）

シーン93に話題となっている「築地の土屋外科病院」とあり　この病院がシーン100で犯罪に連関ある如く表現されているが　実際に築地管内に同名の類似の医院ある故に　この病院名は他のものに代えて貰うことを望んだ（社会）

赤城から来た男	大映

製作　亀田耕司
脚本　新藤兼人
演出　木村恵吾

法網に追われ　乾分に裏切られてゆくやくざの末路を描く時代劇

シーン11の「にっこり笑えば人を斬る」の台詞は削除を希望した　（社会）

尚「赤城」と云う文字の使用については 管理委員会に計って検討したが 結局不問に附することとなった

火の鳥	大映

製作　加賀四郎
原作　川口松太郎
脚本　野田高梧
演出　田中重雄

琴曲の新工夫に苦心する若き演奏家と鉱山師の娘をめぐる恋愛メロドラマ

希望事項なし

虚無僧屋敷 「逢魔天狗」の改題	大映

製作　田村清
脚本　木村恵吾
演出　安田公義

幕府の御用暴力団に対抗して自由開国論者を護る怪虚無僧をめぐる時代活劇

a—10

第一篇（逢魔天狗）の際には勤王佐幕と云うのを別のものにして貰うこと（国家）新撰組の登場は止めて欲しいこと（国家及社会）或は剣戟の場面などの改訂を希望した（社会）

そして、その改訂版として提出された（虚無僧屋敷と改題）脚本に於いてはシーン66離れ座敷で　おたかに川路が挑みかゝる処　風俗上の点で演出上の注意を希望した（風俗）

女死刑囚	東宝 三上プロ

製作　三上訓利
原作　山田風太郎
脚本　八田尚之
演出

キリスト教信者たる清純な乙女が愛情のために殺人を犯し死刑となる物語

これは雑誌「りべらる」に掲載された山田風太郎の小説より脚色されたものであるが　かかるセンセエショナルな題名の場合　字幕のバック　或いは宣伝等に一切死刑現場に関連せる描写を使用せず　かつ映画のなかに於いても（脚本で見る限りそれの現場はみえてないが）回想その他のフラッシュで死刑台その他かゝるもののカット（ショット）を使用されざるよう特に注意を望んだ（残酷）

シーン15　教会堂で三十代が讃美歌を歌い乍ら掃除しているとある　この所をハミング程度にとどめ　宗教関係のものであるによって慎重に取り扱われたい旨を望んだ。

勿論この三十代が熱心なクリスチャンとして描かれている以上　上の如き配慮がまさに当然と考えられる故である。（宗教）

シーン35で土建屋の石川が三十代の父の受刑者であることを北海道の刑務所へ問合せ「ちやんと刑務所の判を押した公文書」の返事を貰ったと示して強迫する件　この問合せは公務署関係以外は家庭よりのものにのみ返事されるものであり　かつそれは「公文書」と云ったものではないので　この点を注意して訂正して貰うことにした（法律）

シーン54及び58に　はるみと云う女の言葉の中に　「パンスケ稼業」　「パンスケ」とあるのを「夜の商売」その他に代えて貰った　（法律及び性）

なお　この同じ女の言葉に無智からとは云へ　「秘術のかぎりをつくして（男を）悦ばしてあげたの」

とあるのを　穏当なものにかえて貰った。（風俗及び性）

a—12

二十歳前後 「若い嵐」改題	大映

製作　須田鐘太
原作　藤枝昌弘
脚本　松浦健郎
演出　吉村廉

ボートマンの大学生と水泳選手の女学生をめぐる青春恋愛物

シーン19でシャワーをあびている女学生の会話はその話題の内容となっている彼女達の胸部や乳房などを如実にみせずたゞ声のみであることを望む（風俗）

シーン29・映画館のスクリーンに接吻のシーンが写り　また次にベッド・シーンが写ることになっているが　この後者は煽情的でないことを望む（性）

シーン65より75に至る二人の恋人同志がなか／＼二人きりになれない筋のはこびは勿論演出者を信頼すれば決して煽情的　刺戟的になるとは思えないが　なお念のためこれらのシーンは完成映画においても十分注意したいし　また演出はその旨をふくんでやって欲しいことを望んだ（風俗）

（附記）

なほこゝに出て来る大学の名は東海大学となっているが　実在名があるので製作者側において適当に変更される旨申出があった。

風雲金比羅山 「素飛びの安」の改題 更に元題名に改題	松竹

製作　小倉浩一郎
脚本　鈴木兵吾
演出　大曽根辰夫

罪を犯して江戸を逃れたやくざ者が故郷の横暴な顔役を懲して縛に就く物語

脚本に関する限り問題はなかろうと思うが　最後におしんが（すでにやくざが大嫌いだとしばしばそれ迄に云っているのに）　安を見送る台詞に　たゞ罪のつぐないをして身を清めてこいとの意味の言葉を云っているが　これは安をも含めて　やくざを否定する言葉を入れて貰い　安もこれを承諾することに代えてもらうよう希望した　さもないと安のやくざとしての身分を作品が肯定したことになってしまうからである　（社会）

企画　本木荘二郎
製作　マキノ満男
原作　田村泰次郎
脚本　西尾徳平
　　　小森静男
演出　小田基義

現代女学生の生活風俗を描く恋愛メロドラマ

全体として教育を茶化している印象が強い　女学生達の溌剌とした行動に重点をおくのはテーマとして当然であろうがそれが教育を否定しているように見えるのは行過ぎであると考える　例えば半教師の言葉に教師として不穏当なものがあり　それが一般的教育者に対する不信感を抱かる恐れがあると考える　又　院長の物の考え方にも教育者として慎重でない印象がある（堕胎に関し）　生徒達の言行にも不謹慎の所が見られ自由主義と放縦とを取違えた所があるが　その批判を最も封建的な小関隆造の口から云わせるのは　かえって逆効果と考える．以上の見地から次の如く具体的な個所の注意を希望した

(1)　シーン14　半の台詞「それに僕は肉体派に違いないからな」は削除してほしい（教育）

(2)　シーン19　半の台詞「肉体派だからさ」は削除してほしい　但し三記の台詞ならかまわないと思う（教育）

(3)　シーン55　学校の廊下のフランス語「私が彼女を愛していると云うのか……云々」は

学校の宿題として不穏当と考える（教育）

(4)　シーン66　松本（ニヤニヤしながら）「僕は僕にも誰か女の人が勉強教えに来てくれし
ればいいなあと思います」「まあ！」「づうづうしい」「不潔だわ」など非難の声
これは学生会議の席上の言葉として不穏当と考える　削除を希望する（教育）

(5)　シーン66　松本「おい色男　お前は證明しなくていいのか？」　これも前と同じ理由
で削除を希望する（教育）

(6)　シーン75　堀「本当かい？　俺にも一口乗せろよ」これは不良学生の台詞ではあるが
学生映画の一場面としてはもう少し感じを和げてほしい（教育）

(7)　シーン82　峯「……あとの授業は僕が責任を持つ」は教師として無責任な放言と考え
るから削除された方がいいと思う（教育）
尚三紀が峯の頬に接吻するのは　これは亦不穏当と考える（教育）

(8)　シーン110　登美子「でもおなかの赤ちゃん　どうするのかしら！　お父さんが誰だか
判らないんですってね」　光子「そりゃ堕すよりしようがないわ」　照代「いやねえ」
この会話は女学生の会話として余りに突飛であり　且つ悲惨と醜悪の感じがするので削
除して戴きたいと考える（教育及び醜汚）

(9)　シーン112　院長「やはり生まない方がいいんじゃないだろうか」この台詞も学校の責
任者の態度として不穏当ではないかと考えられるので削除を希望したい（教育）

(10) シーン118　登美子「ちよっと皆さん大変よ　千恵ちやんを連れて帰って赤ちやんを堕しちやうんですって……」これは(8)と同じ理由で削除を希望したい（教育及び醜汚）

(11) シーン128〜131　三紀「あなたのことね　パパにお願いして論文で卒業出来るようにしていたゞきたいわ……」これは学校行政と余りに私的に考えている印象が強いので削除を希望したい（教育）　又　妊娠した女学生を卒業さすのも同じ理由で取り止めていたゞきたいと考える（教育）

ストリップ東京 「はだかパレード」の改題	銀星プロ 東宝芸能

製作　吉野悦啓
構成　大谷俊夫
演出　大谷俊夫

ストリップ　ショウを集録した短篇物

題名は風俗上の点から別のものにして欲しいと希望した（風俗）　なおこの映画はレビユー映画風のものである　それ故シナリオでハッキリと決定的すことを云い難いので完成映画に於いても検討させて貰うことにした

薔薇合戦

松竹
映画芸術協会

企画　本木荘二郎
製作　杉山茂樹
原作　丹羽文雄
脚本　西亀元貞
演出　成瀬巳喜男

戦後の商業戦を背景に美貌の三人姉妹の恋愛葛藤を描く

全体的にみて男女関係がやゝ功利的にのりみだれる感きがあるが　これらの点で風俗上或は過度の傾向のないよう注意して演出を望みたい（風俗）　個々の箇処では　二女麗子が風呂場にとじこめられてこんとうする件　入浴中なれば定めし裸体で描写されるのであろうが　へんにこの処だけ煽情的になっては困るので注意して演出して欲しいと思う（風俗）

エノケンの豪傑一代男

新東宝

原作　陣出達朗
脚本　秋篠珊次郎
演出　荒井良平

織田　徳川の逆襲戦を背景に　家康幕下の一奇傑の活躍を描く

(1) 剣戦の場面で鬼姫弥九郎太はいづれの場合にも相手に対してもう少し受身の態勢であ

つて欲しいと希望した（勿論喜劇であるから　客姫弥九郎太が武勇すぐれた男であることを喜劇的に表現するために　多少はゆるされるにしても）（社会）　なほ　この殺戮の場面は全体として残酷な感じにならないよう充分に喜劇的であるように演出上の注意を希望した（残酷）

(2)　切腹と云う言葉が可成使用されている　しかし　これは喜劇であり　この切腹も喜劇として取扱われているので　たゞ「腹を切る」と云う言葉に改めて幾分感じをゆるめて貰うことを希望するに止めた（社会）

(3)　浪人の一人　女に挑む順番をきめる籤が当って「エヘッ　俺様が先づ一番槍と来たな！」と云う処　風俗上の点を考慮して別の台詞にして貰いたいと希望した（風俗）

(4)　家康の言葉の中の「奉公をはげめよ」（シーン33）　信長の言葉の中の「こやつを軍神の血祭にあげい！」（シーン100）は余りに封建的な感じが強くなるので別の言葉に改訂を希望した（社会）（二ヶ所）

雪夫人絵図 自主改訂版
新東宝

官庵と理智の封建的な予備に苦しみ　遂に死を選ばねばならなかつた反現代的な女性の悲劇

製作者側の都合によつてさらに改訂されたもの（第八号参照）すでに前稿に於いて当方の希望にしたがい改訂されたのであつたが　此の度は特に雪夫人の内心的描写として幻想的な舞踏場面があつたのをすべて取り除き二三新らしく挿話が入れられた　全体的に云つてこの題材は雪夫人の女としての内面が焦点づけられているだけに非常に危ない限度とすれすれに展開される箇所が少くないのように思える　前稿同様この雪夫人に対して詠嘆的な批判の立場から描かれている為に　その点からみるなら問題はないと思うが　シナリオの面からのみは予想出来ないニュアンスが描かれうる場合もあることを考えて　なお完成映画に於いて希望を述べさせて貰うことを約束した　演出に於いてもこの点を考慮して欲しい旨を注意希望した（風俗）

東京キッド	松竹

製作　小出孝
原作　長瀬喜伴
脚本　比見晃
演出　斉藤寅次郎

親と別れた不幸な少女歌手をめぐる人々の愛情の物語

希望事項 なし

愛と憎しみの彼方へ	映画芸術協会

製作 田中友幸
原作 寒川光太郎「脱獄囚」より
脚本・演出 谷口千吉

妻への嫉妬に駆られて脱獄した囚人をめぐる愛憎葛藤の活劇物

1. シーン52の殺人現場は残酷な印象が残るようであるから表現に注意せられたい（残酷）
2. シーン114 屍体の鼻がそがれているのを見せるのは残酷であると思うので そのカットだけ削除を希望した（残酷）

七色の花	東横

企画 近藤経一 柳川武夫
製作 マキノ満男
原作 中山義秀
脚本 舟橋和郎 清島長利
　　 新藤兼人 八木保太郎
演出 春原政久

戦後帰還の一小説家をめぐる風俗メロドラマ

シーン15　ヒロポンのアンプールは削除して貰う（法律）

シーン35　「大東亜戦争」の「大東亜」は削除して貰う（国家）

シーン69　「ボクンとリボン」は著作権について慎重に行動せられたい

シーン71　警官が小説の家に来る時は捜査令状を持参させられたい（法律）

以上希望事項を諒承された

戦火を越えて

大泉
第一協団

製作　浅田健三
企画　菊田一夫
構成　八木保太郎
脚本　棚田吾郎
演出　関川秀雄

中日両国の不幸な戦争を背景に戦火を越えた人間的愛情の交流を描く

この脚本は中国人魁王衡と添原清美の悲恋に重点を置くと見るか　戦争否定を中心としているると見るかによって審査の観点が異るのであるが　製作者側としては悲恋の方へ重点を置くとの事であった

しかし悲恋に重点を置くとすると　この脚本では　戦争に関する場面が余りにも刺戟的であり印象的であるものが多すぎるに感じられたので　雄島という中尉の吉田少佐の　及び

憲兵隊長の科白の刺戟的な部分の改訂　其他次の如き場面の改訂及び削除を希望した

一、軍歌の合唱の聞えて来ると云う場面が二ヶ所あるが　この軍歌の合唱は止めて貰いたい（國家）（二ヶ所）

二、防護団長の「聖戦下の時局をもっと認識して貰いたいねえ」の聖戦下のを削除　及び防火群が懸命に訓練しているのが見えるという処　これは印象的でないように注意して演出して貰いたい（國家）（二ヶ所）

三、朱燕の回想のシーン

○風にはためく八紘一宇の日章旗

○雪崩れ込む日本軍怒濤の突撃

○炎上する中國部落

○焚々路を埋めつくした捕虜の大群　その中に虐待されている朱燕の姿

○曠野　小山のような墓の幾　朱燕の「父を殺された云々」の科白

以上　五シーン　全部削除（國家）（五ヶ所）

四、見下す多摩川原に兵士の一隊が演習を始めていると云う処は削除（國家）

五、新聞社の電光ニユース「ワが陸の荒鷲八重慶を爆撃ス」の戦果の発表　これも削除（国家）

六、女性群が竹槍訓練を受けているシーン及び雑木林の中の空襲のシーンは　印象的な

刺戟的な感じにならないように　演出上の注意（国策）（二ヶ所）

以上が戦争に関する場面の削除或いは改訂の希望事項である

その外ストリップショウの看板或いは場内の雰囲気などについて風俗上の点を考慮して演出して欲しいと希望した（風俗）

それから登場人物の中の中国人魁王衛に関する取扱いであるが　この魁王衛は終戦後どう云う身分で日本え来ているのであるか　それがこの脚本では不明である　又戦争中魁王衛等は捕虜だったのであるから　魁等を日本軍の宣伝班に駆使したことは国際法に違反している訳であるが　この解決がこの脚本では何処にも書かれていない　そこで以上の二点に関しこれらをハッキリさせるために脚本に加筆して貰いたいと希望した（国策）（二ヶ所）

まづ　この脚本は製作者側に於て中華民国駐日代表団団長に審査を願い　その内容正しきを認め映画化を許可する　尚完成後本団に於いて試写審査したる後公開する事と云う証明書を得た

七—10

吾子と唄わん	松竹

製作　中野泰介
原作　竹田敏彦
脚本　陶山鉄
演出　斎木孝二

生みの母　育ての母をめぐる母性愛メロドラマ

希望事項なし

白夜行路	松竹

製作　小倉武志
原作　田村泰次郎
脚本　鈴木兵吾
演出　原研吉

政界の善悪斗争を背景とする恋愛メロドラマ

(1) この脚本では考査特別委員会と不当財産取引調査特別委員会が混同されている　その点を注意　然るべく改訂を希望した（法律）

(2) シーン40　奈良県が光代に暴力で肉体関係をつける処　風俗上の点を注意して演出されるよう希望した（風俗）

海上保安隊出動 海峡の鮫	大映

製作　平尾善夫
脚本　柳川眞一
演出　安達伸生

6―11

対島を背景とする海上保安隊の活躍を描く活劇物。

(1) 海女の群が海にもぐったり浮び上ったりするが風俗上の点を注意して演出して欲しい。(風俗)

(2) シーン69 シーン71 小悪がお京を打ちのめす処残酷の点を注意して演出して貰いたいと希望した(残酷)

真珠夫人	大映

製作 永代富士男 本木荘二郎
原作 菊池寛
脚本 山本嘉次郎
演出 山本嘉次郎

悲劇的結婚と運命の戯れによって性格の一変した美貌の女性の生活を描くメロドラマ。

希望事項 なし

影なき侵入者	新東宝

製作 笠見恒夫
原作 島田一男
脚本 笠原良三
演出 志村敏夫

女—12

一医院の診療室に発見された怪死体の謎をめぐるスリラア物

希望事項　なし

旗本退屈男捕物控 七人の花嫁 毒殺魔殿	東横

企画脚本　比佐芳武
製作　マキノ満男
原作　佐々木味津三
演出　松田定次

大名屋敷に起った連続殺人の謎を解く「退屈男」の活躍物語

全体にわたって　この旗本の次男坊であり〈旗本退屈男〉と自称する早乙女主水が　松平出雲候の江戸邸内におこるいわゆるお家騒動的な事件にたとえ町人や武士が関係せしめられ渦中に陥ちている危険を救わんがためとはいえ　あきらかに違法な権限にまでおよんで事を裁いてゆく行動と　合法にみえるようになおしてほしい（法律）　主水の父は町方の奉行で　諸候の邸内の事件には手が出ないのは　当時の法として当然なことであるし　これはこれとしてよいであろう　たゞ要は主水の行動を　弱きをたすけ悪をくじく　所謂正義を表むきにした暴力肯定や英雄化にならぬよう用心をしてほしい旨を希望（社会）その実脚本家を信頼して　適当にこのところを訂正してもらうことにした

部分的には　全体にわたって　いわゆる立廻りが（主水も拔力して対しているから）過度に及ぶ傾向があり　正当に自己を守る以外へ出ないよう処理をのぞんだ（社会）
シーン107　垂殺されたお由記の首からへポトリポトリとなは血の点滴＞とある箇所は遠慮してもらった　同様に　シーン138萩乃のへおびただしの出血＞へその血溜り＞もするべく過小に表現してもらうことをのぞんだ（残酷）（三ヶ所）
またシーン156吉則が池の泥中に陥りついたへ二本の手のみ池面にのこる＞の件は　残酷につき　やめてもらうようのぞんだ（残酷）

みどりの唄	大映

製作　須田鐘太
脚本　平野元雄
演出　西村元男

音楽と踊りで綴る天然色短篇映画

希望事項　なし

五―14

審査集計

	1	
規程條項	國家及社会	
関係脚本題名及希望個所数	「燃ゆる牢獄」(1) 「暁の追跡」(3) 「赤城から来た男」(1) 「虚無僧屋敷」(3) 「風雲金比羅山」(1) 「豪傑（エノケンの）一代男」(4) 「七色の花」(1) 「戰火を越えて」(15) 「旗本退屈男捕物控」(2)	「奥様に御用心」(1)
集計	31	

c―1

番号	分類	作品	件数	計
2	法律	「燃ゆる牢獄」	(1)	12
		「女性三重奏」	(1)	
		「暁の追跡」	(3)	
		「女死刑囚」	(2)	
		「七色の花」	(2)	
		「白夜行路」	(1)	
		「旗本退屈男捕物控」	(1)	
3	宗教	「女死刑囚」	(1)	1
4	教育	「暁の追跡」	(1)	14
		「女学生群」	(13)	
		「虚無僧屋敷」	(1)	
		「女死刑囚」	(1)	

番号	分類	作品	件数	計
5	風俗	「二十才前後」	(2)	12
		「ストリップ東京」	(1)	
		「薔薇合戦」	(2)	
		「豪傑一代男」	(1)	
		「雪夫人絵図」	(1)	
		「戦火を越えて」	(1)	
		「白夜行路」	(1)	
		「海峡の鮫」	(1)	
6	性	「女死刑囚」	(2)	3
		「二十才前後」	(1)	
	残酷醜汚	「異様に御用心」	(1)	
		「暁の追跡」	(1)	
		「女死刑囚」	(1)	

C—3

7	残酷醜汚	
	「女学生群」	(2)
	「豪傑（エーケン）一代男」	(1)
	「愛と憎しみの彼方へ」	(2)
	「海峡の鮫」	(1)
	「旗本退屈男捕物控」	(4)
		13

○希望事項総数……八六

◉調査上、特に協力を受けたる官庁・団体

○最高検察庁広報部

○國家地方警察本部警務部

○法務府総裁官房情報課

○警視庁文書課記録係

○衆議院事務局委員部

○外務省政務局特別資料課

審査映画一覧

審査番号	題名	社名	巻数 呎数	備考
一六六	新粧五人女	東横	十巻、七、八〇〇呎	
一七九	山のかなたに 第二部 魚の接吻	新東宝	十巻、二、八九七米	
二一〇	てんやわんや	松竹	十巻、二、六二五米	
二二九	ジルバの鉄	東横	九巻、七、三二五呎	
二三九	君と行くアメリカ航路	新東宝	八巻、七、一八〇呎	
二四三	東海道は兇状旅（いそぎたび）	大映	九巻、七、三一九呎	
二四四	鞍馬天狗 大江戸異変	新東宝 綜芸プロ	十一巻、八、九七三呎	
二五二	接吻第1号	松竹	八巻、六、六一八呎	
二五三	大学の虎	松竹	九巻、七、〇四五呎	
二六〇	密林の女豹	大映	十巻、七、三四五呎	

二六六	南の薔薇	大映	八巻、六、五一〇呎
二六七	戦後派バラエティー 東京十夜	秀映社	九巻、六、一六八呎
二六八	午前零時の出獄	大映	十巻、七、四六〇呎
二六九	紅（くれない）二挺拳銃	新映配	七巻、六、一〇〇呎
二七〇	歌姫都へ行く	東宝	八巻、六、〇一一呎
二七三	その瞬間・あの瞬間	日映	二巻、一、八三五呎
二七六	燃ゆる牢獄	東宝	九巻、七、四八五呎
○予告篇			
一六六—T	新粧五人女	東横	
一七八—T—三	山のかなたに 前篇梗概	新東宝	
二二九—T	ジルバの鉄	東横	
二三九—T	君と行くアメリカ航路	新東宝	
二四四—T	鞍馬天狗 大江戸異変	新東宝	

二四九－T	大映ニュース第一〇六号	大映		羅生門
二六〇－T	大映ニュース第一〇三号	大映		密林の女豹
二六〇－T－二	大映ニュース第一〇三号	大映		「密林の女豹」特報
二六一－T	バナナ娘	新東宝		
二六六－T	大映ニュース第一〇四号	大映		南の薔薇
二六八－T	大映ニュース第一〇五号	大映		午前零時の出獄
N－五七	日本スポーツ第五七号	日映		
N－五八	〃第五八号	〃		
N－五九	〃第五九号	〃		
N－六〇	〃第六〇号	〃		
N－六一	〃第六一号	〃		
N－E－1	日本スポーツ特報号 日米水上選手権大会第一日	〃	一巻 三二三呎	

N－E－2	日本スポーツ特報号 日米水上選手权大会第二日	日映	一巻、三〇〇呎	
P－一一三	ムービータイムズ 第一一三号	プレミア		
P－一一四	〃 第一一四号	〃		
P－一一五	第一一五号	〃		
P－一一六	〃 第一一六号	〃		
P－一一七	〃 第一一七号	〃		
E－五六	唄は星空	日本漫画	一巻、一〇八〇呎	
E－五八	霧に挑む科学陣	日映	一巻、三〇九呎	無声
E－五九	たのしい水族館	日映	一巻、八七三呎	こどもグラフ特報号
E－六〇	こどもグラフ（第八号）	日映	一巻、七八四呎	
E－六一	佐渡の金山	日映	一巻、五一七呎	太平鉱業株式会社企業

E―六三	日活國際会館建設進む	大成興業	一巻 六五〇呎	日活株式会社監修
E―六四	懐しの歌合戦	松竹	六巻 五、四八〇呎	
E―六六	多賀の山水	茨城縣弘報課	一巻 九七〇呎	天然色
S―三一	母の曲	東宝	十巻 八、二〇四呎	製作 昭和十二年 CCD番号 A―五一八 製作 萩原耐 脚本 木村千依男 〃 八住利雄 演出 山本薩夫
S―三二	にっぽんGメン	東横	八巻 六、六〇一呎	製作 昭和二十三年 CCD番号 一九三六 製作 牧野満男 脚本 比佐芳武 演出 松田定次
S―三三	三本指の男	東横	七巻 六、四八四呎	製作 昭和二十二年 CCD番号 一、四五九 製作、企画 牧野満男 原作 横溝正史 脚本 比佐芳武 演出 松田定次
S―三四	恋のサーカス 「四つの恋の物語」より	東宝	三巻 二、四四六呎	製作 昭和二十二年 CCD番号 一〇九四 製作 松崎啓次 〃 本木荘二郎 〃 田中友幸 脚本 八住利雄 演出 衣笠貞之助

番号	題名	会社	巻数・長さ	製作・スタッフ
S—三五	向う三軒両隣り（白百合の巻）	新東宝	七巻 五、八二二呎	製作 昭和二十三年 CCD番号 一、九八三 製作 武山政信 原作 八住利雄 脚本 八住利雄 演出 渡辺邦男
S—三六	エノケンの森の石松	東宝	六巻、五、二八一呎	製作 昭和十四年八月 製作 滝村和男 脚本 和田五郎 〃 小林正 演出 中川信夫
S—三七	スタコラ人生（続向う三軒両隣り）	新東宝	六巻、四、八二二呎	製作 昭和二十三年 CCD番号 一〇、〇二三 製作 武山政信 原作 八住利雄 脚本 八住利雄 演出 渡辺邦男

映画審査概要

○てんやわんや　　松竹

「南と北に分裂し云々」の台詞　改訂を希望し　製作者側に於いて「東と西に云々」とその箇処を改訂された（これは時局柄を考慮しての改訂希望である）

○山のかなたに　第二部奥の接吻　　新東宝

投石により一少年が負傷する処　残酷な感じであるので削除を希望し　実行された

○戦後派バラエテー　東京十夜　　秀映社

緞帳の中の男女就寝の場面は　風俗上誤解を生ずる恐れがあるので削除してもらった

○エノケンの森の石松（新版）　　東宝

C―11

エノケンの喜劇であるため　描かれている内容は直接的な印象を与えず　害あるものとは考えられまいが　部分的に不穏当なる台詞四ケ所（浪花節――「やくざ讃美」の詞　刀の由来を語る台詞　仇討成功祈願の台詞　仇討の件を語る台詞）を談合の結果削除して貰った。

これはいわゆる禁止映画に関する件にふれるものありとは考えられないので　以上の如き訂正によって差支へないものとした。

＊　＊　＊

C―12

各社封切一覧

封切日	審査番号	題名	製作社名	備考
松竹				
七月二五日	二一〇	てんやわんや	松竹	
八月五日	二五二	接吻第一号	松竹	
	E-五六	唄は星空	日本漫画	
十二日	二三三	裸の天使	シネアーツ	
	E-六四	懐しの歌合戦	松竹	松竹音楽場面集
	二七三	その瞬間あの瞬間	日映	
東宝				
七月二二日	S-二六	白鷺	東宝	新版
二九日	／	すべての道はローマへ	フランス映画	
八月五日	二七〇	歌姫都へ行く	東宝	
八月一二日	二七六	燃ゆる牢獄	東宝	

封切日	審査番号	題名	製作社名	備考
大映				
七月二二日	二四三	東海道は兇状旅（いざこざ）	大映	
二九日	E一一三	サザエさんのど自慢歌合戦	大映	
八月五日	二六六	南の薔薇	大映	
一二日	二六〇	密林の女豹	大映	
東映				
七月二五日	二一九	執行猶予	太泉	
八月一日	S一三三	三本指の男	東横	新版
	S一三二	にっぽんGメン	東横	〃
五日	二六九	虹（にじ）二挺拳銃	新映画	他旧作一本併映
一二日	二二九	ジルバの鉄	東横	

新東宝

C—14

七月二七日	一七九	山のかなたに 第二部 奥の接吻	新東宝	
八月六日	二三九	君と行くアメリカ航路	新東宝	
一三日	二四四	鞍馬天狗 大江戸異変	新東宝 綜芸プロ	

C—15

映画倫理規程審査報告　第十四号

昭和二十五年八月二十八日発行

発行責任者　野末駿一

東京都中央区築地三ノ六

日本映画連合会事務局

映画倫理規程管理部

電話築地(55)二八〇二番
〇六九六番

映画倫理規程審査報告

第15号

15

映画倫理規程

審査報告

25.8.18.～9.17.

日本映画連合会
映画倫理規程管理委員会

目次

審査脚本一覧

社別	題名	受付日	審査終了日	備考
松竹	黒い花	七・二〇	八・二一	
松竹	カルメン故郷へ帰る（仮題）	八・一五	八・二一	「エデンの園」の改題
新星映画	箱根用水	八・一六	八・二一	
新東宝	腰抜け二刀流	八・一七	八・二一	
松竹	アルセーヌ・ルパンシリーズNo.1 虎の牙	八・一八	八・二一	
東宝	この果てに君ある如く	八・一九	八・二一	
東宝	裸女の愁ひ	八・二一	八・二三	
松竹	花のおもかげ	八・二一	八・二三	「からたちの花」の改題
松竹 綜芸プロ	エデンの海	七・二五	八・二四	
ラヂオ	野性のめざめ	八・二六	八・二九	「野性の欲情」の改題

新星映画	歌舞伎王国	八・二九	九・一	
新星映画	首斬り正月	九・二	九・四	
大映	鬼あざみ	九・四	九・六	
東宝	恋愛台風圏	九・八	九・九	
大映	三悪人と赤ん坊	九・八	九・一一	
新東宝	アマカラ親爺	九・一二	九・一四	
松竹	お嬢さん罷り通る	九・一二	九・一四	

◎新作品……………………一七

シナリオ数……………………一七（改訂ナシ）

内訳——松竹 六　東宝 三　大映 二　新東宝 二

新星映画 三　ラヂオ映画 一

審査シノプシス……………………一〇本

内訳——東宝 一　大映 二　新東宝 三　太泉 一

東横 二　新映画 一

脚本審査概要

黒い花
松竹

製作　杉山茂樹
原作　梅崎春生
脚本　八住利雄
演出　大曽根辰夫

心身の動揺に苦悩する思春期の娘の人生行路を描く

提出された脚本についた梗概は本編と全く離れたものであるので、これは訂正の上公表して貰うことを希望した。

事件の背景になっている戦禍は描写として刺戟的でないように配慮して貰うこと（國家）

また作品の中で二人の男が（中野宗一、浅川）それぞれ自分の戦争体験をかなり具体的に説明する件、これは不必要に（この作品の効果として）戦争想起と悲壮化の傾向があるので、簡略化して貰うこと（國家）を希望し諒解された。

シーン10にある「終戦の詔勅が悲しくながれる」は録音された天皇の声もしくはそれになぞらえた声でなく、アナウンサーの声でやって貰うように希望した（國家）

なお「挺身隊」「特攻隊の人」「日本刀をふりかざして」等々の台詞はそれぞれ訂正して貰うことを希望（國家）

また不良少女が「ズベ公」の世界を讃美的に礼賛する箇所は　否定的になおして貰った．
（社会）
また浮浪児が煙草の吸殻を拾う描写シーンがあるが「児」は「者」に直して貰うことに望んだ（社会、法律及び教育）
最後に強盗に入っている浅井を、主人公のマリ子が刺し殺す以后の殺人描写は直接的でなくやって欲しい旨を希望した（法律）
以上演出者の承認もえて　訂正されることになった．

改題 カルメン故郷へ帰る （「エデンの園」の改題）	松竹

脚本
演出　木下恵介

都会に出た村の乙女が、ストリップ・ガールとなって帰省する物語。浅間高原を背景とする天然色企画作品．

希望事項なし

a—4

箱根用水 風雲録

新星映画社

脚本　山形雄策
〃　衣笠貞之助
演出　衣笠貞之助

所謂「箱根用水」の建設者友野与右衛門半生の努力を描く

(1) 全体として人を斬る場面が多過ぎると思われる。その点につき脚本を改訂するとか、演出に注意するとかして人を切る場面を少くした感じにして貰いたいと希望した（法律）

(2) 女郎或いは女郎屋は酌婦　又は何んとか屋と云う屋号のようなものにして貰いたいと希望した。そうでないと全体として人身売買或いは売春を肯定した感じになるからである
（法律）

(3) シーン44　散々に鞭でたたく処。シーン79　玄蕃が馬の鞭で農民達をなぐる処　無暗と残酷な感じにならないように演出上の注意を希望した（残酷二ケ所）

(4) 女郎屋で店の男「へ、旦那好い娘がいますぜ、十文で」の科白は風俗上の点を考慮して改訂を希望した（風俗）

(5) 太郎八の「俺は幕府の隠密よ」の科白があるが幕府の隠密は別のものに改訂を希望した。
（國家）

これら希望個所諒承の上、適当に改訂された。

腰抜け二刀流	新東宝

製作 佐藤一郎
原作・構成 稲垣浩
脚本 三村伸太郎
演出 並木鏡太郎

大名の家督問題に捲き込まれた似而非豪傑をめぐる時代諷刺喜劇

希望事項なし

アルセーヌ・ルパン・シリーズ NO.1 虎の牙	松竹

製作 山本武
原作 モーリス・ルブラン
翻案 保篠龍緒
脚本 清島長利
演出 瑞穂春海

アルセーヌ・ルパン活躍物語の翻案

(1) この脚本は甚だ非現実的な仮空の物語を内容としているので、これは仮空の物語であると云う、その前提として題名にアルセーヌ・ルパン・シリーズのサブタイトルをつけて貰いたいと希望した。

(2) しかし仮空の物語であると云っても、シーン6捜査課長とあるは捜査第一課長に改訂を

（法律）

シーン14　江口捜査第一課長が有阪に出頭を求むる処は、これは任意出頭であるからもう少し言葉を叮寧にするように脚本を改訂（法律）

シーン20で有阪と同類刑事の親分子分の関係が判るのはいいとしても、有阪の怪盗としての前歴がまだ清算されていないことが同類に判っていない乍ら、同類が有阪を逮捕しようとしないのは困るから、その点も脚本を改訂（法律）

シーン65逮捕令状は逮捕状が正しい、又この場合は緊急逮捕のことを云っているので緊急逮捕の際には逮捕状が不要である意味のものに台詞を改訂（法律）

シーン127の逮捕令状も逮捕状に訂正（法律）

シーン83、シーン106、シーン111の警察官の威嚇警告発射は困るから、威嚇と改めることをそれぞれ希望した（法律）（三ヶ所）

(3) シーン3、シーン48、毒殺により、被害者の口から血が流れている場面は余り残酷な感じにならないように演出上の注意を希望した（残酷）（二ヶ所）

(4) シーン177、有阪の「復讐のためです」、シーン179、「復讐の喜びで私の魂は燃える」の復讐は別の言葉に改めて欲しいと希望した（法律）（二ヶ所）

以上希望に従って然るべく改訂された。

この果てに君ある如く	東宝

製作　佐藤武
原作　「この果てに君ある如く」懸賞より
脚本／演出　佐藤武

孤独な戦争未亡人達が悲運を克服して新しい幸福を求めて行く姿を描く

希望事項なし、

裸女の愁い	東宝

製作　渡辺邦男
原作　芹沢光治良
脚本　渡辺邦男
演出　渡辺邦男

時代の波に翻弄される孤独の姉妹をめぐるメロドラマ、

(1) 満洲から引揚げた姉が満洲で受けた迫害を説明するくだりは　国際感情を刺戟する恐れがあるので「満洲」の語を除いて戴いた、例へはシーン19、シーン27、シーン42に於ける「満洲」などである（国家）（三ヶ所）

(2) シーン26の「社会革命」の言葉の「革命」は適宜な言葉に代えてもらうことにした（社会）

花のおもかげ 「からたちの花」の改題	松竹

製作　小出孝
脚本　山内久
〃　馬場当
演出　家城巳代治

音楽・歌謡中心の青春メロドラマ

希望事項なし。

エデンの海	松竹 綜芸プロ

製作　小倉浩一郎
　　　竹中美弘
原作　若杉慧
脚本　植草圭之助
演出　中村登

海に近い或る女学校の生活を背景に一教師と生徒の愛情を描く

全体が旧制の学制時代を背景としているので　もしこのまゝの時代として描写してゆくなら、冒頭に新制以前であることを特に断って欲しい旨を望んだ。なお教育の点からみて、こゝに出てくる教師たちの描写が過度に皮肉に描かれないよう（教育）

また女学生同一部の同性愛的な間柄が描かれているが、全体的にそう云う雰囲気が強調されたり、或いは肯定的に描写されたりしないよう（性）演出上注意して欲しい旨を注意希望した。

野性のめざめ（「野性の欲情」の改題）	ラヂオ映画

製作　今村貞雄
脚本　今村貞雄
演出　原　千秋

多くの動物たちを主役に、その野性の自然な生態を劇化したもの

題名の「欲情」とあるのは、内容と関係ないものとみられるし、かつ内容とははなれた煽情的なものとみせかける懸念があるので、改訂して貰うことをのぞんだ（風俗）

また本篇のなかの解説にもある「欲情」も　字義から云うと欲情ではなく　欲望の意味と見られるので、これも改訂して貰った。

シーン44、性器をなめる行態とあるのは、それと分っては困るので描写に注意として貰うことを希望した（風俗）

全体は動物が主人公となっているものにつき、動物に対して、過度に残酷な演技などをつけないよう配慮して欲しい旨希望した（残酷）

歌舞伎王国

新星映画社

製作　岩崎昶
脚本　松本西三
　　　村山知義
演出　今井正

歌舞伎の社会の厳しい芸道の裏にひそむ門閥の重圧と特異な封建的雰囲気を描くことにとりあげられた劇が　実在するものと何等関係なくあくまでフイクシヨンである旨を　最初に字幕で断って貰うように希望した　（社会）

もと歌舞伎役者であった笑三郎が巡査となっているが　もとの仲間に話す台詞のなかに現在の警察ないし巡査に対する批判の言葉あり　「フアッシヨ化してくると公僕精神なんて附焼刃はたちまち消えてとんじまうしね」あるいは　「軍隊の代用品だものね　戦争がやっとすんで　また兵隊になったような気がするよ」など不穏当と思われるので訂正して貰うことを望んだ　（法律）（二ケ所）

なお　この中で　歌舞伎の下積の俳優たちが　組合の必要を感じるところがあるが　これは勿論問題とはならないが　特殊色をもった組合と云ったものでなく　刺戟的でなくごこを描写して欲しい旨を望んだ　（社会）

このなかで　舞台で上演される歌舞伎がいくつかあるが　その芸題が書かれてないので　決定次第一応報告して貰うことを念のため望んだ。

首斬り正月　　新星映画社

原作　野口　清
脚本　依田義賢
演出　山本薩夫

文化年間　大井川流域島田地方の農民を救護するために苦斗した義人増田五郎右ヱ門の事蹟を描く

拷問　切腹　處刑は何れも従来問題となった場面であるが　この映画では　それらの批判もあり　また時代的表現に於てやむを得ない所であるが「倫理規程」制定の精神に則って表現して欲しい（社会及び残酷）

虐殺の場面についても同様の表現を希望した（残酷）

鬼あざみ　　大映

企画　清川峯輔
製作　服部静夫
脚本
演出　冬島泰三

運命の波に隔てられた相思の男女が再び結ばれるまでを描く恋愛時代劇

礼三郎がお光の顔を〃しばき上げる〃シーンは過度にわたらぬよう希望した（残酷）
終り近くの立廻りのシーンはあまりに悽惨にならぬよう　演出上の配慮を望んだ（残酷）

恋愛台風圏	東宝

製作　山本紫郎
脚本
演出　野村浩将

恋人同志が親同志の喧嘩によって反対されている結婚を獲得する迄を描く恋愛喜劇

このなかに「号外」がとりあげられているが　その記事が「北鮮軍退却しはじめる」ということになっている　勿論　これだけの記事であってさして問題とはならないが　もし出来得るなら他のものに代えて貰うことを望んだ　もしこのまゝなら　この見出しのみで詳しい記事内容などをさけ　あたりさわりのないよう製作者側の責任に於て処理を望んだ
（国家）

三悪人と赤ん坊	大映

製作　田村　清
脚本　柳川真一
演出　小石栄一

流行歌手の幼児を誘拐し身代金を強要する悪漢団をめぐる探偵活劇

(1) 麻薬　麻睡薬が出て来るが麻薬麻睡薬と取扱うことはやめて貰いたい（法律）

(2) シーン37警察本部はこの場合名古屋市警察署が正しく同じ場面の防犯係が一室とあるは捜査主任室が正しい　それぞれそのように改訂を希望した　スシーン42の「名古屋管区各地区署に指令」とあるが　愛知県は大阪警察管区である　そこでこの名古屋管区も然るべく改訂を希望した　（法律）（三ヶ所）

(3) 全体として赤ん坊の取扱は過度に残酷な感じに見せないように演出上の注意を希望した（残酷）

(4) シーン54で流行歌手穂高昌子が特別放送をする処　この放送は余りに私的関係のことでありすぎるからその点を考慮して多少放送の内容を改訂して貰いたいと希望した（法律）

(5) 最後の場面で昌子の「……あの方たちによろしく云つて下さいましね」に対し加藤刑事の「あゝ申し伝へませう　きつと喜ぶでせう　彼奴等生れ変つたつもりでやると云つてますよ」と云うのは深見とみつの二人の犯罪者がすぐにも釈放されるような感じであるのでこの点を考慮して多少の改訂をしてほしいと希望した　（法律）

アマカラ親爺	新東宝

原作・有崎勉
脚本・山下与志一
演出・中川信夫

（撮影所風景を背景として父娘の愛情を描く喜劇）

希望事項なし

お嬢さん罷り通る	松竹

製作・小倉武志
原作・中野実
脚本・長瀬喜伴
〃・中山隆三
〃・中村定郎
演出・瑞穂春海

（柔道や拳斗に凝る現代娘三人をめぐる恋愛喜劇）

希望事項なし

a—10

審査集計

規程條項	1	2
	國家及社会	法律
関係脚本題名及希望個所数	「黒い花」(6) 「箱根用水」(1) 「裸女の愁ひ」(4) 「歌舞伎王国」(2) 「首斬り正月」(1) 「恋愛台風圏」(1)	「黒い花」(2) 「箱根用水」(2) 「虎の牙」(10) 「歌舞伎王国」(2)
集計	15	22

a—1

	3	4	5	6	7
	宗教	教育	風俗	性	残酷醜汚
「三悪人と赤ん坊」(6)	なし	「黒い花」(1) 「エデンの海」(1)	「箱根用水」(1) 「野性のめざめ」(2)	「エデンの海」(1)	「箱根用水」(2) 「虎の牙」(2) 「野性のめざめ」(1) 「首斬り正月」(2)
	0	2	3	1	10

6―2

7	残酷醜汚	(2)	「鬼あざみ」
		(1)	「三悪人と赤ん坊」

◉希望事項総数……五三

◉調査上特に協力を受けたる官庁

○法務府特別審査局監査部第三課

ム—3

審査映画一覧

審査番号	題名	社名	巻数	呎数	備考
一八四	殺陣師段平（たてしだんぺい）	東横	十巻	七、三〇〇呎	
二〇一	七つの宝石	松竹	九巻	七、〇一三呎	
二一二	宗方姉妹	新東宝	十二巻	一〇、〇六四呎	
二四二	アルプス物語 野性	芸研プロ 大泉	十巻	八、七〇〇呎	
二四九	羅生門	大映	九巻	七、九〇〇呎	
二六一	バナナ娘	新東宝	七巻	六、六一三呎	
二六二	こころ妻	新東宝	九巻	二、五一〇米	
二六三	戦火の果て	大映	十一巻	八、四六〇呎	
二七一	指名犯人	大映	十巻	八、一六七呎	
二七二	虚無僧屋敷	大映	九巻	八、二四七呎	

二七四	悲恋華	松竹	十巻 八、四〇九呎	
二七八	戦火を越えて	太泉 第一協団	九巻 八、二〇〇呎	
二八七	風雲金比羅山	松竹	九巻 八、三〇四呎	
二九一	東京キッド	松竹	十巻 七、二九九呎	
三〇六	裸女の愁ひ	東宝	九巻 七、九九〇呎	

○予告篇

一四二－T	雪夫人絵図	新東宝		製作第一報
二一二－T－二	宗方姉妹	新東宝		製作第二報
二四二－T	アルプス物語 野性	太泉		
二六二－T	こころ妻	新東宝		
二六三－T	大映ニュース 第一〇九号	大映		戦火の果て 火の鳥（特報）
二六四－T	長崎の鐘	松竹		製作第一報
二七一－T	大映ニュース 第一〇七号	大映		指名犯人 戦火の果て（特報）

審査番号	題名	社名	巻数	呎数	備考
二七二―T	大映ニュース第一〇八号	大映			虚無僧屋敷
二七四―T	悲恋華	松竹			
二七八―T	戦火を越えて	太泉			
二八三―T	大映ニュース第一一〇号	大映			火の鳥 赤城から来た男（特報）
二九一―T	東京キッド	松竹			
二九六―T	旗本退屈男捕物控（前）七人の花嫁（后）毒蛾魔殿	東横			
三〇三―T	腰抜け二刀流	新東宝			
N―六二	日本スポーツ第六二号	日映			
N―六三	〃 第六三号	〃			
N―六四	〃 第六四号	〃			
N―六五	〃 第六五号	〃			

6―6

番号	題名	製作	巻数・長さ	備考
P－一一八	ムービー・タイムズ 第一一八号	プレミア		
P－一一九	〃 第一一九号	〃		
P－一二〇	〃 第一二〇号	〃		
P－一二一	〃 第一二一号	〃		
E－六二	リリーちゃんの旅	日映	一巻 七九〇呎	ライオン歯磨企画
E－六五	無敵拳斗王白井義男	プレミア	二巻 一二七五呎	スポーツダイヂエスト 第八号
E－六七	明るい生活	日映	二巻 一八四七呎	工業技術庁 企画
E－六八	輝く鐘紡	日映	一巻 八二五呎	鐘淵紡績株式会社企画
E－六九	建設の鼓動	松竹	二巻 四一八米	総理府統計局企画
E－七〇	水魔小貝川を襲う	茨城県弘報課	一巻 七四〇呎	
E－七一	マンガ 森のさいばん	東京映画	二巻 一六一四呎	
E－七三	津軽海峡八対特殊ケ P級近海底ケーブル布設の記録	日映	二巻 一八七九呎	サイレント版

6－7

番号	題名	製作	巻数	長さ	備考
E－七四	燃ゆる斗魂	プレミア	一巻	八七〇呎	スポーツダイジェスト
E－七六	文化はゴムに乗って	岩波映画	二巻	一八九八呎	日本ゴム企画
E－七七	ゴム工場	日映	一巻	七三五呎	三馬ゴム企画
S－三八	獄門島	東横	十巻	九二一〇呎	総集版

6－8

映画審査概要

○七つの宝石　　松竹

1 社長室　ピストル発射後吉田社長が窓際へ寄る処より十呎カット

2 宝石店のシーン　襲いかゝる数名の人影の処カット

3 撞球店の露路　五郎　注射器を出しアンプルを口で切る処カット

4 撞球店　鬼頭がマキを射つ処ピストルの音を一発とする（音消し）

5 滝壷の岸　品川がピストルを構えて射つ処カット

以上、脚本審査の際の当方の希望事項に基いて削除を希望し　実行された。

○戦火を越えて　　太泉 第一協団

防護団長の台詞の中「聖戦下」武運長久と書込んだひるがえる「日章旗」竹刀をふりあげる「憲兵」　以上三ヶ所、削除を希望し実行された

○雪夫人絵図（予告篇）　　新東宝

直之と第二夫人鼓子とが浴室にあるシーン（脚本ではかゝる描写ではないものの如く書かれてあったが）鼓子の後姿（浴槽のふちに腰かけている）の描きかたは従来なかった全裸の姿であり　こゝにトレラトとしてとり出されるとき　本篇とは違った印象を与えるので（このカット　本篇では如何にあるかを検討の上決定することを約して）他のショットにとり代えて貰うことになった。

○旗本退屈男捕物控（予告篇）　東横

（前篇）七人の花嫁
（后篇）毒殺魔殿

予告篇には　かなり所謂「殺陣」の場面がぬき出されてとりあげられているが　これはこれとして認めても　本篇に於いては　別個の立場から検討したい旨を約束した。
製作者側が予告篇にこれらが認められた故　本篇に於いても同様これらが認められるかに思いあやまっては困るので念のため注意した。

6—10

各社封切一覧

封切日	審査番号	題名	製作社名	備考
松竹				
八月一九日	二五三	大学の虎	松竹	
二六日	二〇一	七つの宝石	〃	
九月二日	二八七	風雲金比羅山	〃	
九日	二九一	東京キッド	〃	
一六日	二七四	悲恋華	〃	
東宝				
二六日	S－三六	エノケンの森の石松	東宝	新版
	S－三四	恋のサーカス	東宝	新版
一六日	三〇六	裸女の愁ひ	〃	

五—11

大映

日付	番号	題名	製作	備考
八月一九日	二六八	午前零時の出獄	大映	
二六日	二四九	羅生門	〃	
九月二日	二七一	指名犯人	〃	
九日	二七二	虚無僧屋敷	〃	
一六日	二六三	戦火の果て	〃	

東映

日付	番号	題名	製作	備考
八月一九日	一六六	新粧五人女	東横	
二六日	一八四	殺陣師（たてし）段平	〃	
九月二日	二七八	戦火を越えて	太泉 第一協団	
九日	S―三八	獄門島・大会	東横	新版
一六日	二四二	アルプス物語 野性	太泉	

新東宝

八月二〇日	S―三五	向う三軒両隣り大会	新東宝	新版
二七日	二六一	バナナ娘	〃	
九月八日	二一二	宗方姉妹	〃	
一九日	二六二	こころ妻	〃	

6―13

映画倫理規程審査報告　第十五号

昭和廿五年九月廿八日発行

発行責任者　野末駿一

東京都中央区築地三ノ六

日本映画連合会事務局

映画倫理規程管理部

電話築地(55)二八〇二番
〇六九六番

戦後映倫関係資料集　第1回

第1巻　映画倫理規程審査報告

2019年 7 月25日　発行

監修・解説　中　村　秀　之
発行者　椛　沢　英　二
発行所　株式会社 クレス出版
東京都中央区日本橋小伝馬町 14-5-704
☎ 03-3808-1821　FAX 03-3808-1822
印　刷　株式会社 栄　光
製　本　東和製本 株式会社

乱丁・落丁本はお取り替えいたします。
ISBN 978-4-86670-060-1（セット） C3374　¥60000E